当今企业之间的竞争，不是产品之间的竞争，而是定义、传递和获取顾客价值的竞争。它不再关注成本和规模，而是关注顾客价值及其持有成本。

——彼得·德鲁克

在线顾客价值研究
探究网络零售的竞争力源泉

赵卫宏 著

RESEARCH ON
ONLINE CUSTOMER VALUE
—Exploring the Source for Competitiveness in the
Context of E-Retailing

经济管理出版社
ECONOMY & MANAGEMENT PUBLISHING HOUSE

图书在版编目（CIP）数据

在线顾客价值研究——探究网络零售的竞争力源泉/赵卫宏著. —北京：经济管理出版社，2015.3

ISBN 978-7-5096-3566-7

Ⅰ. ①在… Ⅱ. ①赵… Ⅲ. ①网上销售—零售 Ⅳ. ①F713.36

中国版本图书馆 CIP 数据核字（2014）第 298496 号

组稿编辑：申桂萍
责任编辑：高　娅
责任印制：司东翔
责任校对：赵天宇

出版发行：经济管理出版社
　　　　　（北京市海淀区北蜂窝 8 号中雅大厦 A 座 11 层　　100038）
网　　　址：www. E-mp. com. cn
电　　　话：(010) 51915602
印　　　刷：保定市嘉图印刷有限公司
经　　　销：新华书店
开　　　本：720mm×1000mm/16
印　　　张：18.75
字　　　数：305 千字
版　　　次：2015 年 12 月第 1 版　　2015 年 12 月第 1 次印刷
书　　　号：ISBN 978-7-5096-3566-7
定　　　价：69.00 元

前　言

　　未来五年，中国近 1/3 的零售业务将在网上完成，世界人口最多的中国将实现史无前例的消费转型。从连锁经营到全球互联再到网络零售，互联网正在进行着从消费流通到生产制造再到生活方式转变的巨大变革。

——阿里巴巴 CEO 马云

　　在网络零售从业者和研究者看来，2014 年注定是一个不平凡的年份。2014 年，中国网络零售超越美国成为世界第一大网络零售国；2014 年，创办 16 年的阿里巴巴在美国成功上市，马云一举成为亚洲首富、华人的骄傲；2014 年，无数的创业者在无边无际的网络世界里追逐着、梦想着去超越网络零售给马云和阿里巴巴带来的成功与荣耀。

　　联合国国际电信联盟（ITU）最新数据显示，2014 年全球网民已突破 30 亿人，其中 2/3 网民住在发展中国家，互联网在全球使用率年增长 6.6%。我国拥有 6.4 亿互联网用户，手机持有量达 13 亿部；互联网上市企业的市值高达 3.95 万亿元，以阿里巴巴、京东等为代表的网络零售企业跻身全球互联网企业十强。从 2006 年到 2013 年，中国网络零售复合增长率达到 90%；2013 年的网络零售总量已达社会消费品零售总额的 8%。今天的中国拥有全球数量最多的网民，已然成为全球最具成长性的网络零售市场。

　　互联网技术的发展创造了"互联网+"的商业新模式，并促使消费者的购买行为从传统的实体商店延伸到新形态的网络零售商店。尽管基于网络平台的购买交易让人提心吊胆，但它所带来的互动性、便利性、个性化和共享性却又使其日益受到商家和消费者的青睐。也正是因为网络零售的这些优势，消费者能够在有限的时间和精力下快速高效地对商家产品或服务进行比较，这使得网络零售业的价格竞争更为激烈，顾客忠诚也越发难以维系。正如 Reichheld 和 Schefter (2000) 所强调的，在网络零售过程中，消费者可以轻松自由地选择光顾不同的网店。网络零售商若无法给顾客提供更优越的顾客价值，就难以在瞬息万变的网络零售市场中取得竞争优势。网络零售市场的发展在为企业带来机遇的同时，也给企业带来前所未有的挑战。

回顾电子存储科技的发展进程，我们可以更好地理解驱动一个企业在市场中持续生存，甚至基业长青的迭代逻辑。1973 年，14 英寸磁盘开始在大型计算机设备中使用；1978 年，随着小型计算机的出现，8 英寸磁盘也投入了使用，同时也诞生了磁盘的专门化操作设备；1980 年，第一台台式计算机问世，随后 5.25 英寸磁盘开始被使用，驱动器也成了台式机的必备设备；1985 年，伴随着第一台笔记本电脑的出现，3.5 英寸磁盘也被投入使用；随着各类小型电子设备对存储需求的不断增加，1993 年，1.8 英寸磁盘（U 盘）正式投入市场，同年，新兴闪存技术也相继被多媒体播放设备、手机通信设备、电子医疗设备等相继采用。从发展逻辑上来看，参与市场竞争的企业所追求的都是对顾客需求的满足。1973 年，王安公司把从 IBM 赎回的专利存储技术应用到计算器上，独领风骚十几年，而今已然销声匿迹。与美国王安公司同一时代出现的美国数据控制公司、尼克朵夫公司等现今也都遇到了发展瓶颈，不再独立运营。驱动命运的推手是顾客对存储的需求。而一旦顾客需求得到满足，却又没有明确的新需求时，这些企业便迷失了方向，甚至连接下来的竞争点是什么都不知道。昆腾公司则率先发现了顾客对小型磁盘空间的需求，将 14 英寸的磁盘缩小至 8 英寸，实现了对小型空间磁盘市场的快速抢占。节省空间作为一种新的需求，主导了磁盘发展领域 20 年。1993 年的磁盘研发转向了省电、可靠、长久存储等功能，仍然是满足顾客需求的过程。在这二十年的发展过程中，新的小企业不断超越老牌企业，而壮大后的新企业继续被后起之秀超越。在这里，竞争的迭代逻辑非常简单，仅仅是对存储体积的需求给予满足而已。这些企业不是靠低价来扩张市场，而是靠着对顾客价值的全新理解，体现在每一项革新的专利技术上。

电子技术领域的发展重复着工业革命的发展历程。我们从中也可以发现顾客价值的迭代逻辑。首先是功能上的价值创出，也就是满足顾客对产品基本功能的需求——或节省时间，或替代繁重的体力劳动，或提高生产效率。其次是质量上的保证，就是产品的质量过关、耐用。再次就是通过便利性来扩大市场，即通过使用过程的简化来扩大顾客群，满足人们对便捷的永恒价值追求。进而企业开始关注客户关系，通过增进互动使顾客产生愉悦等积极情绪，满足顾客情感价值需求。随着行业和消费者的不断成熟，顾客开始不单单追求产品功能上的满足，而逐渐地追求在消费过程中展现个性和他人认可的社会价值，企业则围绕着发现和满足顾客价值展开激烈的竞争。当上述竞争全部结束，或者每一种竞争都要耗费较大成本，而企业短期内又无法进一步创新时，价格竞争便开始竞相上演。

不可否认，消费者都有追求廉价的动机，同时也了解"便宜没好货，好货不便宜"的含义。如果市场中没有真正优秀的产品，或者消费者不会鉴别同类产品的差异时，人们往往倾向于比较价格。是不是因为产品背后的功能、品质等缺乏可比信息，消费者才不得不通过价格比较而简单地得出产品优劣的评判？企业在满足顾客需求、创出顾客价值时需要付出成本，需要教育引导。但是在急功近利的市场环境下，很少有企业能够这样做。沃尔玛（Walmart）所强调的低价是一种以确保可靠、便利、功能为前提的价格竞争，是对性价比的真正理解和诠释。

在一个竞争的市场，企业的优势根本上与顾客忠诚密切相关。没有顾客忠诚，再好的商业模式也很快会崩溃（Anderson 和 Srinivasan，2003）。对于许多通过网络平台从事零售的企业而言，其经营用心往往在于对新顾客的争夺，看重顾客的增长率，却忽略了对顾客忠诚的建立和维系。毋庸置疑，无论是实体环境还是网络零售，培养和维系顾客忠诚是企业赢利的关键途径（May，2000）。且大多数研究认为，网络顾客忠诚更难建立和维系（如 Oliver，1999；Anderson 和 Ponnavolu，2002）。因此，对于网络零售而言，如何创新网络零售经营模式，通过高效地实现顾客满意与顾客忠诚来赢取企业利润，是网络零售保持竞争优势亟待解决的关键问题。

为从忠诚的顾客身上获取利润，顾客满意一直被视为驱动顾客忠诚的关键因素。然而，人们发现，有过半数感知满意的顾客还是会出现"叛逃"行为（Jones 和 Sasser，1995）。由此可见，尽管顾客满意是顾客忠诚的重要前提，但基于满意来建立顾客忠诚是不充分的。近年来，顾客价值在吸引和保留顾客中发挥的战略作用受到学界和业界越来越多的关注。在现有文献中，关于实体零售环境中顾客价值与顾客忠诚之间关系的研究比较多。其结论普遍认为，顾客忠诚是由顾客价值驱动的（如 Fredericks 和 Salter，1995；Lemon，2001）。Gale（1994）的研究表明，若要越过顾客满意而达到顾客忠诚，则要确实掌握顾客需求的动脉，换言之，就是要了解顾客价值。如果顾客能够在企业的价值创造中获得持续的需求满足，进而转变为忠诚的顾客，企业便能实现与顾客建立持久而良好的关系，从而提高顾客维持率，并在保持和提升市场占有率的过程中创出持续的竞争优势。正所谓，价值创出满意的顾客，而持续满意则创出忠诚的顾客（Barnes，2000）。科技革命的成功和企业的竞优汰劣让我们看到，创出和传递卓越的顾客价值已成为企业获取市场竞争力的源泉。也只有那些能够充分把握顾客购买动机多样性的零售商才最有可能为他们的顾客创出价值。

尽管现有文献对顾客价值已经有了很多的讨论，但在认知上却依旧不够完整，有关顾客价值的实证研究也非常有限（Khalifa，2004）。而网络零售作为一种有别于传统实体零售的新渠道，其顾客价值的内涵也必然有所不同。网购消费者想要从网络零售所提供的商品和服务中获得哪些价值，是网络零售商需要洞察的问题。然而，在实践中，具备实际评估顾客价值的知识，并能够通过传递价值获得相应回报的企业却相当的缺乏。因此，在竞争激烈的网络零售市场，理解企业自身的供应，探明通过价值供给诱引顾客店铺忠诚的规律，是网络零售商获得持续竞争优势的关键。

本书聚焦网络零售在线顾客价值，以 Holbrook（2006）的价值类型说为基础，结合 Woodruff（1997）的顾客价值位阶模型，从网购全程体验视角揭示网络零售顾客价值的结构维度和构成要素，以及顾客价值在构筑网购消费者店铺忠诚过程中的作用机理，对网络零售的竞争力源泉进行实证性的探究。全书共分三个阶段展开研究。第一阶段是文献研究，旨在通过对现有中外文献的梳理归纳，提炼和构建在线顾客价值的构成要素及其维度结构模型，并将网络零售在线顾客价值概念化为产品价值、服务价值、情感价值和社会价值四个维度。其中，产品价值由品质好感性和金钱节省性生成；服务价值由购买便利性、个性化服务和交易安全性生成；情感价值由界面审美性、信息探索性和过程愉快性生成；社会价值则由社会身份强化和自尊唤起生成。第二阶段为探索性因子分析，旨在通过效度及信度分析筛选测项，形成量表和问卷。第三阶段是验证性因子分析，旨在对网络零售中在线顾客价值的内涵及其驱动店铺忠诚的关系模型进行结构方程分析，以探明网络零售中在线顾客价值的构成要素、维度及其对顾客满意、顾客信任和店铺忠诚之间的因果关系。在样本收集过程中，本研究以在网店购买物质产品的消费者作为普适总体，随机抽取 700 名近 6 个月内有过网店购买体验的应答者进行问卷调查。实证检验的结果确认了本研究对网络零售在线顾客价值内涵结构的推论，以及在线顾客价值驱动店铺忠诚的因果关系假设，取得了富有成果的结论。

本书的理论贡献在于，从网购全程体验的视角实证性地探明了网络零售在线顾客价值的构成要素和结构维度，科学揭示了网络零售在线顾客价值的内涵属性和测量方法，为深刻认识网络零售在线顾客价值的丰富内涵提供了科学依据，也为网络零售商洞察消费者的价值需求提供了有效的探测工具，从而推进了顾客价值理论的发展。同时，本书通过对网络零售在线顾客价值构成维度与顾客满意、顾客信任和店铺忠诚之间因果关系的实证检验，探明了网络零售在线顾客价值在网购消费者店铺忠诚构筑中的作用机理与效能，揭示了网购消费者的店铺忠诚经过价值感知、购买满意和店铺信任而得以构筑的发展过程。网络零售商可以采用本书开发的在线顾客价值体系具体测量和洞悉网购消费者的价值需求和对网店的价值认知，开发有效的顾客价值创出与顾客忠诚的战略，获取不竭的竞争优势。

本书的特点在于研究视角新颖，研究过程严谨规范，数据真实，结论可靠。内容阐述既具学术性，又富可读性，适合学者和企业人士阅读。

由于时间和人力等条件限制，以及作者水平的局限，本书还存在很多不足，敬请读者批评指正。

赵卫宏

2015 年 11 月于瑶湖名达楼

目 录

第一章 导 论

一、研究问题的提出

（一）研究背景

经济全球化使市场的开放程度不断扩大、产品的更新不断加快，企业的竞争更为激烈。作为社会经济演进的产物，企业在经济全球化中面临着巨大的发展机遇和严峻的竞争挑战。与此同时，环境的变化正在改变着市场的供需结构，供过于求的市场创造了消费者主权时代。消费者由被动的接受者成为了市场的主宰者，企业的一切经营活动必须要围绕消费者展开。

在当前知识经济背景下，相较于以往，消费者能够多渠道地获得更为丰富全面的数据信息和知识技能。消费者学习热情日趋高涨，并逐渐从追求量的理性消费转变为崇尚质的感性消费。过去消费者所追求的商品基本功能保障、低廉价格等逐渐在消费者的消费观念中淡化。现今消费者越发注重个性化消费，在消费过程中渴望被尊重，追求情感上和心理上的满足。

互联网技术被运用到商业领域，给消费者带来了极大的便捷性和个性化。消费者可以通过网络平台所提供的丰富信息更容易地对市场提供物进行价格、性能等方面的比较。网络购物在赋予消费者更多选择权的同时，也提高了消费者对网络零售企业的期望。在"互联网+"的时代，从淘宝、京东等网络零售的佼佼者到银泰、万达等实体零售的巨头，甚至海尔、联想、宝洁等品牌厂商，都将通过融入互联网而成为未来网络零售竞争的重要参与者。为了适应市场环境变化的要求并在竞争中获取优势，企业管理者和学者们需要不断寻求企业经营的制胜之道。

1. 现实背景

在传统战略理论指向下，企业的竞争战略日益趋同，市场竞争也更加激烈。低成本、差异化等竞争策略早已成为众多企业的共同选择，并直接导致企业难以有效构建和维持持续的竞争优势。作为在全球市场中竞争的最低进入标准，全面质量管理、企业流程再造，以及其他提高效率的竞争策略已不再是企业竞争优势的来源。所以，企业迫切需要对其竞争战略进行创新，为企业竞争优势的形成探寻新的来源。而顾客价值理论将竞争方向从企业内部转向消费者，为企业提供了新的竞争思维。

大前研一（1986）指出，市场环境是自由且充满竞争的，企业要想在激烈竞争的市场中稳固生存与发展，就要谨记为顾客服务这一基本使命。如果一家企业想要获得源源不断的利润，就要比竞争对手更成功地为顾客提供服务"。实际上，企业究其根本是一个将投入转换为产出的经济组织，实现盈利是其存在的最终目的，而创造顾客价值正是企业实现盈利的前提。作为顾客价值的载体，企业产出的市场提供物在为企业创出利润的同时，也能够满足消费者的需求。

消费者在通过企业的市场提供物满足自身需求的同时，也必须做出包括支付给企业的购买价格等种种付出。一般而言，消费者支付给企业的价格不但可以使企业获得应得的利润，还能弥补企业为创造顾客价值而产生的各种成本。最终，企业在创造和传递顾客价值的过程中实现其盈利的目的。反之，如果企业的产出不能够传递顾客价值，光顾的消费者将会放弃购买，企业也就谈不上赢取利润。

在产品供不应求的卖方市场，产品的销售取决于企业自身生产能力和生产效率的水平。消费者在一个供不应求的市场中如果难以买到所需产品而无法满足需求，往往会不惜借助其他成本高昂的途径。企业可以向它的顾客收取尽可能高的价格，直至顾客价值趋向于零。因此，在产品供不应求的情形下，企业甚至无暇去研究顾客价值。

然而，在竞争日趋激烈、商品供应大于消费者需求的买方市场，并不是所有的产品都能轻而易举地销售出去。激烈的市场竞争致使可互为替代的企业产出能够向顾客收取的价格不断降低，直到企业无利可图，甚至因盈利远不及成本而陷入亏损的境地。因此，在供过于求的买方市场情形下，研究顾客价值具有重要意义。作为顾客选购产品的依据，顾客所感知的价值直接决定了企业的市场竞争力。在产品供过于求的情形下，众多企业倾向于变革创新，以期能够比竞争对手更好地为顾客创出价值，从而实现企业自身盈利的目的。

在制定竞争战略时，企业通常会与如何超越甚至击败竞争对手联系在一起。大多数企业均存在一个认识误区，即认为与应付竞争对手相比，满足顾客需求居于次要地位，甚至根本不予考虑。实际上，市场竞争的焦点应该是顾客。企业只有以顾客及其需求为核心，以创造具有竞争力的顾客价值为目标，才有竞争的能力和优势。如果不能为顾客创造更大的价值，企业间的任何竞争行为对于顾客而言都将是毫无价值的内耗。如果竞争偏离了顾客及其需求，竞争的赢家企业即使在短期内取得了更多的市场份额，最终也难免会被其他更有价值的替代企业所取代。过去很长一段时间，中国台湾的三大主流电视台几乎将全部的注意力集中于对抗竞争之中。它们只重视领先于竞争对手却忽视了市场上不断涌现而亟待满足的新需求。市场需求缺口的出现为台湾省有线电视、第四台和无线卫星等电视台创造了入市机会。这些电视台的成长换来的是对三大主流台收视率的沉重掠夺。

市场中的消费者存在一个共同点，即他们都在寻找能为自身带来价值的提供物。如果企业可以为顾客创出相较于竞争对手更大的价值，那企业必将得到更多顾客的青睐。在激烈竞争的市场中，企业为消费者所创造价值的大小成为了顾客选择市场提供物所依赖的重要标准。因此，市场竞争的本质就是顾客的价值感知。传递卓越的顾客价值也成为企业实现盈利的战略核心。如果企业利润不断下降甚至出现亏损，往往是因为它传递顾客价值的能力相对于竞争对手弱。较少的顾客价值致使顾客流失，进而使企业的销售滞缓导致利润下降。为提升市场竞争力，企业面临的最关键的战略任务就是如何更好地创造顾客价值，以满足消费者需求。欧洲商业管理学院教授 Kin（1997）发现，许多持续创收和盈利走高的企业具有一个共同的特征，即树立了价值创新的战略观。价值创新的战略观要求企业将消费者需求而非竞争对手作为战略决策的重心，用创新的方式去取代对竞争对手的模仿，在满足顾客需求的同时提升企业为顾客创造的价值，从而达到避开直接竞争并赢得消费者的最终目标。

零售业是最接近消费者且最容易被消费者拉动的行业，它可以直接反馈和引导消费。因此，零售业也是企业竞争战略的制高点和前沿阵地。为在零售市场中获得显著竞争优势，零售企业应切实选择与自身经营实际相匹配的业态形式，塑造企业的核心竞争力，从而建构企业的竞争优势。核心竞争力是企业经过长期精心培育而建立的、能为自身创造竞争优势的资源和能力（王生辉，2002）。它要求企业的资源时刻围绕核心竞争力这一主线来配置。零售企业的核心竞争力在于其能否为自己的顾客提供物质上的实惠和精神上的享受，也就是为顾客创造更多物质的和精神的价值。它既可以表现为卓越的营销服务能力和高效的流程管理能力，也可以表现为出色的经营管理能力和先进的信息化能力等。当然，对于具体的零售企业而言，并不是每一种能力形式都具备同等的重要性。零售企业应该认识到其核心竞争力取决于能否及时掌握并适应顾客需求的变化趋势。

伴随着互联网技术的普及，网络零售正经历着迅速的发展，并对实体零售业产生巨大的冲击。根据权威数据研究机构 eMarketer 全球网络零售报告，2014 年全球 B2C 电商业务销售的增幅在 20.1%，约折合 1.5 兆美元，这主要归功于新兴网络零售市场的急速增长、发展迅速的移动端购物、更先进的送货与支付方式，以及各大品牌积极在国际新兴市场的开拓。2014 年，亚太地区的 B2C 网络零售销售额达到 5252 亿美元，超过北美地区 4826 亿美元的销售额，成为全球最大的网络零售市场。市场调研机构 IDC 发布白皮书显示，2013 年中国网络零售市场交易规模达到 18832.5 亿元，2014 年，中国超过美国成为全球第一大网络零售市场。报告预计，到 2020 年，中国网络零售市场交易规模将达到 5.5 万亿元。届时，社会消费品零售总额中至少有 66.7% 的交易将涉及网络零售业务，网络零售产业影响力将快速提升。预计到 2017 年，亚太地区每 10 美元的网络零售销售额中中国就占 6 美元。中国占总亚太网络零售 3/4 的比重。除了中国之外，印度、印度尼西亚也将同步推动亚太地区的网络零售经济。促进全球网络零售向前急速发展的国家还包括阿根廷、墨西哥、巴西、俄罗斯、意大利和加拿大，至于其他商业大国，其网络零售市场相对趋于成熟，增长的空间比较有限。

《2014 年全球社交、数字和移动》报告显示，中国有 13.5 亿人口，城市人口比例为 51%，其中互联网网民比例为 44%，达 5.9 亿人；QQ 空间活跃用户达6.23 亿人，中国手机设备持有量超 12 亿台。对于如此庞大的网民数量，最开心的莫过于那些伴随着网络的普及一起兴盛的网络零售企业。中国最大的专业网络零售网站淘宝网成立于 2003 年 5 月，截至 2013 年底，淘宝网和天猫商城的活跃买家数超过 2.31 亿人，其同年在"中国零售平台"的交易总额（GMV）达到2480 亿美元。这一规模，远超 eBay 和亚马逊，成为全球第一。

与实体零售一样，消费者始终是网络零售企业利益的中心体。只有抓住了消费者这个真正的获利来源，网络零售企业才能在日益激烈的市场竞争中不断发展。在竞争激烈的网络零售市场，顾客价值已经成为网络零售企业获取竞争优势的源泉。网络零售企业的核心竞争力关键取决于其创造和传递顾客价值的能力。

2. 理论背景

关注和探究顾客价值的驱动力来源于企业从以生产为中心到以市场和顾客需求为中心的营销哲学的转变。传统的价值研究发现，理性的股东往往会选择投资最有前景的商机，消费者也不例外。人们总是选择能为自己带来最大价值的企业进行交易。顾客价值理论的发展推动了营销研究领域的进步。

20 世纪 70 年代，全面质量管理的推行使众多日本企业取得了显著成就。从 20 世纪 80 年代开始，全面质量管理被越来越多的企业所采纳，这也使得学者们越发关注企业应该如何获取竞争优势。麦肯锡咨询公司将企业竞争优势的核心概括为三个方面，即寻找企业能够建立优势的竞争领域；该领域能使企业免受环境变化的影响；保护企业不受激烈竞争的冲击。哈佛大学 Porter 教授（1985）提出了竞争优势的思想，这一思想得到了学术界和企业界的高度认同与响应。在竞争优势思想指导下，从全面质量管理、价值链管理到企业文化、组织流程再造等，学界和企业界在理论和企业实践上对企业竞争优势的获取进行了深入探索。

然而，在实践中，很少企业拥有足够的知识和能力去客观评估顾客价值，并从企业给予顾客的价值中获取同等的回报。对于零售商而言，了解企业自身的提供物，以及这些提供物如何能够为顾客创造更多的价值，从而为企业赢得竞争优势是至关重要的。Porter 指出，企业竞争优势的强弱归根结底取决于其能够为顾客创造的价值的多寡，且为顾客提供的价值超过了企业创造这一价值的成本。人们发现，仅仅从企业内部的变革来获取竞争优势是不够的，也是不容易持久的。因此，对消费者所需所求的深入、全面的探究受到学术界的持续关注。企业日渐放眼于消费者，学习倾听消费者的心声，致力于发掘消费者的真实需求。

由于顾客价值在吸引和保留顾客方面发挥的重要战略作用，在过去的 20 年里，顾客价值理论获得了营销学界的关注（Bolton 等，2000；Cronin 等，2000；Holbrook，1994；Parasuraman 和 Grewal，2000；Woodruff，1997；Zeithaml 等，1996）。其中，Lauterborn（1990）的 4Cs 理论把顾客价值体现得淋漓尽致。Lauterborn（1990）指出，传统营销组合 4Ps（产品、价格、分销、促销）理论从企业角度出发制定营销决策，忽视了消费者真正的价值需求。企业营销理念应该从 4Ps 转向 4Cs（顾客、成本、便利、沟通），4Cs 才是顾客价值的真正体现。4Cs 理论认为，消费者是企业一切经营活动的核心，顾客可接受的价格是企业制定生产成本的决定因素，企业提供给顾客的便利性才是渠道的本质，企业应该用双向的沟通取代单向的促销，以积极的方式适应顾客的情感。4Cs 理论以顾客需求为导向，注重顾客的价值需求。Kotler（1994）引入顾客让渡价值的概念，倡导将顾客价值、顾客满意与顾客忠诚作为营销学的基本概念。Woodruff（1997）指出，任何脱离顾客价值的企业竞争力都是难以持久的，企业的核心竞争力来源于对顾客价值的创造，为顾客创出价值能够为企业带来长久持续的竞争优势，并号召学术界加强对顾客价值的研究。

在现有文献中，营销学者们对顾客价值展开了富有成果的研究。他们不仅对顾客价值的概念内涵进行了探讨（Zeithaml，1988；白长虹，2001；Holbrook，2006；赵卫宏，2010；孙闯飞，2012），而且对顾客价值的影响因素（Parasuraman，2000；Sweeney，2001；甘碧群，2004）、顾客价值的构成要素（Woodruff，1997；Kotler，2001；Khalifa，2004；张明立，2010；Landroguez，2013），以及顾客价值测量（Gale，1994；Ulaga，2005）、顾客价值创造与传递（汪涛等，2006；Gentile，2007；张明立，2008，2011）等展开了研究。同时，学者们还基于顾客价值对企业竞争优势获取、顾客价值管理和营销策略制定等进行了研究（Gale，1994；Reichheld，1996；范绪泉和甘碧群，2003；王高，2004；郑文清，2012）。这些研究成果丰富发展了顾客价值理论，为进一步深入探究顾客价值奠定了理论基础。

近年来，随着相关理论的发展和企业实践的不断深入，顾客满意、顾客价值和顾客忠诚被证实是企业获取利益和效率、提升企业竞争力的关键因素。在对顾客满意、顾客价值和顾客忠诚三者关系进行分析梳理的过程中，学者们一致肯定了顾客价值的主导地位，普遍认同顾客价值是顾客忠诚的前因变量，将顾客满意视为影响顾客忠诚的中介变量，并认为顾客感知价值的不同将造成差异化的顾客满意进而影响到顾客忠诚。例如，陈国荣（2003）在其研究中认为顾客满意对顾客忠诚的贡献并不一定是可靠的，而顾客价值对顾客忠诚的影响却是显著而可靠的。薄湘平和尹红（2005）也指出，顾客价值是顾客忠诚的动力与源泉，是顾客忠诚的关键驱动力和因素。

随着网络零售的迅速发展，有关网络零售中的顾客价值课题日益受到学界的重视。营销学者们将传统营销领域对顾客价值的理解延伸到网络零售领域，对网络零售中的顾客价值内涵进行了探究（Keeney，1999；Han 和 Han，2001；Chen 和 Dubinsky，2003；查金祥，2006；赵法敏，2010）。例如，Keeney（1999）将网络零售顾客价值定义为网络零售过程中顾客所得利益与所花费的成本之间的差值，这一观点与 Kotler 的传统顾客价值含义基本一致。查金祥（2006）认为，网络零售中的顾客价值是指在网络零售交易过程中，顾客在借助网络交易渠道进行产品或服务的选购和消费时，对其消费行为的整体效用进行的主观认知与评价。

同时，也有一些学者从构成维度的角度研究了网络零售中的顾客价值（Crisp 等，1997；Margherio，1998；Keeney，1999；David，1999；Korgaonkar 和 Wolin，1999；Mathwick 等，2001；Han 和 Han，2001；Bourdeau，2002；Kim，2002；Chen 和 Dubinsky，2003；陈进成，2003；Overby 和 Lee，2006；陶蓓丽，2006；查金祥，2006；燕纪胜，2008；赵法敏，2010；郭立超，2010；赵卫宏，2007，2010；蔡继康和刘温，2011；Kim 和 Galliers，2012；张宏和于洪彦，2014）。网络零售中的顾客价值维度方面，部分学者将网络平台作为传统零售的一种新渠道，结合网络平台的技术特点对网络零售中顾客价值的维度进行扩展研究；还有学者认为网络零售中的顾客价值是一个新兴的研究领域，对网络零售中顾客价值的研究应在一般研究方法的基础上，依据网络零售的具体情况和特点进行，在一般价值研究的基础上挖掘网络零售中顾客价值的构成维度。

例如，Mathwick（2001）等以 Holbrook（1996）的自我指向价值和 Woodruff（1997）的价值位阶模型为基础，开发了一个四维度"体验价值"测量模型来评价网络购买的娱乐性、审美性、服务优越性和顾客再投入的利益感知。Bourdeau 等（2002）认为网络零售环境下顾客价值包括功利主义价值、享乐主义价值、学习价值、社会价值以及购买价值五种形式。Chen 和 Dubinsky（2003）把 B2C 电子商务中感知的顾客价值核心影响因子归纳为网络购物体验的好感性、感知的产品质量、感知的风险和产品价格。Overby 和 Lee（2006）把网络零售中的顾客价值划分为功利主义价值和享乐主义价值。陶宿丽（2006）提出了网络购物的顾客价值与顾客关系之间的联系，将网络购物中的顾客价值分为功能价值、情绪价值、社会价值和网络价值。Kim 和 Galliers（2012）在研究网络零售网站的三类质量因素（网站信息质量、网站系统质量和网站服务质量）时将网络顾客价值分为了实用性价值和享乐性价值。张宏和于洪彦（2014）通过把顾客的非购买行为囊括在顾客价值的衡量之中，将网络零售中的顾客价值划分为顾客知识价值、顾客影响价值、顾客推介价值以及顾客终身价值。

当然，以网络为载体的新型消费模式必然会产生新的消费心理和行为。网络零售中的顾客价值、顾客满意、顾客忠诚，以及它们三者之间的关系也日益被学界所关注。例如，查金祥（2006）通过实证研究证明了 B2C 电子商务环境下顾客价值对满意和信任有显著的正向影响，进而间接地对顾客忠诚产生显著的正向影响。刘梅（2007）认为，顾客价值对网络环境下的顾客忠诚有直接影响，也可以通过满意和信任间接影响忠诚。Sun 等（2010）的实证研究结果表明，网络零售中顾客忠诚度的形成主要是受顾客价值和顾客满意的直接或间接影响。顾客价值对顾客满意有显著的正向影响，同时顾客满意也显著地正向影响顾客忠诚。Yoo 等（2010）通过对 427 名大学生的网络购物行为研究，证明了功能价值和享乐价值对顾客满意度均呈现正向影响。赵卫宏（2010）以网络零售消费者为对象，对网络顾客关系价值及其行为结果的研究显示，在网络零售中，消费者的信心利益价值、个性化服务价值、时间精力节省价值对其感知关系满意具有显著的积极影响，特殊待遇价值对其感知关系满意具有部分影响。邓之宏等（2013）通过构建网络零售环境下顾客忠诚的理论研究模型，确认了顾客价值和顾客满意在顾客忠诚形成中的积极作用。

上述研究成果不但丰富、发展了顾客价值理论，而且为企业开发基于顾客价值的竞争战略提供了指导，也为后续顾客价值研究提供了理论基础。市场竞争的本质在于发掘和传递具有竞争力的顾客价值。顾客价值决定着企业的利润和竞争态势，是企业竞争优势的源泉。然而，由于顾客价值的语义抽象性和消费者网购体验的特殊性，网络零售中的顾客价值具有怎样的内在结构，其对消费者的店铺忠诚具有怎样的驱动机理，学术界和管理学界尚未形成系统完整的认识。现有研究虽然对网络零售中的顾客价值维度和测量进行了探讨，但也还存在认识上的片面性和局限性。有关网络零售顾客价值的研究开始多倾向于借鉴和采用传统实体零售企业的顾客价值维度，对网络零售顾客价值维度进行修正与扩展，并没有充分体现网络零售消费者全过程体验的价值诉求。也有学者从网络消费的全新视角认识网络零售顾客价值的概念内涵，并通过实证方法探究其构成维度与要素，但在具体划分上还缺乏一致性标准和明确的依据。另外，学术界还没有一个被普遍认可的、操作性强的测量工具来有效评估网络零售企业满足顾客价值的状况。目前，学界已经对传统模式下的顾客价值、顾客满意和顾客忠诚及其间关系展开了大量的研究，并且取得了富有价值的研究成果。然而，相较于传统模式下的顾客价值、顾客满意和顾客忠诚研究，学界对网络零售背景下顾客价值、顾客满意和顾客忠诚及其间关系的研究却相对缺乏。

（二）研究问题

在一个竞争激烈的市场中，建立并维持竞争优势对企业而言始终是至关重要的战略命题，也是学术界关注和研究的热点课题。归根结底，企业的竞争优势源于企业所能为顾客创造的价值（Poter，1985）。因此，顾客价值被认为是企业竞争优势的源泉。

面对日益激烈的市场竞争和越来越专业的消费者，企业的经营重点不得不向消费者转移。一方面，消费者在产品、服务、消费渠道等方面具备了更多的选择和更低的转移障碍，使得市场主动权逐步从企业转向消费者。消费者在作为企业价值网络关键成员的同时，其合作者、共同开发者和价值的共同创造者等身份也日益显著。另一方面，随着市场信息的日益丰富和沟通渠道的开放畅通，产品品质和服务水平也日趋同质化。消费者开始将企业是否能为其提供最大化价值作为购买决策的判断标准。在消费者主导的理性与感性并存的商业时代，市场的竞争本质上是企业为顾客创造价值的能力竞争。因此，为顾客创造卓越的价值已然成为企业打造核心竞争力，获取竞争优势的根本源泉。

首先，在早期关于顾客价值的研究中，学者们受当时组织购买行为理论的影响，往往将质量和价格视为影响顾客购买行为的主要因素，局限于将质量界定为顾客价值的感知利得，将价格界定为顾客价值的感知利失。随着顾客价值研究的不断深入，不少学者对早期的研究成果进行了发展，认为顾客价值应该包含其他更加广泛而深刻的内涵。

对于企业而言，倘若不了解它的顾客所期望得到的满足是什么，那么也就谈不上为它的顾客提供卓越的价值，满足顾客的需求。此外，由于顾客的期望和感知差异性，顾客价值也是不断变化的，具有动态性特征。无论是不同的顾客还是同一顾客在不同时期，其对企业所提供的产品和服务会存在不同的价值关注点。相应地，顾客对企业所提供的产品和服务的价值评估标准和衡量指标也存在差异性。因此，对顾客价值丰富内涵的探究，对顾客价值构成要素的甄别，以及顾客价值各构成要素之间的关系及其相对效能贡献的把握，都是顾客价值理论研究需要解决的关键问题。基于顾客价值语义的抽象性、内涵的丰富性和动态性特点，本研究的第一个研究问题是，从网络消费者的视角出发，探究网络零售顾客价值的定义是什么，网络零售中的顾客价值具有怎样的维度结构和构成要素。

其次，诸如经济增速放缓以及消费者购买日趋理性等市场环境的变化，网络零售商面临的另一个挑战是，如何在稍纵即逝的鼠标点击之间留住网购的顾客，也即如何在网购环境中通过建立顾客忠诚来保持其持续的生存与发展。现有研究表明，消费者对网络店铺的忠诚是网络零售商取得竞争优势的关键前置变量。如果没有忠诚的顾客，再好的商业模式也将崩溃。许多学者认为，企业的盈利能力和竞争优势实际上是由顾客的忠诚度决定的，因而通过提高消费者对店铺的忠诚度能够增加零售商的经济收益和竞争能力。顾客对店铺的忠诚度越高，就越会持久地光顾该店铺，在店铺购买的商品量也会有所增多；同时，还能将竞争对手手中的顾客吸引到本企业店铺，在此过程中不断提高企业的市场占有率，使企业在市场中占据主导地位。然而，缘于零售业自身的特点，顾客的店铺忠诚对零售商取得竞争优势尤为重要。一是与其他行业相比，基于店铺忠诚而消费的顾客在零售行业中更加普遍。二是零售业提供了更多人际互动机会，为企业提供了更多培育忠诚的机会。三是由于购买服务的感知风险比购买产品时高，零售业所提供的环境更容易导致店铺忠诚。因而，实施顾客忠诚战略普遍被认为是降低风险的有效策略。

网络零售市场是一个虚拟市场，其竞争较为激烈。网络零售市场的开放性使顾客容易被吸引的同时也容易流失。互联网使消费者能够更加方便地进行信息搜索并做出购买选择。所以，如果顾客对所购买的产品或者服务不满意，就随时有可能转换到其他网商或者选择其他品牌。因此，在网络零售市场中，如何获得顾客对企业店铺的忠诚，是网络零售企业提升盈利能力和竞争优势亟须重视和解决的关键问题。那么，网络零售企业要如何获得顾客持续的店铺忠诚呢？

从社会交换的视角看，消费者追求的是自身需求利益的最大化满足，而这种满足的效度要靠价值的满足来衡量。也就是说，消费者追求的需求满足在本质上是自身价值的最大化。当消费者从企业那里获得其所期望的价值后，其心理表现为满意，其行为表现则是对企业或者品牌的忠诚。因此，消费者感知企业为其提供价值的大小关系到他们对企业的忠诚与否，并最终决定企业的竞争优势。顾客价值研究也表明，消费者会选择能给自己带来最大价值的企业进行交易，会寻找对于自身而言更有价值的产品或服务。在激烈竞争的零售市场上，消费者在不同零售商之间进行选择的核心就是比较不同零售商为顾客创造的价值大小。因此，无论是传统零售市场还是网络零售市场，其竞争的本质就是满足消费者期望的价值。但凡能够为它的顾客创造更高价值的企业往往能够获得更高的顾客忠诚。消费者对零售商的忠诚最终是由顾客价值所驱动的。

然而，在"互联网+"市场迅速发展的今天，有关网络零售情境下的顾客价值研究却相对滞后。网络零售作为创造和传递顾客价值的新渠道，网络零售中的顾客价值相较于以往实体零售中的顾客价值在内涵结构和要素构成上都存在很大的差异性，而业界和学界对网络零售中的顾客价值内涵结构尚未形成统一的认识。为此，本研究的第二个研究问题是，在网络零售情境下，顾客价值的结构维度和构成要素有哪些？作为网购者店铺忠诚的重要驱动因素，网络零售中的顾客价值又将如何驱动顾客产生店铺忠诚？其内在机理是怎样的？

在竞争激烈的网络零售市场，零售企业需要了解自己的供应，掌握通过价值供应诱引顾客店铺忠诚的规律，从而获得持久的竞争力。本研究围绕上述两大研究问题对网络零售中的顾客价值内涵结构及其驱动店铺忠诚机理展开深入探究，对于构筑网络零售企业的竞争优势具有重要的理论和现实意义。

二、研究目的与方法

(一) 研究目的

本研究目的在于探究网络零售中顾客价值的维度结构和构成要素，进而构筑顾客价值驱动的店铺忠诚概念化模型，为零售商创出与提升顾客价值，开发价值驱动型店铺忠诚战略提供管理启示。具体而言，本研究将完成以下任务：

第一，从消费者的视角探究网络零售中顾客价值的概念内涵。

第二，开发一个系统的网络零售顾客价值概念化模型，探明网络零售中的顾客价值具有怎样的维度结构与构成要素，以深化对顾客价值的认识，也为网络零售商洞悉顾客价值、合理配置企业资源、有效实施顾客价值战略提供管理学启示。

第三，基于网络零售顾客价值构筑顾客价值驱动的店铺忠诚概念化模型和研究假设。

第四，根据顾客价值维度结构和顾客价值驱动的店铺忠诚研究提出顾客价值创出与提升战略，为网络零售企业洞悉和评估顾客价值、开发顾客价值驱动的店铺忠诚战略和资源配置战略提供管理学启示。

（二）研究思路与方法

1. 研究思路

为获取忠诚顾客的利润，顾客满意被视为顾客忠诚的关键驱动因素。然而，研究发现，有过半数感知满意的消费者依然会出现"叛逃"行为（Jones 和 Sasser，1995）。显然，尽管顾客满意是顾客忠诚的重要前提，但基于顾客满意来建立顾客忠诚是不充分的。近年来，顾客价值在吸引和留住顾客中发挥的战略作用越发受到学界和业界的关注。为了追求自身价值最大化，消费者总是愿意与能够提供最大价值的供应商进行买卖交易。在竞争激烈的市场中，创造和传递顾客价值已成为零售商生存发展的重要前提，唯有那些把握了消费者多样化购买动机的零售商才最有可能为他们的顾客创出价值。

然而，学术界对顾客价值的认识是不够完整的，有关这个概念的实证研究也相当有限（Khalifa，2004）。研究视角的不同使得现有关于顾客价值模型的内在结构和因子构成等方面都存在很大差异，还没有一个为业界和学界所广泛认同的观点。在实体零售领域，对顾客价值本质特征和内在结构的研究已取得大量成果。而网络零售作为一种有别于实体零售的消费新渠道，其顾客价值内涵也会有所变化。在业界，具备实际评估顾客价值的知识，并能够通过传递价值获得相应回报的企业并不多（Anderson 和 Narus，1999）。因此，在竞争激烈的网络零售市场，了解顾客价值的构成要素，学会怎样为顾客提供价值并通过创造顾客价值取得竞争优势至关重要。而了解企业自身的供应，掌握通过价值供应形成顾客店铺忠诚的规律，则是零售商获得持久竞争优势的关键。

本研究的核心是顾客价值维度结构和顾客价值驱动的店铺忠诚形成机理研究，两者是不可分割的整体。维度结构研究是顾客价值驱动的店铺忠诚研究的基础，只有明确了顾客价值的维度结构，才能更清晰地探明顾客价值在消费者店铺忠诚构筑过程中的作用机理。要构建一个全面而具普适性的网络零售顾客价值构成模型，探究网络零售中的顾客价值及其对店铺忠诚的影响机理，首先就要理清各种要素之间的相互关系，这为研究基于顾客价值的店铺忠诚提供了依据。

本研究以文献研究为基础，从消费者视角开发基于网络零售的顾客价值结构模型，进而构筑顾客价值驱动的店铺忠诚概念化模型与假设，并以网络零售消费者为调查对象进行实证检验。最后，基于网络零售顾客价值维度结构和顾客价值驱动的店铺忠诚研究成果，本研究将提出顾客价值创出与顾客价值提升的策略，为网络零售企业洞悉与评估顾客价值，实施价值驱动的店铺忠诚战略和资源配置战略提供管理学启示。

本研究的总体思路如图 1-1 所示。

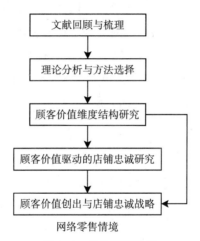

图 1-1　总体研究思路

资料来源：作者绘制。

2. 研究方法

本研究基于顾客价值的核心意义，以 Holbrook（2006）价值类型为基准，对 Woodruff（1997）的顾客价值位阶结构进行扩充与完善，构筑网络零售中顾客价值的结构模型，进而建立顾客价值驱动的店铺忠诚概念化模型与假设，并以网络零售消费者为调查对象进行实证检验。本研究主要采用以下研究方法：

（1）文献研究法。

文献研究法是一种广泛应用于社会学、史学、哲学等学科领域的研究方法。文献研究法也称文献调查法、资料研究法或情报研究法，主要指搜集、鉴别、整理文献，并通过对文献的研究，形成对事实科学认识的方法（孟庆茂，2001）。

文献研究法不仅仅指对文献资料的搜集，它更加侧重于对文献资料的分析。文献研究法可以帮助学者有效地筛选出适用于相关研究的资料，并通过对这些资料进行科学的分析，归纳出与研究相关的问题。通过文献资料研究，可以获得新论据、找到新视角、发现新问题、提出新观点、形成新认识。文献研究法可以使研究者从前人的研究中获得启示，从而减少研究盲目性，也可以使其利用前人的权威观点为自己佐证，增强研究的说服力（杜晓利，2013）。

文献研究法主要包括提出课题或假设、研究设计、文献搜集、文献整理和文献综述共五个基本环节。提出课题或假设指的是在已有理论、事实或需要的基础上，分析整理或重新归类相关文献资料并提出研究构思；研究设计是指在确立研究目标的前提下，把课题或假设的内容设计成详实且具有切实操作性的、能够重复的文献研究活动；文献可通过互联网文献资料数据库、图书馆期刊文集、学术会议等多种渠道进行搜集；文献整理主要包括对相关文献的查阅、筛选、摘录、分类等，是文献研究法的重要环节；文献综述是在对相关文献进行搜集、整理、分析等基础上，围绕特定时期内某学科或专题的研究进展进行的全面叙述和针对性评论。

网络零售中的顾客价值尚属新的研究领域，为了解国内外学者在此领域的研究动态和成果，作者广泛搜集并仔细研读有关网络零售中的顾客价值的文献。本研究利用 Google Scholar 和中国最大的知识库（中国知网）进行文献检索，检索时分别依据时间、文献引用次数等进行。依据时间进行文献检索是为了梳理顾客价值研究的发展脉络，依据引用次数进行文献检索是为了选取有代表性的文献。文献查阅，可以比较全面地把握顾客价值的相关理论和最新研究成果，对文献中有关网络零售、顾客满意、顾客信任和店铺忠诚研究的理论与实证研究进行回顾和分析，尤其侧重于对网络零售中顾客价值的构成维度和顾客价值与店铺忠诚之间关系的文献整理。整理相关文献，旨在实现两个目标：一是发现现有研究的空白或不足，找到本研究的切入点，构建本研究的概念模型；二是为本研究的相关假设提供支持。在此基础上结合我们的研究主题进行分析和讨论，以形成本研究的理论架构。前人的研究成果为本研究提供了理论基础和依据，也为本研究的研究模型建构和研究设计提供了重要的启示。

（2）规范研究方法。

根据假设按事物内在联系运用逻辑推理得到结论的方法即为规范研究方法。

规范研究法是一种运用归纳和演绎对有关经济目标、经济结果、经济决策、经济制度的合意性进行分析的方法，这种研究方法侧重的是从逻辑性层面对经济过程中"应该如何、应当怎样解决"等问题进行概括说明。这种研究方法牵涉到伦理标准和价值判断等方面的问题，强调基于一定的价值观念对相关问题进行分析。规范研究方法所得到的结论往往不能通过经验事实进行验证。规范分析方法的主要特点是，在进行分析前要先确定相应的准则，然后再依据这些准则来分析、判断研究对象目前所处的状态是否符合这些准则。如果不符合，那么其偏离的程度如何，应该如何调整等。

规范研究方法在面向问题、价值理念和阐释方式上存在共性。其一，规范研究普遍面向"元问题"而展开。元问题泛指那些人文社科或其他学科领域都试图解决和难以回避的基本性问题。其二，多元化的基本价值理念。受研究者基本价值理念的引导，在规范研究中研究者无须宣称价值中立。但在多元主义规范研究中，研究者在秉承基本价值普遍性的同时，更要坚持基本价值的特殊性。其三，多重进路并存的阐释方式。规范研究是阐释"应该是什么"的问题，对问题做出好坏判断，而非解释"是什么"的问题。在规范研究中归纳法所得出的相关结论往往是演绎法的假设或前提，倘若这些假设或前提原本就存在错误，则其所推出结论的正确性将难以得到保证。也就是说，规范研究方法在研究过程中缺乏严格的事实检验（任剑涛，2008）。

在理论分析中，本研究采用规范研究方法来综合文献的相关定义，对有关顾客价值的一致性内涵和顾客价值概念化模型进行归纳，发现顾客价值维度结构演进趋势。通过归纳、演绎提出研究假设，为实证研究提供理论基础。

（3）实证研究方法。

通过对从调查中得到的样本数据进行检验来验证关于被研究总体所作的假设与推理的方法即为实证研究法。广义的实证研究法泛指所有经验型的研究方法，它包括观察法、案例法等实地研究法，访谈法、问卷法等调查研究法，以及以数量分析技术为基础，采用数理统计和计量经济技术作为技术手段的统计分析法等。而狭义的实证研究法仅指统计分析法，这种研究法技术方法固定，研究程序明确，是实证研究法中研究技术比较成熟、技术含量相对更高的研究形式（乔坤和马晓蕾，2008）。

实证研究法需要事先提出前提或假设，在运用经验事实和实际证据的基础上对相关前提或假设进行证明，并使用数据对相关的准则、程序等进行修订。实证研究方法具有科学性和务实性的特点。实证研究过程对假定的验证可以被重复，是一种严格的定量分析与定性分析相结合的方法。同时，实证研究方法更注重在研究过程中联系实际运用，要求理论研究要面向具体实践进行现实问题研究。实证研究方法主要回答的是"是什么"的问题，这种工具性、科学性的分析活动一般是能够得出在经验上可检验、可确证结论的研究活动。"价值中立"是该方法的核心原则。一是研究者在研究过程中不能持有某种价值判断，使研究的过程和成果不受成见、偏见的影响；二是在研究成果的表述中，价值陈述和事实陈述应当截然分开，研究者不可以因为自己的个人偏好而影响研究成果的客观性和科学性。实证研究法强调客观而非主观价值判断，只客观揭示现象本质而不对现象的构成因素及各因素之间的普遍联系进行评价，通过客观描述现象存在的状态对现象的本质和规律进行归纳和概括。

实证研究法主要包括选定研究对象、设定假设条件、提出理论假说和进行验证共四个基本环节。实证研究方法的第一步是选定研究对象，对所选定研究对象的构成因素、影响因素及各因素间的相互关系进行分析，在此基础上搜集和归类相关资料。实证研究方法的第二步是设定假设条件。特定的特征决定了研究对象的特定行为，影响研究对象行为的因素复杂多样，在分析过程中难以将所有复杂因素都纳入考虑。因此，研究中需要对特定理论的使用条件进行设定。虽然研究中的假定条件往往缺乏现实性，但脱离了假定条件，科学研究将难以开展。所以在运用实证研究法分析相关问题的过程中必须正确设定假设条件。实证研究方法的第三步是提出理论假说。假说是在对现象进行客观研究的基础上所得到的未经证明的暂时性结论，也是对研究现象的经验性概括，暂不能明确它能否成为具有普遍意义的理论。实证研究方法的第四步是进行验证。对理论假说正确与否的验证可以在不同条件、不同时间运用相关事实进行检验，检验还包括在理论假说的基础上预测现象的运动发展。

由于学术界对网络零售中顾客价值的概念和构成维度等问题未达成一致性认识，因而网络零售中的顾客价值尚无成熟的测量量表。同时，有关网络零售中顾客价值的实证研究成果相对匮乏，因此，实证研究法是本书探究网络零售中顾客价值的重要研究方法之一。本研究中，实证研究法和规范分析法相辅相成，共同对本研究所提出的理论模型和假设予以支持和论证。在实证研究中，本研究采用国际上通用的、规范的实证研究流程，在提出研究假设后，对研究样本进行选取、变量操作化定义、测量，通过数理统计技术检验假设是否成立。最后对研究结果进行讨论，力求对相关理论有所丰富、发展。

三、研究内容与框架

（一）研究框架

本研究的研究框架与技术路线图如图 1-2 所示。

（二）研究内容

本研究以 Woodruff（1997）顾客价值位阶框架和 Holbrook（2006）顾客价值类型为基础，从消费者视角开发一个基于网络零售的顾客价值多维度位阶结构模型，进而构建顾客价值驱动的店铺忠诚概念化模型与假设，并以网络零售消费者为调查对象对模型的妥当性及其构成维度对消费者店铺忠诚的影响机理进行实证检验。

本研究旨在揭示网络零售中顾客价值内涵结构及其在构筑店铺忠诚中的作用机理，深化对网络零售顾客价值的认识，对网络零售企业评估顾客价值、开发价值驱动型店铺忠诚战略和资源配置战略提供管理学启示。

本研究将按照以下内容结构展开：

第一章：导论。阐述本研究的问题、意义、目的、方法和内容结构，以及网络零售中的顾客价值及其驱动店铺忠诚的研究对零售商获得持久竞争优势所具有的理论与实践意义。

第二章：在线顾客价值文献综述。主要对顾客价值、网络零售中的顾客价值研究现状及基本理论进行文献研究。具体包括：对顾客价值的研究现状、网络零售中的顾客价值研究现状、网络零售中的顾客价值相关性研究进行规范研究（文献梳理与综述），为后续研究提供理论基础。

第三章：研究对象的选定。基于对网络零售的行业现状、未来发展趋势及网络零售竞争力与顾客价值的关系研究，选取 B2C 和 C2C 业态作为研究对象，对

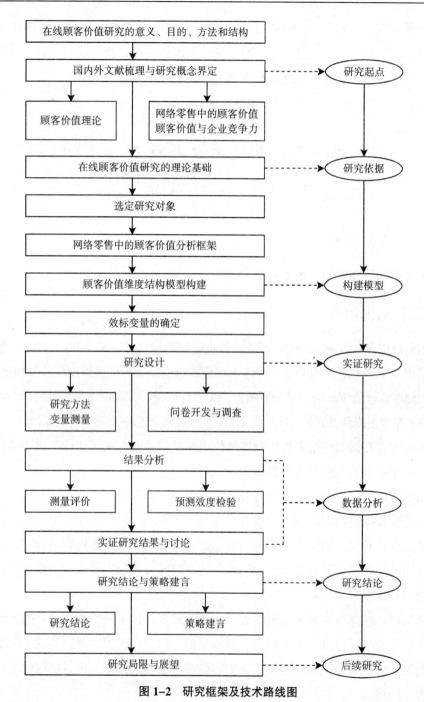

图1-2　研究框架及技术路线图

资料来源：作者绘制。

网络零售中创出顾客价值存在的问题进行分析，为构建网络零售中的顾客价值及其驱动店铺忠诚的概念化模型奠定基础。

第四章：网络零售在线顾客价值分析框架。通过对 Woodruff 的"手段—结果"框架和 Holbrook 的内在对外在、自我指向对他人指向价值类型框架的分析，演绎推导网购消费者感知的顾客价值全过程，为构建网络零售中的顾客价值维度和构成要素提供理论基础。

第五章：网络零售在线顾客价值概念化模型。以 Woodruff 的"手段—结果"位阶结构和 Holbrook 的价值类型为依据，对现有研究中的顾客价值维度（经济价值、享乐价值、社会价值和精神价值）进行甄选，扩充界定网络零售中顾客价值的维度属性，从而构建网络零售顾客价值的维度结构模型，并对网络零售顾客价值的构成因子进行提取。

第六章：效标度量与研究假设。基于上述顾客价值维度模型提出网络零售中的顾客价值与店铺忠诚间的因果关系概念化模型。其中，作为认知性感知的顾客价值通过作为情感性反应的满意和关系持续意念的信任对店铺忠诚的作用机理提出研究假设。

第七章：研究设计与方法。以现有文献量表为测量工具、网店购买物质产品的消费者为普适总体，对近 6 个月内有过网店产品购买体验的应答者进行问卷调查，以收集数据对研究构念进行测量。

第八章：结果分析。在对测量结果进行信度、效度评价基础上，对顾客价值维度结构模型进行评价，进而对研究模型和假设进行检验。

第九章：研究结论与管理策略。阐述网络零售顾客价值的维度结构及其对消费者店铺忠诚的作用机理，提出顾客价值创出与基于店铺忠诚的网络零售竞争战略，为零售商有效实施顾客价值驱动的店铺忠诚战略和资源配置战略提供管理学启示及未来研究方向。

本研究的内容结构如图 1-3 所示。

四、研究特色与创新

在消费者导向的"互联网+"时代，企业难以依靠传统的营销理论与管理方

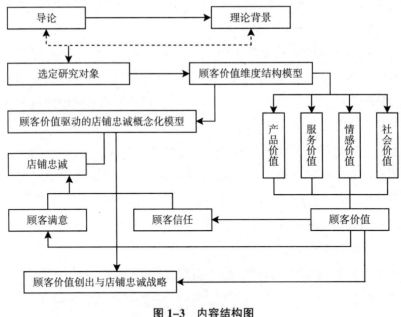

图1-3　内容结构图

资料来源：作者绘制。

法在激烈的市场竞争中博得优势，唯以全新的营销观念和理论为指导，才能适应市场需求的变化和全球化竞争的挑战。顾客价值理论正是在这种背景下诞生的，并推动着营销哲学由过去的产品销售导向转向价值营销导向。顾客价值理论的研究既是对传统营销理论的继承发展，也是市场竞争走向成熟的必然要求和趋势，更是21世纪企业获得竞争优势的源泉。

顾客价值已成为营销学者和企业家共同关注的焦点领域，虽然现有研究已经形成了比较成熟的顾客价值体系，但其中的大多数研究主要集中在传统商业领域。近年来，随着互联网技术与传统商业的融合，以及以网络零售为代表的网络经济的影响，对网络零售中的顾客价值，以及企业持续竞争力的研究更为迫切。为了追求自身价值的最大化，消费者往往倾向于与能够为其提供最大价值的企业进行交易。为顾客创造价值已成为企业取得竞争优势的源泉。然而，只有少数企业能够对顾客价值进行有效评价，并通过传递顾客价值获得相应的利润回报（Anderson和Narus，1999）。

多数借助网络平台开展网络零售交易的企业往往将其经营重心放在吸引新顾客上，其最为关注的是顾客增长率，并通过向顾客提供诸如优惠折扣等多方面利益来吸引顾客到网店消费，而忽略了顾客所需要的其他有形或无形的价值，更不用说如何去维系顾客的忠诚。在网络零售时代，企业尤其需要知道如何科学配置资源来有效创出顾客价值，培育消费者的店铺忠诚，以实现企业的持续优势发展。也只有那些能够充分了解和把握顾客购买动机多样性的零售商才能够真正创出顾客价值。为此，本研究试图对网络零售中顾客价值的内涵结构及其对消费者店铺忠诚的驱动机理展开实证性探究，以帮助网络零售商洞察顾客的价值诉求，学会如何通过为顾客创出价值而获取持续的竞争力源泉。

（一）研究特色

第一，在研究内容方面，本研究对网络零售中顾客价值的内涵结构进行了探究。根据 Woodruff（1997）顾客价值位阶框架和 Holbrook（2006）顾客价值类型，本研究对网络零售中的顾客价值结构进行了扩充，实证探明了网络零售中的顾客价值是一个由四维度 10 因子构成的多维度位阶结构，科学揭示了网络零售中顾客价值的核心内涵和测量方法。另外，本研究从网络零售顾客感知价值的观点出发，进一步探讨了顾客价值与顾客满意、顾客信任及店铺忠诚之间的关系，科学揭示了网络零售中的顾客价值对消费者店铺忠诚的驱动机理与效能，对于网络零售商合理配置资源、开发顾客价值创出战略和价值驱动的店铺忠诚战略具有理论意义和管理学启示。本研究开发的网络零售顾客价值结构模型及其测量量表可以为企业科学配置资源，具体测量消费者对店铺的价值认知，发掘消费者的价值需求，为消费者创出价值提供操作性工具。同时，网络零售商可以根据本研究成果开发基于顾客价值的店铺忠诚战略。

第二，在研究视角方面，当全面质量管理、价值链管理、企业文化、组织流程再造等指向企业内部改进的探索与变革难以创出和提升企业竞争优势时，学界和企业界开始从消费者这一企业外部视角探寻企业竞争优势的源泉，越来越关注对顾客价值的探究。学者们站在企业立场研究传统模式下的顾客价值取得了重要理论进展。然而，顾客价值是在顾客与企业互动的过程中产生的。在高度信息化的当下，消费环境和消费习惯、消费特点等都发生了很大的变化。单纯地站在企业角度去研究顾客价值是不够全面的。顾客价值的动态性、情景依赖性，使得网络零售中的顾客价值内涵与传统商业模式中的顾客价值有很大的差异性。而现有文献关于网络零售顾客价值的研究却大多从企业的角度研究电子商务的应用技术、基础设施，以及零售网络平台建设等，对网购消费者的消费心理、行为和价值需求等的研究相对匮乏。因此，本研究从消费者的视角出发，针对网络零售环境的顾客价值展开研究，探索性地提出网络零售顾客价值概念化模型，以揭示网络零售情境中顾客价值的内涵结构及其对消费者店铺忠诚的驱动机理与效能。这些研究对于推进顾客价值理论的发展、探明网络零售顾客价值结构维度及其影响网购消费者店铺忠诚的内在规律具有重要的创新价值。

第三，在研究方法方面，针对传统零售模式下的顾客价值构成维度研究偏重于理论的思辨演绎，缺乏实证研究的数据支撑。既有关于网络零售顾客价值的实证研究也往往局限于某一行业或有限样本，缺乏全面系统的研究。此外，现有关于网络零售模式下的顾客价值研究多沿用传统零售模式已有顾客价值构成维度研究成果，缺乏对基于网络平台的新型零售模式下顾客价值构成维度的研究。本研究采用实证研究的方法，在文献研究和深度访谈的基础上选定在网店购买物质产品的消费者作为普适总体进行大样本调查，运用数理统计方法对数据进行处理来检验理论假设和研究模型的妥当性与普适性，从而使研究的结论在统计学意义上具有更高的可信度。

（二）研究创新

与国内外现有研究相比较，本研究围绕网络零售顾客价值的内涵结构及其驱动店铺忠诚的机理等现实问题展开创造性研究，理论逻辑严谨，研究设计科学，成果具有创新性。

首先，本研究在内容上具有理论原创性和学术前沿性。本研究通过文献回顾与梳理，从消费者视角对网络零售顾客价值的维度结构进行探究。在文献研究的基础上，从网购者全程消费体验的视角构建顾客价值多维度位阶结构模型，从抽象到具象地洞察网络零售顾客价值的维度结构和构成因素，全面系统地揭示了网络零售顾客价值的丰富内涵，为认识和理解网络零售中的顾客价值提供了指导。在此基础上，本研究进而从消费者视角实证性地探究网络零售顾客价值在消费者店铺忠诚构筑过程中的作用机理，科学揭示了网购消费者的店铺忠诚经过价值感知、购买满意和店铺信任得以构筑的发展过程。本研究将网络零售市场的顾客价值与网络消费者店铺忠诚等管理学科重要理论问题作为研究焦点，深刻揭示网络零售中的顾客价值结构内涵及其对消费者店铺忠诚的作用机理与作用效能，推进了顾客价值理论和网络店铺忠诚理论的发展，为深刻认识和理解网络零售中顾客价值的丰富内涵提供了科学的洞察，具有理论原创性和学术前沿性。

其次，本研究在结构上逻辑严谨，构思新颖。现有研究大多将顾客价值作为单一维度变量来研究其行为结果，难以为理论上认识顾客价值、实践中创出顾客价值提供具体的指导。本研究从网络零售顾客价值内在结构维度及构成要素入手，以 Holbrook（2006）的价值类型和 Woodruff（1997）的顾客价值位阶模型为理论基础，实证性地探究网络零售顾客价值的内涵结构及其对消费者店铺忠诚的相对影响力。研究结论有助于管理学界深刻认识网络零售中的顾客价值内涵及其在店铺忠诚中的内驱规律，同时也有助于企业科学配置资源，有效开发和实施顾客价值创出战略和基于顾客价值的网络零售店铺忠诚战略。本书在理论构思上具有逻辑缜密性和创新性，在网络零售实战中具有良好的应用推广价值。

最后，本研究在研究设计上科学规范，数据检验真实可信。以网络零售消费者为研究对象，随机大样本抽样收集问卷数据，并使用 SPSS 对各研究概念（潜变量）测量问项的信度和效度进行了检验，然后使用 AMOS 对网络零售顾客价值二阶四维结构整体测量模型进行二阶结构方程分析和概念信度与结构变量内在一致性（AVE）检验，以确认本研究开发的网络零售顾客价值内涵结构的模型拟合度与简明性。使用 AMOS 对网络零售中的顾客价值构成维度通过顾客满意和顾客信任对消费者店铺忠诚的作用机理模型进行结构方程分析和假设检验。研究设计符合学术规范，验证过程逻辑严谨。研究结论既有理论支撑也有实证数据支持，在统计学上具有显著性和可靠性，并具有管理学研究方法运用的示范性。

第二章　在线顾客价值文献综述

任何研究都要建立在一定的理论和实践的基础上。本章聚焦网络零售顾客价值（在线顾客价值）的维度结构及其在消费者店铺忠诚构筑过程中的作用机理，主要借鉴顾客价值理论，通过对顾客价值研究现状的分析，明晰顾客价值的定义内涵、特征、类型、维度结构与测量，进而对在线顾客价值研究现状进行分析，具体研究路线如图 2-1 所示。

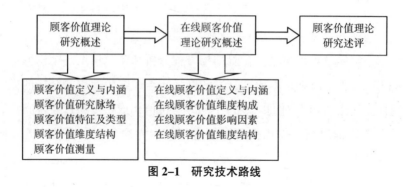

图 2-1　研究技术路线

一、顾客价值的研究现状

（一）顾客价值的定义与内涵

自 20 世纪 80 年代以来，学者们相继对价值、使用价值、顾客感知价值、顾客让渡价值、顾客价值等概念进行了探究，虽然他们从不同的侧重点给这些概念定义了不同的名称，但这些概念的提出可以整体地被看作是对顾客价值的不同阐述，并不影响顾客价值内涵的一致性。然而，由于顾客价值的语义抽象性和内涵丰富性，学界对于顾客价值的定义尚未达成共识，学者们对顾客价值内涵持有不同的理解。

1. 价值的内涵

顾客价值指的是企业为顾客所提供的价值，或是顾客通过消费所获得的价值，只有理解了价值的内涵才能更好地明晰顾客价值的内涵。对于价值的内涵，学者们尚未达成共识。

诸多学者从哲学或经济学等视角对价值的内涵进行了解读，对价值有着不同视角的理解，这使得价值有着丰富的内涵。

在哲学层面上，价值被赋予了多种解释。从本性的角度而言，价值作为人们赖以生活的一部分，并非是后天所获得的，而是源自于人类固有的本性；从情感的角度而言，当合理性遭遇其瓶颈，有效的帮助已不再能通过对理性的求助而得到，那么情感这一思维的对位形式作为我们感觉的释放途径，能够有效地帮助我们感知并辨认价值，因而情感是价值的源泉；从关系的角度而言，价值表现的是主体与客体之间的内在联系，相较于人类与客观世界的关系，这种联系指的是事物之间的关系；从需要的角度而言，价值表现的是客体对主体的意义，是客体满足主体需要的关系；从属性的角度而言，学者们把价值视作事物的功能属性，认为价值是客观事物的有用属性；从抽象的角度而言，学者们认为价值是一种抽象的概念，对某一事物的评价就是来源于并反映着诸如理想、爱好、信念、规范等抽象的理想价值；从主体态度的角度而言，作为一种主体依据自身需求而自发性地赋予客体的属性，价值是主体对客体态度的反映；从劳动量的视角来看，学者们认为劳动价值即为一般意义上的价值，这一观点局限地把劳动价值这一特殊价值形态等同于一般意义上的价值形态，并认为劳动者所付出的劳动量决定了价值的大小。

从经济学领域来看，价值理论沿着马克思的劳动价值理论体系、马歇尔新古典经济学均衡价值理论体系和斯拉法的价值理论体系三条路径展开。它们都试图通过价值理论来说明人与人之间的相互关系，但是这三种理论体系对价值的定义与内涵的解释却不在同一个层面上。

马克思（1867）在《资本论》中通过对商品关系的分析，阐明了商品的二因素和生产商品的劳动二重性、价值量和价值规律、价值形式的发展和货币的起源、商品经济的基本矛盾和基本规律，形成了科学的劳动价值理论。马克思的劳动价值理论认为，价值反映的是交换背后人与人之间深刻的社会关系，是人与人的关系。一种商品能够与另外一种商品相交换的前提条件是，这两种商品所包含的一般人类劳动量相等。基于这一认识，他将价值定义为"凝结在商品中的无差别的人类劳动"。

不同于马克思的劳动价值理论，马歇尔（1890）在他的《经济学原理》著作中基于供求理论、生产费用理论、边际效用理论、边际生产力理论提出新古典均衡价值理论，这一价值理论更多地反映出人与物之间的关系。在均衡价值理论看来，价值均衡一侧是需求（或是这种需求得到满足时给人们带来的效用），另一侧是供给（或是为使这种需求得到满足人们所付出的代价）。新古典均衡理论认为，某一物品的价值能够通过该物品换得另一物品的比例得到体现，而这一比例同样反映出了这两件物品在市场上的相对重要性和稀缺性。

1960 年，斯拉法在《用商品生产商品》著作中基于实物量（以实物单位计量的产品产量）关系构建了价值理论体系。斯拉法在其建构的价值理论体系中虽未对价值进行明确定义，但其价值理论与新古典均衡价值理论在实质上是较为接近的。斯拉法所提出的价值是一种相对价值，指的是在经济体系均衡运行的环境中，商品之间进行交换的比例关系。这一比例关系能够反映出在国民经济的运行过程中，价值作为一种调节比例是如何发挥作用使其达到均衡状态的。生产中的技术、物质补偿条件等共同决定了这一比例的大小。

国内学者孙伟平教授（1997）认为，价值是指人们在实践认识活动中建立起来的，以主体尺度为尺度的一种客观的主客体关系。它是客体的存在及其性质与主体本性，目的和需要一致与否、适合与否、接近与否的关系。这也是国内现有文献较为认可的关于价值的定义。

基于上述观点和本研究聚焦的问题，本研究对价值的本义归纳为以下四点。其一，主体因素和客体因素共同决定了价值的产生，二者对于价值的形成必不可少。客体是价值产生的载体，客体的存在性关系到价值的存在与否，价值来源于客体的某些属性。同时，主体的感知或需求也关系着价值的有无，主体需求的存在性关系到价值的存在与否。正如我们只能称 A 对于 B 有价值，而不能在 B 不存在的情况下判断 A 的价值。其二，主体决定了价值的评价标准。就同一个客体而言，不同的主体会有相异的价值感知或评价。这不仅仅是对价值大小的差异感知，甚至对价值的正负或者有无也会有不同的感知评价。其三，价值的评价标准是客体对主体的满足，也即主体对客体的需要。正如孙伟平（1997）所定义的，价值是客体的存在及其性质是否与主体本性，目的和需要相一致、相适合、相接近的关系。这恰恰说明了主体是在自身的目的和需求的基础上来确定价值的评价标准的。其四，主体对客体的需要，抑或是主体对价值的需要，其最终目的是满足主体本性或情感的需要。这就好比消费者购买饮料用来解渴或享受美味，解渴的最终目的是生存需要，而美味则是一种享受需要。因此，不管主体直接或是最初在何种目的的驱使下进行消费，满足主体本性上或情感上的需求是其消费的最终目的。

2. 顾客价值的定义

作为价值的特殊类别，顾客价值在具有上述价值内涵外，同时还会具有一些顾客价值自身所固有的内涵。正如不同的学者对价值的定义和内涵有不同的观点一样，学者们对于顾客价值的定义和内涵也存在着质量观、得失观、满足观、层次观和整体权衡观等不同的理解。

Drucker（1954）就指出，顾客购买和消费的绝不是产品，而是价值。营销的真正意义在于了解对顾客来说什么是有价值的。尽管学者们都使用了顾客价值这一概念，但由于价值概念本身具有的主观性、模糊性和动态性，定义顾客价值是非常困难的。

现有文献关于顾客价值阐述大致可分为三类。第一类是从顾客的角度出发，也就是顾客感受到的价值；第二类是顾客给企业带来的价值；第三类是顾客和企业之间建立的关系带来的价值。学术界一般把第一类视为顾客价值，第二类视为顾客资产，第三类视为关系价值。本研究聚焦于第一类顾客价值展开文献梳理。

在早期的研究中，顾客价值被定义为"单位美元测定的效用性"。例如，Forbis 和 Mehta（1981）提出顾客经济价值的概念，认为顾客经济价值是指消费者能够获得竞争产品的信息，在对核心产品与其他产品的综合信息已有所了解的前提下愿意支付的最高价格。Christopher（1982）提出，顾客价值是指在顾客的支付意愿受到顾客所感知的商品收益影响的情况下，为了获得某一商品其所愿意付出的价格。而后，Schecter（1984）提出了顾客感知价值的概念，认为顾客价值是由形成顾客购买体验的各种定性的和定量的、主观的和客观的因素所组成的，通常被定义为"合理价格上的质量"或顾客所能承担的质量。Jackson（1985）认为价值是顾客所感知的利益和价格之间的比率。其中，价格包含购买的价格以及诸如运输、安装、定购等失败的风险。尽管早期研究对顾客价值的认识还聚焦在价格和质量上，但也形成了顾客价值概念的雏形，认为顾客价值的评价主体是顾客，而且考虑到了顾客所得与所失两个方面的内涵。

随着学术界对顾客价值重要性的认识不断提升，顾客价值的研究得到了进一步的深入与发展。学者们从顾客价值的构成和形成角度出发对顾客价值进行定义。其中，普遍被认可的观点是得失观。具体而言，得失观也包含了两类观点。一类学者的观点认为顾客价值来自于消费者对其所得到的价值和所付出的成本进行的整体权衡；持另一类观点的学者则认为，顾客价值形成于对诸如服务、品质等顾客所得到的利益和时间、精力等顾客所付出的成本的比较。这两种观点虽然对顾客价值的形成持不同看法，但都是从所得价值和所付成本考虑，对顾客价值的构成有相同的认知。

Zeithmal（1988）通过顾客调查归纳出顾客感知价值的四层含义。首先，价值是顾客欲从其所选购产品中获得的东西；其次，价值可通过低廉的价格得到体现；再次，价值是顾客所付出的特定成本换回的质量；最后，价值是顾客在其全部付出的基础上得到的全部回报。因此，她将顾客价值视作顾客对其所选购产品或服务效用的总体评价，这一评价是建立在顾客对其所选购产品或服务的感知利益和所付出成本比较权衡的基础上的。顾客价值是顾客基于其"所得部分"与"所失部分"的权衡感知而对特定产品或服务效用做出的总体评价。随后，Zeithmal（1990）又进一步指出，顾客价值是顾客基于所接受的产品效用和所付出的成本的全面评估。她的顾客价值概念与其之前的研究结论基本一致。

Monroe 等（1991）认为感知利益和感知付出的比率即为顾客价值。顾客的价值感知指的是顾客通过支付价格而感知的付出与相对于在产品消费中感知的利益间的一种权衡。Anderson（1993）在对工业品公司的实证分析中将感知价值定义为所得到的一系列经济、技术、服务和社会利益与为获得供应商提供的产品而支付的价格间的权衡。Gale（1994）的研究表明，市场感知质量为顾客把企业的产品或服务与竞争者的产品或服务进行比较后的评价。他基于质量把顾客价值定义为相对于产品价格的市场感知质量。Holbrook（1994）认为顾客价值是顾客感知到的价格与质量之间的函数。Woodruff（1996）认为顾客价值是顾客利益属性与牺牲属性之间的权衡。Flint（1997）认为在一个具体的使用状态下，顾客在对所有给定的相关利益和相关付出进行权衡的前提下对供应商为其创造的价值进行的评估即为顾客价值。换言之，价值作为收益与付出的差额，源自于顾客感知其取得的多重利益与利失之间的权衡，它是顾客感知利益与感知付出的权衡，与顾客自身对产品的感知所得与付出的评估有关（Walter，2001）。

Anderson 等（1992）从单情景角度出发，将顾客价值定义为基于感知利得与感知利失的权衡或是对产品效用的综合评价。Grönroos 和 Ravald（1996）从关系的角度出发，认为整个过程的价值 =（单个情景的利得+关系的利得）/（单个情景的利失+关系的利失）。他们重点强调了关系对于顾客价值的影响，认为对于顾客价值利得和利失的权衡应该扩展到对整个关系持续过程的价值衡量，而不是只局限于单个情景上。Goodstein 和 Butz（1997）也指出顾客价值的形成源于顾客在购买和使用产品后发觉产品的额外价值，进而与产品供应商建立起情感关系。Grönroos（2000）进一步将关系范畴中的顾客感知价值通过两个公式进行表述，认为顾客感知价值（CPV）= 核心价值±附加价值；顾客感知价值（CPV）=（核心产品+附加服务）/（价格+关系成本）。

Higgins（1998）把顾客获得的利益归纳为产品价值、服务价值、技术价值和认同价值四种价值，而把顾客付出的成本分为与所付价格有关的成本以及顾客付出的各种内部成本。Anderson（1998）将顾客价值视作顾客在购买的产品中所获得的价值与所付出的成本之间的净收益。一旦在本企业产品中所获净收益比在竞争产品中所获净收益大时，顾客就会选择购买本企业产品并产生满意态度。Slater（2000）指出，当产品或服务带给顾客的利益超过产品或服务的生命周期成本时便会产生顾客价值。其中，生命周期成本分为搜寻成本、营运成本、处理成本和购买价格，企业的收益来源于增长的单位销售额和边际利润。

Kotler（2001）认为顾客价值的研究前提是顾客偏好于从那些能为他们提供最高认知价值的企业购买产品。他基于顾客满意和顾客让渡价值等视角对顾客价值进行了阐述，认为顾客的总价值与总成本之差即为顾客让渡价值。顾客总价值是指顾客期望从某一特定的产品或服务中获得的一组利益，顾客总成本则是顾客在评估、得到和使用该产品或服务时所引起的预计费用。其中，顾客总价值分为产品价值、服务价值、人员价值和形象价值四种价值；顾客总成本则包括货币成本、时间成本、精力成本和体力成本四种成本。顾客让渡价值的表示方式可以分为绝对数表示和相对数表示两种，当用相对数对供应品进行比较时，通常被称为"价值/价格比"。作为价值最大化的追求者，顾客在购买产品时总会希望耗费最低的成本使自己的需求得到最大限度的满足，获得最大化的收益。

随着对顾客价值研究的不断深入，顾客价值的复杂性也越发被学者们所意识到。Holbrook（1996）认为，顾客价值本质上是一种相互影响的相对偏好体验。对相互作用的相对偏好的体验就是顾客价值（Holbrook，1994；1999；2006），它包含对个体与个体间差异的比较、对环境的评价，以及对主体（顾客）和客体（产品）间相互作用的比较（Holbrook，1999）。

Woodruff 关于顾客价值的定义极具参考意义。作为在顾客价值研究领域具有影响的学者，Woodruff 早在 1993 年就开始主持领导着他的顾客价值研究团队从事顾客价值理论与方法的研究工作，为顾客价值的理论探索积累了丰硕的国际顶尖研究成果。不同于早期的顾客价值得失观，Woodruff（1997）在对顾客如何看待价值的实证研究的基础上，认为顾客价值是顾客在一定使用情境下对产品属性、属性表现，以及从使用中引起的利于或碍于顾客在使用状态下获取其目的、目标、结果的偏好与评估。这一定义将产品、使用情景和目标导向的顾客所经历的相关结果相联系，强调了顾客价值来源于顾客通过学习所获得的感知、偏好和评价。他的顾客价值定义充分体现了顾客价值结构的复杂性，并将顾客价值提升到了包含产品属性、使用效果、目标实现三个层次的位阶结构。消费者在不同的情境下对相同事物会产生完全不同的感受。以一瓶普通的矿泉水为例，如果超市中矿泉水的售价为两元会让顾客产生偏贵的感觉，而同样的价格在火车上却会令乘客产生便宜的错觉。Woodruff 对顾客价值研究的另一项突破即是对顾客价值的使用情境进行了强调，这是相对成熟的顾客价值定义。

近年来，学者们对顾客价值做出的定义很大程度上受到 Woodruff 研究的影响，不少学者直接将他的定义视为顾客价值的标准定义进行引用。此外，还有一些学者对顾客价值的定义类似于顾客资产、关系价值等。这些观点（见表 2-1）由于其视角和方向与本研究有所不同，故而对其不展开讨论。

表 2-1 现有文献对顾客价值的定义

学者	顾客价值的定义
Forbis 和 Mehta（1981）	在已知核心产品与其他产品的综合信息且可获得竞争产品的情况下，消费者愿意支付的最高价钱
Christopher（1982）	顾客为了得到商品而愿意付出的价格。这种支付意愿的强弱取决于商品提供给顾客并被顾客所感知的收益的多少
Schecter（1984）	合理价格上的质量，也即消费者能够承担得起的质量
Reuter（1986）	产品在使用过程中所展现的价值，包括使用价值（如产品的用途和可靠性）和存在价值（如魅力和美观、成本价值、交换价值等）

续表

学者	顾客价值的定义
Zeithamel（1988）	消费者对从产品或服务中所感知的利得与其为获取这些利得所付出的代价进行权衡后对产品或服务效用的整体评价
Zeithamel、Berry、Parasuraman（1990）	消费者基于所获得与所付出而感知的产品效用的全面评估
Monroe（1991）	购买者在产品中感知的质量或利益与相对于通过支付价格而感知的付出之间的权衡
Anderson, Jain 和 Chintagunta（1993）	在为供应商提供的产品支付价格的交易中所获得的一系列经济、技术、服务和社会利益，以货币单位衡量时的感知价值
Gale（1994）	相对于产品价格调整后的市场感知质量
Woodruff（1996）	消费者对特定使用情境下有助于（有碍于）实现目标或目的的产品属性的实效及使用结果所感知的偏好与评价
Flint, Woodruff 和 Gardial（1997）	在具体使用状态下，消费者在给定的相关利益和付出权衡中对供应商为他们创造价值的评估
Woodruff 和 Gardial（1997）	顾客价值就是顾客利益与付出间的权衡
Woodruff（1997）	顾客对产品属性、属性表现，以及从使用中引起的有利于或有碍于实现目的和目标结果的偏好及评估
Oliver（1998）	顾客为了完成某种目的而获取特定产品的愿望
董大海（1999）	顾客在购买和使用产品的整个过程中所获得的效用与所付出的成本之比较
Kotler（2001）	顾客的总价值与总成本之差
Gemünden, Ritter 和 Walter（2001）	通过供应组织中关键决策者所建立的顾客关系或取得多重利得和利失间的权衡，即收益与贡献的差额
Eggert 和 Ulaga（2002）	顾客所感知的利益和所感知的成本之相差值
白长虹（2001）	顾客感知得与感知利失之间的权衡
Holbrook（2006）	顾客对互动性的、相对性（比较性、情境性）的偏好和体验，所有产品均可借由消费体验创造价值
成海清（2007）	顾客对企业及其产品的存在、作用及其变化同顾客及其需要相适应、相一致或相接近的程度的感知和评价
孙闯飞（2012）	顾客在特定环境和关系下，对企业活动的感知收益和感知付出之间的权衡比较

资料来源：作者整理。

从上述几种典型的顾客价值定义中可以看出，学者们对顾客价值概念存在许多共性理解。其一，顾客价值是对顾客所得到的利益与所付出的成本之间的权衡；其二，顾客价值是顾客在接触企业所提供的产品或服务过程中对企业产品或服务的整体评价；其三，顾客的所得和所失由具体的情境要素构成，顾客价值具有复杂的内涵。基于现有文献，我们可以把顾客价值的定义归纳为以下三类：

一是基于得失观的定义，它是质量观的深化形式。得失观认为顾客价值是顾客所得与所失之差或顾客所得与所失之比，即顾客价值是通过顾客得与失之间的比较形成的。得失观对于顾客价值的定义虽然相对容易理解，但也有其局限性，即难以确定顾客价值是否由所得与所失两方面对比形成。此外，得失观在将顾客价值的含义简化的同时，却忽视了它的情境复杂性。现有研究多数支持顾客的所得创造正向价值，而所失则形成负向价值的观点。以质量和价格的权衡为例，好的质量作为一种所得可以形成正向价值，但差的质量也可能带来负向价值。价格虽属所失，但低价也可能创造正向价值，而高价格也不必然等同于高付出。

二是基于整体权衡观的定义。它将顾客价值视为所得与所失间的整体权衡。整体权衡观考虑了顾客价值的整体性和复杂性，认为顾客价值并不能单凭所得与所失之间的简单对比进行判断。显然，整体权衡的视角关注到了顾客价值的复杂性，相对于简单的得失权衡判断更具整体性。然而，尽管整体权衡观对顾客价值的定义强调了对整体的评价，但它并未对整体评价和权衡的具体内涵进行界定，致使顾客价值的定义仍然存在模糊性。

三是基于层次观的定义。层次观认为顾客价值是指顾客在特定使用情境中依据其主观偏好对产品属性、属性表现，以及在产品使用过程中出现的该产品利于或阻碍顾客实现其目的、目标和结果的情况进行的总体性评价。基于层次观的定义尽管得到学界更为广泛的认同，但它并未对偏好的产生和评估的具体内容进行阐述。从层次观的典型代表Woodruff（1997）对顾客价值的研究可以发现，顾客会在对实际感受和期望的不断比较中产生偏好和评价，然而其对顾客价值的定义并未很好地体现出这一点。Woodruff（1997）对使用情境如何对顾客价值产生影响的研究成果具有突破性的理论贡献，却忽视了包括竞争者的影响、消费者经验的影响、他人的影响等其他外在因素。

由于语义的抽象性和研究视角的局限性，学者们对顾客价值的定义存在不同的理解，尚未形成统一的认识。基于上述关于价值的本质认识和对顾客价值定义的文献梳理，我们把顾客价值的概念内涵归纳如下：

其一，消费者是顾客价值的评价主体，企业所提供的产品和服务则是顾客价值的载体和评价客体。顾客价值源于消费者对企业供应物的主观感知，它是被消费者感知的，而不是由企业决定的。顾客价值具有顾客指向性，而不是企业指向。

其二，顾客价值是内在固有的，与产品或服务的使用密切关联，质量是对价值的一种投入。情境、竞争对手和消费者自身的经验等外在因素对顾客的价值感知和评价具有影响。

其三，作为顾客价值的最高层次，实现本性上或情感上的需要满足是消费者通过消费以获取价值的最终目的。

其四，顾客价值评价具有层次性，包括利得与利失两个方面。顾客价值的感知过程包含一个对获得的利益（如质量、价值、效用）与付出的牺牲（如价格、时间、努力）之间的评价或权衡。评价的内容可以归纳为产品属性、使用结果、目的满足等多方面属性。

其五，顾客价值的评价结果是通过比较产生的。一方面是消费者的渴望、预期或竞争对手等，另一方面是消费者实际感知的各个层次的所得与付出。顾客价值只有在消费者获得的利益大于付出的成本时才存在。

其六，消费者对价值的感知是根据购买体验（而不只是产品）建立的。这些体验线索可以是客观的（如效用需求），也可以是主观的（如心理需求），或是兼而有之。

3. 本研究对顾客价值的定义

基于以上认识，本研究把顾客价值定义为顾客经过对消费体验中获得的利益和为获得这些利益而付出的代价之间的权衡而产生的整体效用性评价。该定义包含以下方面的含义：

其一，消费者是顾客价值的主体。与消费者对企业的价值相对应，顾客价值则是消费者所感受到的企业和企业的产品或服务为其带来的价值。在顾客价值概念的理解中将消费者还是企业作为主体，这涉及企业经营理念的问题。不管企业优先考虑的战略是为消费者创造和提供价值，还是消费者为其创造和提供价值，都会对企业的经营行为、战略决策以及绩效评价取向产生直接的影响。除非特别指明，本研究中的顾客价值概念均指企业为消费者创造和提供的价值，消费者是价值的评价主体。

其二，相对于消费者，企业的产品和服务是顾客价值的载体和评价客体。本研究中的顾客价值是企业及其产品为消费者创造和提供的价值。除了企业的产品能为消费者创造和提供价值外，企业的服务和品牌形象等也能为消费者创造和提供价值。产品和服务本身只是价值的载体。

其三，顾客价值源起于对供求双方的感知与评价，一方是企业及其产品与服务，另一方是消费者及其需求。当消费者及其需求和企业及其产品的存在、效用与变化相适应、相一致时，便会产生顾客价值。评价包含正面评价（满意）、中性评价（无所谓）和负面评价（不满意）三种形式。作为在感知的基础上形成的态度，评价会对消费者重复购买和向其他潜在消费者推荐的可能性产生影响。

（二）顾客价值的研究脉络

1. 顾客价值研究的兴起

对顾客价值的研究是伴随着市场竞争不断加剧、企业持续生存面临挑战、营销哲学不断创新而兴起与发展的。让企业以消费者为导向，基于消费者价值需求开发出为消费者真正所需的产品或服务价值，这是研究顾客价值的根本意义。这种价值是由消费者而非企业所决定的。消费者对产品和服务的期望不断提高使消费者群体发生着深刻的变化，并对企业的营销战略取向产生了深远的影响。如今的消费者更乐于进行学习和实践，他们掌握了相较于过去更为丰富的数据信息和知识技能。消费者不再一味地被动接受产品和服务，而逐渐主动地进行产品或服务选择。因此，企业只有以顾客为导向，为消费者提供相较于竞争对手更优越的顾客价值，才能争取到新顾客并维系顾客，获取持续的生存优势。

自从哈佛大学 Porter 教授（1985）的竞争战略思想得到社会的广泛响应后，学者们为寻求企业新的可持续竞争优势做出了积极的理论探索。随后，价值链管理、质量管理、基于资源与能力的管理、组织与流程再造、企业文化以及顾客满意与顾客忠诚等诸多有着重大影响的理论也陆续被提出。尽管这些理论对今天的企业竞争而言都仍然不可或缺，但这些理论能不能为企业提供明确的竞争优势来源尚难确定。因为这些努力如果不能体现出持续创造卓越顾客价值的力量，将难以真正取得成效。这些管理思想只有建立在为消费者提供优于竞争对手的顾客价值的基础上，才能有效地塑造企业的竞争优势。

就营销理论的发展来看，市场营销对价值的关注始终与消费者相联系。Kotler（2001）就指出，营销就是个人和集体通过创造，提供出售，并同别人交换产品和价值，以获得所需所欲之物的社会过程。价值就是消费者所得到的与所付出之比（Kotler，2001）。20 世纪 70 年代以来，营销学者不断探索顺应市场变化的营销理论和方法。从最开始纯粹注重物质产品的质量到以顾客为导向，以获得顾客的满意和忠诚为目标，再到后期顾客价值理念的提出，营销理论上升到了全新的哲学高度。顾客价值理论强调企业与顾客之间应维持一种稳定良好的交互关系，要求企业在自身竞争实力的基础上最大限度地为其目标顾客提供超越竞争对手的价值。所以，顾客价值理论的兴起是现代营销理论一次质的进化发展。

2. 顾客价值理论的演进

20 世纪 90 年代以来，营销学者们开始从消费者视角对顾客价值展开探究，并从不同角度阐述关于顾客价值的理解，对顾客价值的认知不断深化。

（1）Lauterborn 的 4Cs 理论。

作为较早探知顾客价值的学者，美国营销学者 Lauterborn（1990）在其 4Cs 理论中对顾客价值进行了阐述。他指出，不同于忽视顾客真正价值需求而仅从企业角度出发进行营销决策的传统营销组合 4Ps（产品、价格、渠道、促销）理论，企业在其营销活动中应该真正体现出顾客价值，必须注重对 4Cs（顾客、成本、便利、沟通）理论的运用。相较于从企业角度出发提出的 4Ps 理论，4Cs 理论的进步就体现在它从顾客角度出发，注重顾客的价值需求，强调以顾客需求为导向。

在顾客方面，4Cs 理论认为消费者是企业一切经营活动的核心，企业重视顾客应胜于重视产品。企业不应将自己能生产何种产品作为优先考虑，而应当注重、分析，并熟知顾客的欲求与期望。

在定价方面，4Cs 理论认为定价因素包含两个方面。一是顾客的购买支出。它不只限于购买的货币支出，还包括顾客在购买时所耗费的时间、体力和精力、因信息不对称造成的风险承担，以及顾客所需与实际所购存在差异而产生的损失等。二是企业生产成本，也即企业为生产符合消费者需求的产品而付出的成本。企业大多重视价格在市场营销中的作用，但在根本上价格取决于企业的生产成本。4Cs 理论强调，价格因素并不局限于企业的货币支出，它已经扩展到了企业生产经营的全过程。作为企业制定生产成本的首要因素，消费者能够承受的价格才是企业应当首先考虑的因素。企业要深入了解并满足顾客欲求与期望以及顾客愿意付出成本的多少。企业必须在设法降低成本的同时，推动其营销手段和生产技术的进一步发展，从而实现企业自身对高水平利润的追求。

在渠道方面，4Cs 理论认为，相较于传统购买渠道，为消费者提供便利性才是营销渠道的本质。企业要在为顾客提供全方位服务的同时，切实创造和维护顾客购买的便利性。便利的本质即为方便顾客得到。企业应在销售全过程努力为顾客创造和提供便利性。例如，在顾客购买前，企业应当及时向消费者提供产品品质、使用方法和使用效果等方面的充分准确信息；在顾客购买产品过程中，企业要给予顾客最大限度的购买方便；在产品售后阶段，企业应当对顾客的意见及时答复处理，重视顾客的信息反馈，并针对顾客对产品或服务的抱怨积极提供便捷的解决方案。此外，4Cs 理论强调，企业既要让顾客购买到优质产品，也要让其体验到便利的服务。

在促销方面，不同于传统 4Ps 理论的促销方式，4Cs 理论把促销变成与顾客的有效沟通。4Cs 理论认为，企业应当采取积极的行动去适应顾客的情感，重视与顾客之间的双向沟通，从而在顾客和企业间建立新型的基于共同利益的关系。变单向促销宣传为与消费者的双向沟通，在利于协调矛盾的同时，融洽企业与顾客的情感，培养顾客的忠诚。

（2）Zeithaml 的感知价值理论。

Zeithaml（1988）认为，顾客对价值的感知是企业为顾客设计并创出价值的决定因素，企业决策应以顾客为导向。顾客价值实质上是顾客感知的价值，它取决于顾客而非企业，主要包含四个层面的含义：其一，顾客会将廉价视作价值，在其价值感知中付出货币的多少决定了其价值感知的大小，低廉的价格是最直接的顾客价值；其二，顾客在评估自身所得价值时会将诸如时间、金钱的付出因素和利得因素纳入考虑范畴，认为顾客价值是其全部付出所换取到的全部；其三，不同于对金钱付出的关注，顾客会将其通过选购产品或服务得到的利益作为价值感知的关键性因素，认为顾客价值是顾客想从产品本身获得的东西，这是一种基于消费产品对满意程度的主观衡量；其四，顾客往往会将价值概念化为其付出金钱所购得的质量，其对价值的判断来自对所获质量和付出金钱之间的权衡。

首先，Zeithaml 用顾客感知价值概念对上述四种价值表达进行总结，认为顾客感知价值是顾客在对获取产品或服务时所付出的成本与其所能感知到的利得进行权衡后对产品或服务效用做出的总体评价。顾客感知价值是一种成本（利失）与效用（利得）之间的权衡，顾客往往会根据自身感受到的价值而不是依赖于某单一因素做出购买决定。而且，顾客对价值的感知因人而异，顾客的个性化使不同的顾客对同一产品或服务会有不同的价值感知。Zeithaml 经过大量实证研究得出结论，顾客进行价值评估的参照系统将决定其对顾客价值的感性认识。例如，在不同的消费时间和消费地点，同一顾客对价值往往会有不同的感知。她的研究还表明，顾客感知价值是动态的，顾客对价值的感知依赖于进行价值评估的背景。

其次，虽然许多顾客将产品质量（内部特性）视为价值收益最为主要的部分，但总体上对价值收益的衡量仍然离不开诸如款式、色调等外部特性和产品或企业的信誉、形象和理念等更深层次的抽象利益。价值收益除了包含显著的内部特性，还包含外部特性，以及其他相关的、更深层次的抽象概念。此外，产品的内部属性往往要透过产品的外部特性，甚至是顾客对抽象利益的感知才能得以体现，其本身可能与顾客所感知到的价值并不直接相关。

再次，在对产品价值进行评估时，由于对产品构成要素的认知能力有限，大多数顾客并不会切实权衡产品或服务的价格与收益。他们更倾向于凭借暗示（多数为外来的暗示）而下意识地形成自己对产品或服务的价值印象，并通过对自身所获取的有限信息进行些许评估便实施其购买行为。为简化选购过程，顾客在重复购买其所偏好的产品时会利用外部价值暗示。作为一种价值信号，外部特性能够一定程度地替代顾客对所获收益与所付成本进行的权衡比较，减少顾客在时间、精力等方面的耗费。

最后，顾客通过付出货币和时间、精力等其他资源而得到产品或服务，因此感知价值中顾客所付出的成本既有货币成本也有非货币成本。由于价值感知的差异性，通过减少货币支出，能够增加那些价格感知程度高，并将货币方面的付出视为关键性因素的顾客的感知价值。而通过减少时间和精力等其他方面资源的支出，则更能够增加那些价格感知程度低的顾客的感知价值。

总之，Zeithaml 的感知价值理论把感知得与感知利失之间的权衡作为顾客感知价值的核心内容。这一观点已被众多学者的研究所证实（Ravald 和 Grönroos，1996；Parasuraman，1997；Christopher，1997）。因此，企业可以通过增加顾客的感知利得，或是减少顾客的感知利失来提升顾客的感知价值。

（3）Kotler 的让渡价值理论。

面对众多企业所提供的多样化产品和服务，消费者也必然具有多元化的消费选择，并能够评判哪些供应品能为其提供最高价值。针对这一现象，Kotler 从顾客满意和顾客让渡价值的角度对顾客价值进行了阐述。他认为，搜寻成本和知识、收入等的有限性使消费者成为价值最大化的追求者。他们会将期望的价值作为购买行动的依据，通过了解供应品与自身期望价值的相符程度来决定其满意和再购买意愿的程度。Kotler 指出，顾客将从为其提供最高顾客让渡价值的企业购买商品，而这也是对顾客研究的前提。

Kotler 把顾客让渡价值定义为顾客总价值与顾客总成本之差，并对顾客总价值与顾客总成本进行了具体的细分。他把顾客总价值细分为产品价值、服务价值、人员价值和形象价值，它是顾客从某一特定产品或服务中获得的总利益。顾客总成本主要包括货币成本、时间成本、精神成本和体力成本，它是顾客为购买产品或服务所耗费的货币资金、时间和精力等，如图 2-2 所示。在购买产品或服务的过程中，顾客总希望在获得最大化利益的同时将货币、时间和精力等相关成本控制在最低限度，从而最大限度地满足自身需求。因此，顾客会在对其所欲选购产品的价值和成本比较分析的基础上，将顾客让渡价值最大的产品作为优先选购对象，产生购买这一产品的倾向，在比较判断后最终选购总成本最低、总价值最高的产品。

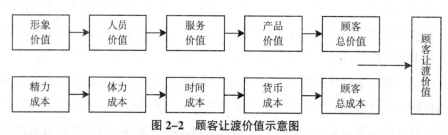

图 2-2 顾客让渡价值示意图

资料来源：菲利普·科特勒. 营销管理 ［M］. 北京：中国人民大学出版社，2001.

因此，在激烈的市场竞争中，企业为获取持久的生存就应当尽可能增加顾客所得利益并减少顾客的消费成本，将满足顾客需求作为企业战略的出发点。通过向顾客提供比竞争对手更具让渡价值的产品和服务，才能使自身产品得到消费者的注意，进而对企业的产品进行选购。而由此形成的企业竞争优势也将吸引更多的潜在顾客，从而为企业创造持续的价值。

（4）Grönroos 的顾客价值过程理论。

相较于单纯的交易营销，顾客会感知和评价持续关系所带来的附加价值，关系营销能够为顾客和其他各方创出更大的价值。特定关系是在长期过程中形成的，因此顾客价值的出现往往也需要经历一个较长的时期。Grönroos（1997）将这个时期称为价值过程，并把这个价值过程视为关系营销的起点和结果。Grönroos 认为，将顾客依据自身付出和利得的感知而对提供物效用做出的总体评价定义为顾客感知价值的观点忽视了提供物的关系方面，并未考虑到关系本身对感知价值可能存在的重要影响。紧密的市场关系可能会使消费者的重心从提供物向对整体关系的评价发生转移。倘若关系被认为具有足够的价值，参与交易的各方在产品或服务并非最好的情况下仍然可能达成协议。作为 20 世纪 90 年代最成功的战略之一，企业向顾客创造超越提供物的关系价值的能力，已经成为企业差异化的工具和建立持久竞争优势的关键。

Grönroos 的研究表明，关系范畴中的成本包括价格和某方出于利害关系而产生的额外成本。关系范畴中的提供物除了核心产品，还包括各种类型的附加服务。因此，可以通过区分提供物的核心价值和关系中额外要素的附加价值实现对顾客感知价值的评估。关系范畴中的顾客感知价值可以用以下公式表述：

顾客感知价值 = 核心价值 ± 附加价值   (2-1)

顾客感知价值 = (核心产品 + 附加服务)/(价格 + 关系成本)   (2-2)

在关系范畴中，由式（2-1）可知，顾客感知价值是一个长期概念，它是随着时间发展而感知的，式（2-1）中的附加价值也在关系的发展过程中不断显现。在式（2-2）中，作为一个短期概念，价格原则上在核心产品送货时交付，而关系成本则是随着关系的发展而发生的，且边际成本呈递减趋势。与关系成本一样，核心产品和附加服务的效用也在关系的发展过程中不断体现出来。

此外，Grönroos 认为，支持关系建立与发展的对话过程和交互过程作为关系营销的核心，在顾客价值实现的过程中发挥着重要作用。关系营销的核心是交互过程，关系营销的沟通侧面是对话过程，关系营销的结果则是价值过程。交互过程、对话过程和价值过程是成功关系营销战略的三个必不可少的过程。倘若未能对顾客的价值过程进行仔细分析，错误或不正当的行动就很容易在交互过程中出现。倘若交互过程与对话过程发生冲突，将可能使顾客得到的承诺无法兑现或是冲突的信号在价值过程产生消极的后果。所以，交互过程、对话过程和价值过程构成了关系营销的三个层级，缺少对其中任何一个过程的分析和考虑，都会阻碍关系营销的实施。

国内学者从 20 世纪 90 年代末开始对顾客价值展开研究。早期关于顾客价值的研究多为对国外已有理论的介绍，并逐步受到关注。学者们一方面基于国外研究成果对中国情境的顾客价值理论进行探讨；另一方面针对顾客价值理论展开应用性尝试。这些成果为我国的顾客价值研究奠定了基础。

白长虹（2001）对 Woodruff、Zeithaml 和 Grönroos 等关于顾客价值的权威成果进行了引介。王成慧（2002）分析了包括 Lauterborn 4Cs 理论、Zeithaml 顾客可感知价值理论、Grönroos 顾客价值过程理论和 Kotler 顾客让渡价值理论等代表性成果。叶志桂（2004）围绕顾客价值的定义、顾客价值的识别，以及企业为顾客创造价值的途径对国外顾客价值的研究成果进行了讨论。胡旭初（2004）通过对国外顾客价值定义、模型和顾客价值动态性研究的综述，提出了值得关注的关于顾客价值研究的热点问题。张广玲（2006）评述了国外学者对关系价值的概念及维度方面的研究成果。邢顺福（2007）简述了国外学者对顾客价值的定义、影响因素和顾客价值类别等方面的研究成果。

　国内学者在顾客价值的特性和内涵等方面也展开了深入研究。白长虹（2001）在 Parasuraman（1997）的顾客关系与顾客价值感知动态模型基础上，分析了服务业中从初次顾客到短期顾客，再到长期顾客的关系发展对顾客价值感知的动态影响，即顾客关系的发展对顾客价值的影响。杨永恒（2002）认为企业为消费者创造的价值与顾客满意和忠诚呈正向关系，顾客维持取决于顾客感知价值的多寡。他从顾客价值、关系价值和信息技术三个方面对顾客关系管理进行探讨，认为实现顾客价值最大化与企业收益最大化的平衡是顾客关系管理的最终目的。陈明亮（2003）基于顾客认知价值的分析，在顾客重复购买意向决定因素的实证研究中将顾客认知价值、顾客满意和转移成本视为顾客重复购买意向的三个决定因素，而顾客认知价值最能影响顾客购买意向。于洪彦（2006）认为顾客价值是一个社会化概念，消费者在产品和服务选购时受到自身文化和经济水平的影响，因而顾客价值具有社会经济和文化的客观性。张宁俊（2007）对超组织视角下的顾客价值、员工价值和企业价值之间的关系及内涵进行了探讨。来尧静（2009）借助巴纳德组织理论对顾客价值的内涵进行了阐述，认为顾客价值包含顾客价值效应、顾客价值传递和顾客价值期望。陈思（2009）则对国内关于顾客价值内涵、分类和顾客价值提升与管理等研究进行了综述。

　从现有文献的梳理可知，随着顾客价值理论研究的不断深化，学者们对顾客价值取决于消费者而非企业，企业应该从消费者角度去评估其产品和服务的价值等观点形成了一致性认识。当然，目前关于顾客价值的研究仍处于初期阶段，诸如顾客价值的来源是什么，顾客价值如何随着经济社会发展而变化，消费者对企业提供的价值如何认识、评价和选择，以及顾客价值与企业竞争力的关系，如何对顾客价值有效测量等问题，仍然是学术界亟待探索的课题。

（三）顾客价值的特征及类型

1.顾客价值的特征

在现有文献中，顾客价值的特征被归纳为主观性、互动性、动态性、情境依赖性、层次性、相对性和关系性七个方面。

（1）顾客价值的主观性。

企业及其产品对消费者的价值并非企业所认知的，而是消费者所感知的，只有消费者感知到的价值才是真正意义上的顾客价值。在交易过程中，消费者往往追求自身价值最大化，但不同的人或组织对同一产品或服务混存着不同侧重的价值评判。某一产品或服务对有些人很有价值，而对另一些人并不那么重要，甚至根本就没有价值。也即，消费者对企业及其产品的认知存在主观性。例如，在选购电视机过程中，有些消费者或许更在意电视机的外观，而有的消费者更注重电视机的品牌，还有些消费者可能更关注质量。消费者个体在文化素质、成长经历、审美取向、生活水平和经济实力，以及期望的目的和结果等诸多方面的差异性导致他们对产品或服务有着不尽相同的价值判断。尽管如此，相似的消费群体在一般情况下对于相同产品或服务的价值注重面，以及对顾客价值的权重认知还是基本一致的，也即求大同而存小异的情形。因此，企业可以通过对具有共同价值需求的消费群体进行分析和定位，从而达到明确目标顾客所关注的共同价值要素的目的，进而开发、创出和交付顾客所需的、能提升顾客价值感知的产品和服务。

（2）顾客价值的互动性。

顾客价值形成于消费者与企业的互动过程中，故在与消费者的互动过程中，企业及其产品功能改进、变化等要与消费者及其需求相匹配，始终与消费者及其需求保持一致。消费者在互动过程中对企业及其产品进行感知，企业及其产品通过互动进而影响消费者的价值感知。就企业而言，要开发、创出和交付顾客所需价值的产品和服务，就必须洞悉消费者的需求和偏好，在认知消费者的同时掌握其变化的潮流趋势。就消费者而言，若要做出合理的购买决策，就必须深化对企业形象、服务水平及态度和口碑的了解，在认知企业的同时对企业的核心产品及市场评价等相关信息加以理解。为使消费者购买自己的产品，企业可以通过广告和促销等方式促进消费者对企业及其产品的认识。

消费者的购买决策受其认知的直接影响，而消费者对于企业的认知则取决于企业在各个顾客接触点上的表现。所以，在经营、销售及服务的各个环节，企业应当切实让消费者感知到企业及其产品的价值，全程保持与顾客的良性互动，从而在保证顾客满意的前提下提升顾客忠诚度，争取顾客良好的口碑传播。

（3）顾客价值的动态性。

作为消费者在与企业及其产品的整个接触互动过程中所认知的价值，从初次接触到最终抛弃或转让，消费者对产品的价值认知在整个接触和使用过程中的不同阶段和不同环境下会发生不同的变化，甚至会有反复的情况出现。因此，顾客价值发生在消费者购买前、购买中及购买后的整个过程中，最终消费者在整个过程结束后会对该企业及其产品形成总体的感知和评价，并由此而决定消费者对该企业及其产品的满意程度、再购买意愿，以及消费者会在多大程度上对该企业及其相关产品进行有利的或不利的口碑宣传。此外，即使是同一顾客对同一产品或服务的价值认知也会因其所处消费情境或使用情境的不同而存在差异。顾客价值会因为顾客自身、企业及产品本身、与产品相关的服务和竞争环境等要素的变化而变化。因此，企业要针对目标消费者在不同使用情境下，与企业产品和服务的不同接触点所产生的不同价值需求进行价值要素的开发与传递，在为顾客创出价值的同时获得顾客的持久信赖与支持。

（4）顾客价值的情境依赖性。

作为顾客价值区别于个人价值和组织价值的关键标志，不同于持久的、超越具体情景和产品的是非好坏观，顾客价值的情境依赖性是指顾客价值依附于特定情景和具体产品，它既是客观的又是主观的。

消费者对价值的评价和个人的偏好在不同的情景下存在显著的差异性。消费者在不同的情景中对相同产品的评价可能不同。Ravald 和 Grönroos（1996）以汽车抛锚为例描述了顾客价值的情境依赖性。他们发现，当汽车在人烟荒芜的偏僻区域发生故障时，消费者对收费较高（高利失）且服务较差（低利得）的汽车维修服务的感知价值可能相对较高。Woodruff（1997）认为，产品属性、结果和目标及其相互之间的联系会随着使用情景的变化而发生变化，使用情景对顾客感知价值的形成起着重要作用。Thompsom（2000）以酒店消费和银行服务为例对顾客价值的情境依赖性进行了分析，认为顾客在长途跋涉后将车开到某一酒店时，如果酒店服务员能够立即引导安全停车，帮助顾客把行李拿到房间，并在顾客进入酒店大堂前为其办理入住手续，这一系列的服务将使顾客产生归属感，此时顾客会对酒店的服务产生较高的感知价值。此后，如果该顾客再去他平时常去的银行办理业务，这时他会因为受到此前酒店服务的影响而对这家银行的服务产生较高的期望价值，认为往常自己感到满意的这家银行的服务并不那么尽如人意，故而对该银行的服务产生较低的感知价值。因此，顾客价值的情境依赖性不但在同一产品或服务发生在不同情景时会有所表现，特定环境下的消费氛围也会对接下来的另一个消费过程的价值感知产生影响。换言之，顾客价值的情境依赖性也可能出现在消费者连续经历的不同产品或服务的消费过程中。这种不同情境对于顾客价值的关联影响多发生在服务类企业。

（5）顾客价值的层次性。

随着时间的推移和与供应商关系的变化，需求特征不同的消费者对价值的感知具有显著的动态层次性。不同层次的需求依靠不同层次的顾客价值属性来满足。消费需求的层次性是导致顾客价值层次性的根本原因。

顾客价值的层次性是指在接受和使用产品或者服务的过程中，消费者在不同时期所感受到的价值具有不同的层次。从对 Woodruff（1997）的顾客价值层次结构模型的分析可知，消费者并非将顾客价值视为一个笼统抽象的概念。相反，顾客价值具有清晰的层次性，消费者会在不同的层次上形成不同的价值感知。顾客价值的层次性也有助于企业在实际运营中深刻洞悉顾客价值的丰富内涵。

（6）顾客价值的相对性。

顾客价值的相对性既体现在因消费者个体和情境的不同而形成的价值感知差异，还体现在不同提供物之间的比较，即顾客价值的可比较性。真实的价值包括特定个体对不同物品的相对偏好。消费者往往以一种产品或服务的价值感知作为参考与另一种产品或服务进行比较，从而对二者的价值差异进行判定。正如 Holbrook（1999）所指出的，在价值的比较判断上，相对于巧克力冰淇淋，我更喜欢香草冰淇淋。顾客价值不仅产生于对不同产品或服务的比较，也产生于对竞争对手的比较过程中。顾客价值并非仅局限于消费者自身的感知，它也来自于与竞争性价值提供物进行比较而做出的价值判断。

（7）顾客价值的关系性。

顾客价值不仅产生于核心产品和附加服务，同时还来自于企业为维持顾客关系而付出的努力。通过与消费者建立持久的良好关系，企业能够更好地实现对顾客价值的创造。紧密的市场关系会使顾客的重心从提供物向整体关系的评价发生转移。倘若关系被认为具有足够的价值，参与交易的各方在产品或服务并非最好的情况下仍然可能达成协议。在关系范畴中，关系成本包括价格和某方出于利害关系而发生的额外成本。提供物则包括核心产品和附加服务两个部分。

当然，顾客价值的主观性、互动性、动态性、情境依赖性、层次性、相对性和关系性特征并不是彼此孤立的，而是相互作用、有机联系的多面统一体，体现了顾客价值内涵的丰富性。消费者对企业产品和服务的主观认知形成于与企业的互动过程中。消费者对企业及其产品和服务的主观感知和评价结果取决于顾客与企业的互动过程和互动内容。消费者对企业及其产品和服务的主观感知并非一成不变。顾客价值的动态性表明消费者的价值认知会在与企业的互动过程中发生变化。因此，在与顾客交互过程中，企业应深入认知并切实把握顾客所追求的丰富价值，确保其向顾客交付的价值要素是顾客真实需要的，在与顾客交互的过程中持续为顾客创造超出其预期的价值，使顾客基于良好的价值感知对企业及其产品或服务作出满意评价。

2. 顾客价值的类型

消费者对价值的理解，与其所处的状态（时间、情境环境等）密切相关。现有文献通过顾客价值特征分析，从不同视角对顾客价值类型进行了划分。

Sheth 等（1991）对消费者的消费价值观研究认为，按照消费者的价值选择行为，产品或服务所提供的价值可以包含功能性价值、情感性价值、条件性价值、知识性价值和社会性价值等属性。它们的区别在于不同的具体状态下各种价值属性所占权重存在差异，有些价值类型更为全面，有些则相对突出某些方面。例如，消费者购买一本《百科全书》所获得的是以知识价值为主体的顾客价值。而购买一辆名贵跑车所获得的价值却不仅仅是知识价值，更突出的是功能价值、社会价值和情感价值，且这三种价值的占比是不同的。当然，这种将顾客价值视为一般价值的分类方法，不足以分析具体的消费行为。

表 2-2　顾客价值的类型

价值指向	反应类型	外生性	内生性
以自我为导向	主动的	效率（方便）	娱乐（愉快）
	反应的	卓越（质量）	审美（美丽）
以其他为导向	主动的	地位（成功、形象管理）	伦理（美德、正义、道德）
	反应的	尊重（声誉、物质、财产）	精神（信仰、欣喜、神圣、幻想）

资料来源：Holbrook M B. The nature of customer value: An axiology of services in the consumption experience [J]. Service Quality: New Directions in Theory and Practice, 1994, 21: 21-71.

Holbrook（1994）将顾客价值划分为三个维度，即外生与内在的价值、自我导向的与他人导向的价值、主动的与被动的价值。其中，外在价值强调产品消费所获得的功能和效用，内在价值则重视通过消费体验获得的价值。自我导向价值是指顾客对消费产生自我的评价和欣赏，他人导向价值则是指消费者追求诸如获得社会认同或炫耀等价值。主动价值指顾客在产品或服务的消费体验过程中处于主动控制的地位而产生的价值，被动价值则是指顾客在产品或服务的消费体验过程中处于被动反应的角色所获得的价值。在对顾客价值的三维度划分基础上，Holbrook 进一步将顾客价值细分为效率、卓越、地位、尊重、娱乐、审美、伦理和精神八种类型（见表 2-2）。

考虑到消费者对价值感知的关注因素存在差异，且价值评价的时间不尽相同，Woodruff（1997）从属性和结果两个维度将顾客价值分为四个类别，分别是基于属性的期望价值和基于结果的期望价值，以及基于属性的评价价值和基于结果的评价价值。Burns（1993）认为，按照顾客价值的评估行为及其相关联的过程，可以将顾客价值细分为产品价值、使用价值、拥有价值和总价值四个类别。

此外，Flint（1997）在研究工业品市场中顾客价值的改变情况时将顾客价值分为价值、期望价值和价值判断三种类型。Gassenheimer 等（1998）则对商务关系中的经济价值和社会价值进行了区分，认为经济价值是指以最低的交易成本满足顾客的经济需要，而与其他的可供选择的关系相比较对现有关系的满足则是社会价值。Zhang 和 Jolibert（2000）根据中国的具体情况将顾客价值分为象征价值、健康价值和效用价值。他们认为象征价值与产品所拥有的社会价值相关；健康价值主要指产品所拥有的能带给消费者的有益性；效用价值主要关注产品的性能而非其他方面（如外表或品牌）的属性。

由于研究视角的差异，不同学者对顾客价值的划分有着不同的理解，但他们对顾客价值的分类在"手段—结果链"理论层面达成了一致。"手段—结果链"理论来源于心理学家 Rokeach（1973）关于人类价值观的研究。该理论最早用于描述个体价值观对其态度以及行为的影响。在消费者行为学研究中，由于顾客的购买以及消费行为是其内心需求的外化表现，因此，很容易从理论上将消费者的价值观体系同其消费行为联系在一起。"手段—结果链"理论认为，在顾客的消费价值判断中，顾客的主观评判可以分解为产品属性、消费结果和最终目的三个层面。产品属性是指产品自身所具有的特点；消费结果是指消费者在拥有、使用或消费产品时体会到的所有感觉和收益，是顾客对消费经历做出的主观判断；最终目的是指消费者通过购买或消费产品所达成的内心深处的目标。借助"手段—结果链"理论，营销学者可以系统分析消费者作为独立个体的价值观体系对于顾客价值认知的影响，从而将产品属性、消费结果与消费者的个人价值观联系起来。这些学者的研究大都集中在顾客价值的结果层次上，从顾客价值的结果进行逆向分类。

（四）顾客价值的维度结构

基于顾客价值的定义与分类，现有文献围绕所得利益和付出成本两个方面对顾客价值的维度结构展开了探讨。

Holbrook 和 Hirschman（1982）认为，消费价值观可分为功利主义价值观和享乐主义价值观。从信息处理的观点出发，顾客价值可以通过产品怎样满足顾客的目的和服务、怎样被执行等功利主义标准来判断。而从消费体验的观点出发，顾客价值则通过对产品或服务的欣赏等享乐主义的标准来判断。他们根据功利/享乐成分将产品分为四种类型，即低功利低享乐型产品（如低涉入度产品）、低功利高享乐型产品（如文化艺术产品）、高功利低享乐型产品（如保险）、高功利高享乐型产品（如汽车）。功利主义价值观表明，消费者倾向于以最小投资有效达到目标。而享乐主义价值观表明，消费者更强调快乐方面，体验来自购物过程。

Zeithmal（1988）提出顾客价值感知理论，并建立了顾客价值感知模型，认为顾客价值是由消费者感知收益和感知付出权衡的结果。其中，顾客感知价值中的收益包括显著的内部特性、外部特性和其他相关的高层次的抽象概念。虽然许多顾客将产品质量（内部特性）作为价值收益中的主要部分，但从总体上衡量价值收益仍包括诸如包装、颜色等外部特性和产品或企业的信誉、便利、形象等更高层次的抽象利益。而且，产品的内部属性本身可能并不直接与消费者所感知到的价值相关。相反，它们往往要透过产品的外部特性，甚至消费者个人所感知的抽象利益才能得到体现。顾客感知价值中的付出包括货币成本和非货币成本。消费者付出货币和其他资源（如时间、精力、努力）以获得产品或服务。对于一些价格感知程度高的消费者而言，货币方面的付出是关键性因素，减少货币上的支出即是增加了感知价值。而对于那些价格感知程度低的消费者而言，减少时间、精力方面的支出更能增加感知价值。

Sheth 等（1991）开发了一个消费者在购买决策中感知的五维度价值结构模型，即顾客价值包含社会的、情感的、功能的、认知的和条件的价值。而且，这些维度并不是在任何条件下都同等重要，其中功能价值对于消费者的购买决策最具影响力。Bolton（1991）认为感知价值是模糊和复杂的，它包含了感知价值、质量、利益以及牺牲等丰富的内容。Burn（1993）认为顾客价值包含四种价值形式，即产品价值、使用价值、拥有价值，以及顾客在评价过程中形成的总的评价价值。Kantamneni 和 Coulson（1996）致力于感知产品价值的多维度测量模型的开发，并把感知的产品价值维度划分为社会价值、体验价值、功能价值和市场价值。Sinha（1998）提出感知价值是源于价格、质量、利益和牺牲的一个多维度结构，对于一个特定的产品类别，感知价值的范畴需要具体的探索和确定。

Parasuraman（1997）将产品质量、服务质量和价格归纳为顾客感知价值的构成因素，并得到学界广泛认同。他指出无论是以有形的产品或是无形的服务作为核心产品，服务质量是企业获得竞争优势的基本决定要素，也是顾客感知价值的重要构成因素。Roger（1997）将顾客感知价值划分为经济利益（可用金钱衡量的经济价值创造）、感知利益和情感利益（相对无形且难以用金钱价值衡量的利益）三个维度。其中，经济利益由较低的价格、较低的获取成本、拥有成本和处理成本，以及使用维修成本构成。感知利益主要包括产品利益、品牌利益和服务利益。情感利益主要是指制造商的信誉。

Lapierre（2000）在对 IT 业消费者的研究中认为顾客价值由两个维度构成（见表 2-3）。一是产品、服务和关系，二是利得和利失。他认为可供选择的解决方案、产品定制、产品质量、技术能力、响应速度、适应性、可靠性、企业信

表 2-3 顾客感知价值的驱动因素

维度＼范畴	产品	服务	关系
利得	产品质量	敏捷性	形象与信誉
	顾客定制	柔性	与顾客的团结
	替代方案	稳定性	信任
		技术支持	
利失	价格		时间/努力/精力
			冲突

资料来源：Lapierre. Customer-perceived value in industrial contexts[J]. Journal of Business & Industrial Marketing, 2000, 15（2/3）：122-145.

誉、企业形象、企业与顾客的团结度构成了顾客价值的利得。而时间、精力、冲突和努力则构成了顾客价值的利失。

Parasuraman 和 Grewal（2000）认为仅仅依靠优质的产品和合理的定价还不足以在市场上占有持久的竞争优势，服务质量要比产品质量和价格更加难以被竞争对手模仿，因此服务质量是顾客感知价值的重要因素。他们将感知价值划分为获取价值、交易价值、使用中价值和赎回价值四个维度。其中，获取价值指的是相对于金钱成本，购买者从产品中所获取的收益；交易价值指的是消费者从交易中所获得的愉悦；使用中价值指的是通过产品或服务的使用而获取的效用；赎回价值指的是在产品生命周期末端或服务终结后所能回收的剩余利益。

Kotler（2001）在分析顾客让渡价值时将顾客总价值划分为产品价值、服务价值、人员价值和形象价值，将顾客总成本划分为货币成本、时间成本、精力成本和体力成本。Ulaga（2001）在对跨国公司食品部进行调查的基础上，将影响顾客感知价值的因素划分为质量因素和价格因素，在与供应商的销售和管理人员访谈的基础上将质量再度划分为与产品相关、与服务相关和与促销相关三种质量。Joo（2007）在对韩国网购顾客进行研究的过程中将网络购物中的顾客价值划分为经济性、便利性、人性化、快速响应、社会性、信任和情感性七个维度。

Haar 等（2001）的顾客价值模型（见图 2-3）则将顾客价值划分为企业想提供的价值和消费者想得到的价值两个维度，从供应商和消费者两个角度描述了价值从一个模糊的概念到市场上的具体产品的整个过程。对供应商而言，供应商所依据的是其所感觉到的消费者需求，以及企业自身的战略、能力和资源，形成"想提供的价值"概念。企业则以"想提供的价值"为基础，设计出以具体产品或服务为载体的"设计价值"，两者之间存在"设计差距"。消费者方面，消费者从自身角度出发希望获得的是"想得到的价值"。由于社会环境、科技的发展程度等客观因素的限制，市场上提供的产品不可能与消费者"想得到的价值"完全吻合，因此存在"折中差距"和消费者的"期望价值"。而由于供应商与消费者之间存在对消费者需求的信息不对称，或者是企业过于主观臆断地对消费者的需求进行调查，不能准确客观地对消费者的需求进行分析，使企业想为消费者提供的价值与消费者实际想得到的价值之间出现"信息差距"。消费者对价值的主观性感知会使其所期望得到的价值与企业实际设计的价值之间存在"感知差距"。

在对产品进行使用后，消费者认为其实际所获得的价值与其先前所期望得到的价值之间会存在"满意差距"。在缩小这些差距的基础上，企业将能够更好地为消费者提供其切实需要的价值。

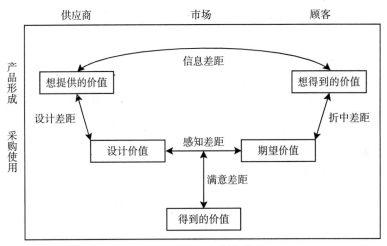

图 2-3　顾客价值模型

资料来源：Van der Haar J W，Kemp R G M，Omta O. Creating value that cannot be copied ［J］. Industrial Marketing Management，2001，30（8）：627–636.

学者们还对顾客价值构成中诸如服务、关系等某一个或某几个要素进行了深入的研究。例如，Lovelock（1995）认为除核心产品外，任何服务行业的服务都具有一定的共性，服务价值是顾客价值的重要维度。通过构建"服务化模型"，他依照服务流程识别出了可用于增加核心服务价值的八项附属服务，分别为信息与咨询、演示操作与解说、人情味、定购、账单处罚与付款、交货、售后服务以及其他服务。Grönroos（1997）认为顾客价值不仅来源于核心产品和附属服务，企业维持顾客关系的努力也能创造价值。顾客进行价值感知时，除了会关注企业的提供物，也会重视相互间的关系，与关系有关的利益和成本都是顾客感知价值的决定因素，企业可以通过与顾客发展良好的持续关系来创造价值。在此基础上，他将关系范畴中的顾客价值划分为关系利得和关系成本两个维度，关系利得既包括核心产品，也包括各种类型的附加服务。除价格方面的成本外，关系成本同样也包括某方因处于特定关系中所产生的额外成本。

为了更加鲜明地表现顾客价值的实质，Holbrook（1994）构建了一个顾客价值的三维度模型，将顾客价值分为外在的与内在的、以自我为中心的和以他人为中心的、主动的和反应的三种类型。以此为基础，他进一步将顾客价值具体划分为效率、优秀、地位、娱乐、审美、尊重、精神和伦理八个类别，并对理解消费者在消费经历中获得的价值类型和价值实质的重要性作出了强调。其后，Holbrook（2006）又基于顾客价值的相互作用体验特性，重新将顾客价值划分为外在价值对内在价值和自我指向价值对他人指向价值两种类型，并由此构建了一个由经济价值、享乐价值、社会价值和利他价值四个维度构成的顾客价值模型。

Woodruff（1997）通过对消费者如何看待价值的实证研究，将顾客价值定义为消费者在一定使用情境下对于产品的属性、属性表现以及从使用中引起的有利于或有碍于消费者在使用状态下获取其目的、目标、结果的偏好与评价，并在信息处理认知逻辑的基础上提出了顾客价值层次模型。该模型认为顾客价值是产品属性、属性偏好和结果评价的层次组合，消费者通过"手段—结果"模式形成期望价值。从最低一层开始，消费者首先考虑产品或服务的具体属性和属性效能。在购买和使用产品时，消费者会就这些属性对实现预期结果的能力形成期望和偏好（第二层）。消费者还会根据这些结果对消费目标的实现能力（最高层）形成期望。从最高层向下看，消费者会根据自己的目标来确定产品在使用情景下各结果的权重。同样，结果又确定属性和属性实效的相对性。顾客价值位阶层次模型很好地描述了消费者的期望价值和实际得到的价值，而顾客满意则是连接二者的媒介，消费者正是通过该媒介来感知价值的。

Petrick（2002）在开发服务感知价值量表过程中将消费者的服务感知价值划分为货币价格、行为价格、质量、情感回应和声望五个维度。John 等（2003）在进行电信行业消费价值研究时认为，就实体产品而言，其价值是短暂的。消费者进行产品选购后基本很少甚至不会维持与企业之间的关系，消费者对企业价值贡献的感知仅停留在初次消费价值层面（如选购电话）。就无形服务而言，其价值是持久的。消费者对企业价值贡献的感知不仅来自于初次消费，还来自于周期性消费（如电信消费中按月支付的话费和月租费）。在此基础上，他们将顾客价值划分为初次消费价值和周期性消费价值两个维度。其中，由于消费者在购买实体产品后与企业之间联系较少，因此以初次消费价值为主，而初次消费价值和周期性消费价值均可能存在于服务产品之中。Weingand（2007）在构建顾客价值层次模型的实证研究中，将顾客价值划分为基本的价值、需求的价值、期望的价值和未预期的价值四个维度，各个维度均对应着不同的顾客价值。他认为消费者对产品或服务所感知的顾客价值，首先满足的是基本价值，然后才是所期望的价值。而消费者所得到的需求价值往往由于客观的原因少于其期望价值。顾客未预期的价值往往是消费者根据对产品或服务所掌握的信息认为该产品或服务不可能提供或得到的价值。

Chen 和 Hu（2010）通过开发和测试关系利益、顾客感知价值和顾客忠诚的关系模型，将顾客感知价值划分为功能性价值和象征性价值两个维度。功能性价值是指消费者基于产品和服务的质量、物有所值和方便等特点而对产品和服务价值做出的全面评估。功能性价值的高低取决于消费者从其所接触的产品和服务那里所感知到的质量、支付费用和耗费时间。象征性价值是指消费者从社会、情感、审美和信誉方面的体验感知而对产品和服务价值做出的全面评估。这种价值体现在消费者给他人留下的印象、感受到的喜悦与快乐、享受的视觉吸引力等方面。

Kim 等（2011）发现，一些社交网络社区服务提供商会通过向社交网络社区成员售卖数码产品获得收入。因此，他们基于顾客价值理论对社交网络社区成员购买数码产品的意向和决定过程进行研究，并将顾客价值划分为功能性价值、情感性价值和社会性价值三个维度。功能性价值是指消费者基于产品的功能、实用性和物理性能而感知到的产品效用，包括价格效用和功能质量。情感性价值是指消费者基于产品能唤起其好感或情感状态而感知到的产品效用，主要体现在享乐趣味方面。社会性价值基于产品能提高其社会福利的能力而感知到的产品效用，包括社会自我形象表达和社会关系支持。

Medberg 和 Heinonen（2014）基于顾客价值理论从服务接触视角对银行顾客关系价值的形成进行了探讨，通过对 18 个网络社区关于银行交易的帖子进行搜集与分析，构建了银行顾客价值分析框架，并将顾客价值划分为共同道德价值、责任价值、关系价值和传承价值四个维度。共同道德价值表现为消费者自身的道德标准和银行的标准之间的兼容性。责任价值表现为银行对消费者的责任感和诚信意识。关系价值表现为消费者与银行间长期合作关系的存在和延续。传承价值表现为消费者与银行的接触关系是由消费者的父母或亲属发起的。

近年来，国内学者在吸收国外顾客价值研究成果的同时，也从整体概念层面对顾客价值的维度结构进行了模型开发。例如，马云峰等（2002）将顾客价值划分为产品价值（质量、价格和便利性）、品牌价值（品牌认知、品牌道德和品牌态度）和关系价值（情感氛围、情感联系和转移成本）三个维度。产品价值是消费者对企业产品和服务的客观评估，比如产品和服务的质量、价格上具有的吸引力，消费者与企业打交道时感到的便利程度；品牌价值是消费者对企业产品和服务的主观评估，它类似于选择对 Kotler（2001）让渡价值定义的"形象价值"和"精神成本"的综合判断；关系价值是消费者与企业之间关系的强弱程度，它强调企业和消费者之间的关系，以企业和消费者建立和维护关系的活动为基础。

成海清（2007）在回顾相关理论的基础上构建了一个包括愿望价值、期望价值和感知价值三个层次的顾客价值层次模型，认为顾客价值层次模型是一个从抽象到具体的渐变过程。愿望价值、期望价值和感知价值作为顾客价值的三个维度，反映了消费者从产生心理需要到通过消费行为满足这种需要的心理认知过程。愿望价值的形成产生需要动机，而需要动机形成期望价值，期望价值产生消费者购买行为。消费者产生购买行为后，在产品的使用或消费过程中形成感知价值。感知价值形成消费评价。消费评价最终会影响消费者期望价值及愿望价值的实现。

王宝和张明立（2010）通过扎根理论研究构建了顾客价值模型，认为顾客价值是由顾客感知价值和内心标准价值两个主体价值对比形成的。两个主体比较的内容包括顾客所得价值（如质量、功能、服务等）、目的的满足（如便利、享乐、效率等）和投入的成本（如金钱、时间、体力等）。同时，他们还在顾客价值的构成中加入了竞争对手情况、自身经历、他人影响等影响因素。

成韵和刘勇（2013）在文献基础上提出了顾客价值的六维度概念模型，并以手机用户为调查对象对概念化模型与假设进行实证检验。实证数据确认顾客价值包含功能价值、利失价值、情感价值、服务价值、品牌价值和社会价值六个维度。

随着研究的不断深入，国内学者还针对具体情境的顾客价值维度进行了模型开发。例如，罗海青（2003）在对 Gale（1994）和 Woodruff（1997）等学者顾客价值研究成果深入分析基础上，提出了针对个体消费者的顾客价值评价体系模型，并针对个体消费者研究对象展开问卷调查，最终将顾客价值感知要素分为体验、价格、信息、服务、品牌、绿色、时尚、归属和品质九个维度。王永贵等（2003）认为，Sweeney 和 Soutar（2001）PERVAL 模型中的功能价值价格因素并没有反映顾客在消费产品过程中所放弃或失去的利益等价格以外的利失，并根据以金融行业为对象获取的实证研究结果把顾客价值划分为情感价值、社会价值、功能价值和感知利失四个关键维度。

杨晓燕和周懿瑾（2006）在探讨消费者对绿色产品的感知价值维度的研究中，以绿色化妆品为例，通过设计测量绿色产品顾客感知价值的量表和实证检验，提出顾客感知价值包括功能价值、情感价值、社会价值、绿色价值和感知付出五个维度。

伍建华（2007）在 Woodruff（1997）顾客价值位阶层次模型基础上，将宽带网络用户的顾客价值划分为结果层价值（使用方便、服务质量、通信质量、品牌形象、安全性能、价格、组织归属感、转移成本）、最终结果层价值（方便舒适感）和情境因素价值（使用时间和使用情境），并运用结构方程对结果层各要素和最终结果层要素的关系，以及最终结果层各要素与情境因素之间的关系进行了分析。白琳（2007）对感知风险维度已有的研究进行了总结，然后利用焦点小组与深度访谈技术对手机市场的顾客感知价值进行了定性探讨，形成了该行业感知价值构成的初始要素，并最终得出了该行业顾客感知价值的四个维度，分别为产品核心性能、产品伴随性能、价格和品牌与广告。

杨亚明（2008）在对沈阳市药店顾客价值的研究中，通过对沈阳市城内居民进行零售药店堂内外的拦截式问卷调查，将药店的顾客价值构成要素划分为六个维度，包括形象价值、核心价值、产品价值、人员价值、便利价值、信任价值。燕纪胜（2008）采用理论推演与实证研究相结合的方法对电子商务环境下的顾客价值构成维度进行了探究，构建了 B2C 网络零售环境下的顾客价值维度模型，把顾客价值归结为六个维度，包括社会价值、情感价值、知识/信息价值、情境价值、感知成本和功能价值。

潘寄真和张大亮（2010）提出了基于专业市场的银行服务的顾客价值维度模型，并通过温州市场的调查将专业市场内客户的银行服务顾客价值划分为核心利益、影响利益、服务利益、期望利益、形式利益、延伸利益六个维度。

郭国庆等（2012）以大中型休闲类网络游戏为背景，进一步探究了消费体验、体验价值和顾客忠诚之间的关系，并参考 Mathwick 等（2001）关于体验价值维度划分及网络游戏相关研究，将体验价值划分为美感、认知好奇性、自我效能享受乐趣，以及社会归属四个维度。

常亚平等（2014）在研究多渠道整合质量对线上购买意愿的作用机理时，将网络环境下的顾客感知价值划分为情感性价值、程序性价值和结果性价值三个维度。其中，情感性价值是指消费者对感知线上购物对其情感需求的满足程度的偏好和评价；程序性价值是指消费者对感知线上商店提供商品和服务的过程能够达成其消费目的和意图的程度的偏好和评价；结果性价值是指消费者对感知线上商店提供的商品和服务能够达成其消费目的和意图的程度的偏好与评价。

表 2-4 顾客价值的维度结构

研究者	研究手段	顾客价值概念化模型	
		第一位阶	第二位阶
Zeithaml (1988)	基于理论研讨	质量、价格	
Sheth 等 (1991)	基于理论研讨	功利价值、社会价值、情感价值、认知价值、条件价值	
Holbrook (1994; 1999)	基于理论研讨	效率性、卓越性、社会地位、尊重、娱乐、审美性、伦理性、精神性	功利主义价值；享乐主义价值
Kotler (1997)	基于理论研讨	产品价值、服务价值、雇员价值、形象价值	
Jarvenpaa 和 Todd (1997)	在线购买的探索性研究	价格、质量、多样性；努力、信赖性、适合性、玩乐性；有形性、反应性、确认性、同感性；个人风险、隐私风险	产品感知；购买体验；顾客服务；顾客风险
Ghosh (1998)	基于因特网的真实价值评价	便利性、信息性、个性化、互动性	
Keeney (1999)	基于网络购买	产品质量、成本费用、时间花费、隐私性、安全性、便利性、购买乐趣、环境影响性	
Parasuraman 和 Grewal (2000)	基于理论研讨	获取物价值、交易价值、补偿价值、使用价值	
Lapierre (2000)	基于产业条件的感知价值评价	解决方案替代性、产品质量、顾客化；反应性、灵活性、信赖性、技术能力、价格、时间/努力/精力、冲突；一致性、形象、信任	产品价值；服务价值；关系价值
Chandon (2000)	基于销售推广的有效性评估	节省性、质量、便利性、价值表达；娱乐性、探索性	功利主义价值；享乐主义价值
Sweeny 和 Soutar (2001)	PERVAL模型：基于消费者感知耐用品价值的评价	情感价值、社会价值、品质和性能功能价值、价格功能价值	
Mathwick (2001)	EVS：品目和网络购买体验价值	视觉感染力、娱乐性；逃避性、愉快性；效率性；经济价值	审美性；玩乐性；服务优越性；顾客投资回报
Han 和 Han (2001)	电子商务顾客价值概念化	有用性、表现质量、审美性、玩乐性、内容多样性、价格、投递时间；便利性、信赖性、顾客化供应、价格顾客化、网站顾客化、交易顾客化	内容价值（质量、成本、顾客化）；形式价值（质量、成本、顾客化）

续表

研究者	研究手段	顾客价值概念化模型	
		第一位阶	第二位阶
Petrick (2002)	SERV-PERVAL: 基于服务感知价值评价	质量、情感反应、声誉、金钱价格、行为价格	
Chen 和 Dubinsky (2003)	基于电子商务的价值感知	体验好感性、产品质量、产品价格、感知的风险	
Holbrook (2006)	基于消费体验	效率性、优越性；享乐性、玩乐性；社会地位、自尊；称心、心醉神迷	经济价值；享乐价值；社会价值；精神价值
Rintamäki (2006)	百货商场购买的顾客价值评价	金钱节省、便利性；社会地位、自我尊重；娱乐性、探索性	功利价值；社会价值；享乐价值
Chen 和 Hu (2010)	基于理论研讨	质量、支付费用、耗费时间；给他人留下的印象、感受到的喜悦与快乐、享受的视觉吸引力	功能性价值；象征性价值
Kim (2011)	基于社交网络社区的顾客购买意向和决定	产品功能、实用性、物理性能；情感状态、享乐趣味；社会自我形象表达、社会关系支持	功能性价值；情感性价值；社会性价值
Medberg 和 Heinonen (2014)	基于银行顾客关系的价值形成	道德标准的兼容性；责任感、诚信意识；合作关系的存在、合作关系的延续；父母发起关系、亲属发起关系	共同道德价值；责任价值；关系价值；传承价值

资料来源：作者整理。

综合现有文献，我们发现，由于对顾客价值理解的不同和研究视角的差异，现有研究对顾客价值的维度结构并无一致性认识。但是，我们从中可以归纳出至少两个进展趋势。

其一，人们对顾客价值的认识已从早期的将顾客价值简单地理解为质量与价格的权衡比较，进化发展为对超越产品购买而涵盖外在和内在利益的购买全程体验的描述。根据"体验经济学"的观点，消费者真正希望的不只是产品，而是寻求购买体验的满足。在消费过程中，消费者的内在世界和购买活动的外部世界存在着联系。消费者购买产品是因为他们需要导致这种体验的服务，他们在消费体验中获得的价值比产品中体现的价值更加重要（Abbott，1955）。因此，零售商可以被定义为一系列的记忆，而不只是商品和服务的提供者。消费体验随着功利的与享乐的、有形的与无形的，或者客观的与主观的成分组合而变化多样。

其二，对顾客价值内在结构的认识已经由单一维度深化为多维度位阶结构。测量顾客价值的最普遍的方式是使用单一维度的自我报告来询问应答者对在购买中获得的价值的评价。而使用单一维度测量必须以顾客充分理解价值的含义为前提。但是，正如 Zeithaml（1988）所指出的，质量和价值本身就彼此难以区分，而且诸如感知的价值和效用性这些相似的概念也是很难区分的。所以，用单一维度来测量顾客价值缺乏可信度（Woodruff 和 Gardiaf，1996）。而且，单一维度的测量只能了解顾客怎样评价价值，而不能对怎样改善价值提供具体的指导（Petrick，2002）。因此，理解和测量顾客价值需要一个能够透视其抽象层面和具象层面的位阶模型。我们看到，不少先行研究也已经把顾客价值概念化为二阶多维度结构。其中，第一位阶由具体的因子构成。第二位阶则对顾客价值进行了相对抽象的划分，如"功利主义的"对"享乐主义的"对"社会的"价值维度。整体顾客价值也由抽象到具象地被逐阶具体化。

（五）顾客价值的测量

基于价值的可度量性，顾客价值的测量也是现有文献关注的命题之一。消费者只有对顾客价值进行评估，才能作出购买决策。企业只有通过对顾客价值测量结果的分析，才能开发有效的顾客价值创出战略。

Mitchell（1983）提出的价值观和生活方式测量模型（VALS）以社会特征概念和马斯洛需求层次理论为基础，运用统计方法将消费者归纳为求生者（绝望、压抑，为社会所抛弃的"处境不佳者"）、维持者（敢于为摆脱贫困而作斗争的处境不佳者）、归属者（维护传统、因循守旧、留恋过去和毫无进取心的人）、竞争者（有抱负，有上进心和追求地位的人）、有成就者（能够影响事物发展的领袖们，他们按制度办事，并享受优越的生活）、我行我素者（年轻、自我关注、富于幻想的人）、经验主义者（追求丰富的精神生活，希望直接体验生活会向他提供什么的人）、有社会意识者（具有强烈的社会责任感，希望改善社会条件的人）、综合者（心理成熟，能够把各种内向型因素和外向型因素中的最佳部分有机结合起来的人）九种不同生活方式价值特征的细分群体，并对这些细分的消费群体和不同细分市场中的顾客价值进行测量。但由于不同消费者群体的价值观和文化背景存在较大的差异性，其顾客价值的测量结果也不尽相同。

密西根大学调查研究中心的 Kahle 等（1986）在 VALS 模型的基础上提出了顾客价值清单测量模型（LOV），其目的是以价值实施的方式对不同方法的适应性进行评价。LOV 价值清单共包括九种价值，分别为自我尊重、被尊重、安全感、归属感、与他人的良好人际关系、自我实现、成就感、生活乐趣、娱乐感和兴奋感。相较于 VALS 模型，LOV 模型不仅在预测消费者行为趋势上更具指示性，而且在广告研究中更易于保持价值调查的措辞精确性，操作程序也更加简便。

Gale（1994）开发的顾客价值测量图（见图 2-4）通过消费者对质量和价格两个属性赋予不同的权数，以顾客感知价值图形式呈现出对顾客的品牌感知价值的测量结果和企业的顾客价值状况。其中，顾客价值 = ∑（质量维度属性的相对得分 × 该质量维度权重）− ∑（价格维度属性的相对得分 × 该价格维度权重）。而质量或价格属性的相对得分=该企业在质量或价格属性上的得分/竞争企业在质量或价格属性上的得分。其中，质量或价格属性的权重取决于消费者的评判。在对质量或价格属性权重测算基础上，可以对顾客价值图进行绘制，将质量和价格构成的二维坐标图分成四个象限，顾客价值的计算结果则分别落在顾客价值图中的不同象限（范畴）。顾客价值测量图四个象限中的 45 度对角线被定义为公平价值线，可以指示出平均价值水平的品牌。Gale（1994）的顾客价值测量图不但可以将企业与竞争对手提供的顾客价值进行直接比较，而且弥补了顾客满意测量缺乏竞争指导性的缺陷。然而，他的测量方法仅仅将顾客价值划分为价格和质量两个维度显然是不够全面的，且公平价值线位置如何确定也需要进一步探讨。

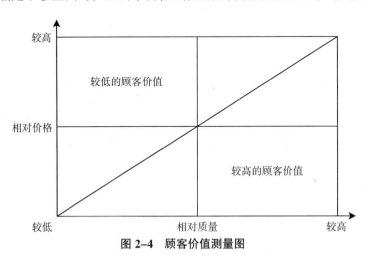

图 2-4　顾客价值测量图

资料来源：Gale B T. Managing customer value ［M］. New York：The Free Press，1994.

Mathwick 等（2001）从 Holbrook（1994）的顾客内在/主动和外在/被动研究路径出发，结合 Holbrook 的体验价值分类和 Woodruff（1997）对感知价值结构的属性质量和绩效的层次性分析，构建了体验价值测量量表 EVS。在 EVS 量表中，体验价值被划分为投资回报、服务优异、玩乐和美感吸引力四个维度。投资回报是指消费者在时间、财务、行为和心理上的主动性投入所得到的潜在回报，主要来源于消费者从质量感知中得到的经济效用和从服务接触的工作效率中得到的效用。服务优异反映消费者通过专业水平和任务相关的绩效对服务提供商交付所承诺的服务的评价。玩乐则包括两方面的内容，一是玩乐型交换行为给消费者带来的欢乐，它使消费者在消费投入过程中无须考虑现实所处的情境。二是对现实的逃离，它使顾客暂时逃避现实。美感吸引力是指消费者在购买产品或体验服务过程中所感受到的对称美、均衡美与和谐美等美感价值。EVS 量表从效用和享乐两个方面测量了顾客感知价值，但未能考虑社会价值。

Gallarza 和 Saura（2006）以大学生游客行为为调查对象，选取了 Holbrook（2006）顾客价值分类中的经济价值、享乐价值，以及社会价值作为感知利得，并补充了货币价值和非货币价值（时间、精力、风险）作为游客的感知利失，对旅游情境中的顾客价值维度进行了调查，补充了 Mathwick（2001）的 EVS 量表缺少社会价值维度的不足。

Kotler（2001）所构建的顾客让渡价值模型从顾客满意和顾客让渡价值角度对顾客价值进行测量，被认为是重要的顾客价值测量模型之一。Kotler（2001）认为，在知识与搜寻成本有限、经济收入水平、决策灵活性等条件约束下，消费者作为价值最大化的追求者，能够对哪些提供物可以为自身创造最大化价值作出判断。其中，顾客总价值包括产品价值、功能价值、人员价值和形象价值四个维度，指顾客期望从给定的产品和服务中所得到的全部利益。而顾客总成本则包括货币成本、时间成本、体力成本和精力成本四个维度，指顾客为获得产品和服务而付出的所有代价。顾客总价值与顾客总成本之间的差额部分即为顾客让渡价值。为此，他将顾客价值的测量归纳为以下公式：

$$TCV = f(P_d,\ S,\ P,\ I) \tag{2-3}$$

$$TCC = f(M,\ T,\ C) \tag{2-4}$$

$$\text{绝对数表示方法：} TCDV = f(P_d,\ S,\ P,\ I) - f(M,\ T,\ C) \tag{2-5}$$

$$\text{相对数表示方法：} TCDV = f(P_d,\ S,\ P,\ I)/f(M,\ T,\ C) \tag{2-6}$$

其中，TCV 为整体顾客价值，TCC 为整体顾客成本，TCDV 为顾客让渡价值，M 指的是货币成本，T 指的是时间成本，C 指的是体力和精力成本，P_d 指的是产品价值，S 为服务价值，P 为人员价值，I 为形象价值。

Sweeney 和 Soutar（2001）针对耐用消费品进行研究，并运用来自耐用品市场的实际数据，开发测试了一个 19 测项指标的顾客价值测量模型（PERVAL），实现了对消费者的顾客感知价值的评估。PERVAL 模型把顾客价值划分为情感价值、品质/表现价值、社会价值和货币价格价值四个维度。其中，情感价值是指消费者从商品消费的感觉和情感状态中所得到的效用，如购买某产品或服务可以使消费者觉得开心等；品质/表现价值是指消费者从产品感知质量和期望绩效比较中所得到的效用；社会价值是指产品提高社会自我概念而给消费者带来的效用，如购买产品或服务使消费者容易得到社会的认可等；货币价格价值是指短期和长期感知成本的降低给消费者带来的效用。

Petrick（2002）将 Sweeney 和 Soutar（2001）的 PERVAL 模型运用到休闲旅游服务中，构建了 SERV-PERVAL 量表，把顾客感知价值分成质量维度、情感维度、货币价格维度、行为价格维度和声誉维度。其中，质量维度是指消费者对产品或服务整体卓越程度的判断；情感维度是指消费者对产品或服务所带来愉悦感的评判；货币价格维度是指消费者对产品或服务价格的判断；行为价格维度是指消费者获取产品或服务的非货币价格；声誉维度即消费者对消费过程中所感知到的声望和地位的评判。Petrick（2004）还借助 SERV-PERVAL 测量了首次到访者和多次到访者的旅游感知价值，对服务产品中先前经验的影响进行了探讨。

Sánchez-Fernández 等（2006）基于 PERVAL 量表和对旅游服务全程体验的考察，开发了 24 测项的旅游服务顾客感知价值量表（GLOVAL），将顾客价值划分为包价旅游功能价值（质量）、旅行社自身功能价值（营业场所）、功能价值（价格）、旅行社服务人员功能价值（专业化程度）、情感价值和社会价值。

国内学者对顾客价值测量的研究起步较晚，主要是在国外代表性测量研究的基础上对不同领域进行了深化研究。例如，董大海（2003）借鉴 Sweeney 和 Soutar（2001）关于 PERVAL 的研究结果，结合对某柴油机企业相关人员的访谈和量表测试，将柴油机顾客感知价值的维度划分为服务人员质量、服务沟通质量、产品核心性能、产品伴随性能和服务反应五个维度，并通过实证检验开发了一个五维度 19 测项顾客感知价值测量量表。

陈晔和白长虹（2009）在对西方有代表性的顾客价值理论进行研讨基础上建立了高接触型服务顾客价值驱动模型和测量量表，并通过问卷调研和数据分析最终形成了由服务价格、品牌价值、关系质量、员工服务质量、技术质量、信息传递质量、服务交互界面七个要素构成的高接触型服务顾客价值驱动模型和由 25 问项构成的顾客价值测量量表。

张明立等（2010）在运用扎根理论研究顾客价值的形成过程的基础上，构建了顾客价值测量体系，提出顾客价值测量的四种类型。第一类是对顾客价值构成各要素的重要性权重和企业在顾客价值构成各要素上的表现得分进行测量；第二类是对顾客价值内部构成各要素之间的关系进行测量；第三类是对外部因素对顾客价值的影响进行测量；第四类是对顾客价值随时间改变的动态性进行测量。

何建民和潘永涛（2015）以旅行社为例，基于两阶段预调研及对测量项目的提纯，开发了服务经销商顾客感知价值初始量表。经过探索性因子分析，最终确认了服务经销商顾客感知价值由旅行社功能价值、工作人员功能价值、产品功能价值、情感价值、社会价值和感知成本六个维度构成，其中包含 21 个测项。

（六）顾客价值研究述评

近 20 年来，顾客价值研究得到了学术界的广泛关注，在顾客价值的内涵定义、维度构成和测量等方面取得了丰富的研究成果。

在顾客价值的定义方面，学者们认为顾客价值是由顾客利得和利失比较形成的（Zeithamel，1988；Monroe，1991；Anderson，1992；白长虹，2001；Walter，2001），从产品属性、结果和目的等位阶层次可以透视顾客感知价值的过程（Woodruff，1997），而竞争对手、使用情境等外部因素对消费者感知价值具有影响（Forbis，1981；Gale，1994；Grönroos，1997；Anderson，1998；Holbrook，2006）。这些研究深刻阐述了顾客价值的内涵，但由于顾客价值的语义抽象性和研究对象与聚焦问题不同，学者们对顾客价值的概念有着不同的理解和表达。其中较为普遍认同的本质特征是顾客价值是消费者的主观感受，感知利得与感知利失是衡量顾客价值的两个基本维度。

在顾客价值维度结构方面，现有文献主要从得失权衡观、位阶层次观和综合观三个视角展开讨论。得失权衡观认为顾客价值的核心是感知利益与感知付出之间的权衡（Zeithmal，1988；Grönroos，1997；董大海，1999；Gallarza，2006），并对感知利益的构成和感知付出的构成展开深入探讨，形成顾客价值的构成维度。位阶层次观认为顾客价值由产品属性、属性偏好和结果评价三个位阶层次组成，并在特定使用情景、相关体验等因素的作用下通过"手段—结果"过程形成期望价值和实际所得价值（Woodruff，1997），而不再仅局限于产品或服务本身。综合观则从整体的角度把顾客价值视为一个整合各种认知、情感和象征等消费者内在感知要素的多维概念（Sheth，1991；Parasuraman，2000；Holbrook，2006；Kim，2011；Heinonen，2014）。现有文献无论是得失权衡观、位阶层次观，还是综合观的研究，都将顾客感知价值分成多个维度，且越来越倾向于采用综合性、整体性的观点来理解顾客价值的内涵。这些研究成果揭示了顾客价值的概念化内涵，同时也为顾客价值的测量奠定了理论基础。

在顾客价值测量方面，早期研究开发了 VALS 测量模型（Mitchell，1983）、LOV 测量模型（Kahle 等，1986）、顾客价值测量图（Gale，1994）等，主要通过定性访谈、调查问卷和简单统计方法进行测量。其后，学者们开始使用因子分析、回归分析、相关分析、聚类分析、结构方程等数理统计方法开发顾客价值测量量表，例如，EVS 量表（Mathwick 等，2001）、Kotler（2001）的顾客让渡价值模型、PERVAL 量表（Sweeney 和 Soutar，2001）、SERV-PERVAL 量表（Petrick，2004）和 GLOVAL 量表（Sánchez-Fernández 等，2006）等经典量表。另外，有些学者研究了顾客价值和顾客满意、企业竞争力等其他企业资源或战略要素的关系测量（董大海，2003；陈晔和白长虹，2009；张明立等，2010；何建民和潘永涛，2015）。这些量表大多是聚焦特定行业，而不是针对顾客价值的普遍性内涵进行测量。因此，开发一个系统完整的顾客价值测量工具非常必要。

二、在线顾客价值研究现状

工业经济时代注重大规模生产，那时产品是企业竞争力的核心来源，企业关注产品的质量与价格，其向市场所提供的物美价廉的产品将使在交易过程中处于被动地位的消费者争相选购。但网络技术的出现与互联网的普及使用改变了这一局面，从 20 世纪 90 年代开始，消费者的个性化需求伴随着网络零售的不断发展日渐回归，越来越多的企业发现以产品品质、功能、价格的差异化来凸显产品优势的战略正在失去效用。而通过互联网技术为消费者提供超越竞争对手的价值已成为企业新的战略机遇。网络零售中的顾客价值（在线顾客价值）也日益成为学术界关注的热点。与传统的实体零售业一样，在网络零售情境中，消费者仍然是企业的利润之源。只有抓住了消费者的需求价值这个利润之源，网络零售商才能在激烈的竞争中取得持续的优势。

（一）在线顾客价值的概念

Keeney（1999）把 Kotler 对传统领域顾客价值内涵的界定延伸到了网络零售领域，将网络零售中的顾客价值定义为网络零售中顾客所得利益与所付出的成本之间的差。Han 和 Han（2001）在构建网络零售顾客价值分析框架时，认为网络零售顾客价值是指顾客为降低交易成本而通过互联网进行交易并由此获得的利益。其所指的交易成本包括顾客为获得利益所付出的金钱、时间以及努力。Heim 和 Sinha（2001）将网络零售顾客价值定义为顾客在网络零售环境下就所购买的产品和服务对其所期望的目标或目的实现可能的感知与评价，网络零售中顾客感知价值的多少决定了顾客从传统零售商向网络零售商转移的速度和程度。Chen 和 Dubinsky（2003）在研究 B2C 电子商务中的顾客感知价值时，认为网络零售顾客价值是指顾客为获得所期望的利益而付出相应的成本后所感知到的、在网购交换过程中获得的网络利益。Lancaster（2006）将网络零售顾客价值定义为消费者进行网络购物时需花费的成本（时间、金钱等）及购后所获得的利益（实体物品的取得、心灵的满足等）的净价值。

查金祥（2006）结合"理性观点"和"经验观点"定义了基于 B2C 网站的顾客价值，将其称为网络顾客价值。他把网络顾客价值定义为消费者通过网络进行产品或服务购买、消费时对其整体效用的认知和评价。其中，既包含通过网络购物和消费对所获得的效益与所付出牺牲之间的相对关系，又包含消费者通过新的渠道进行消费过程中所获得的情绪、体验上的价值。王吉林等（2011）基于 Kotler（2001）顾客让渡价值理论，将网络零售中的顾客价值定义为消费者在评价、购买和使用产品过程中所感知到的产品价值的总和，它是贯穿于消费者网络购物全过程的整体价值体验。金玉芳等（2011）在研究网络零售中的关系纽带策略和消费者感知价值的关系时，认为网络零售中的顾客价值是指消费者感知网上商店所提供的产品和服务能够满足其需求程度的偏好和评价。它源于两种途径：一是产品的质量及其内在的消费价值，也就是让消费者感知到通过互联网渠道能使其购买到真正需要的产品、获得一笔好的交易，购买的产品与接受的服务是物有所值的；二是在互联网渠道中消费者感知到能获得更多的信息和知识，能有更多的选择，从而制定出更好的购买决策。

本研究在现有文献基础上，将网络零售中的顾客价值（在线顾客价值）定义为消费者通过网络平台渠道进行产品购买时，对购买前、购买中和购买后整个过程中获得产品和服务效用与为之付出代价的利益权衡感知。

（二）在线顾客价值的维度

在线顾客价值文献把网络零售看作零售交易的新渠道，并在传统零售顾客价值研究基础上对网络零售在线顾客价值结构维度进行了扩充和探索。

Jarvenpaa 和 Todd（1997）开发了产品感知、购买体验、顾客服务和消费风险四个影响顾客网上购买态度的因子群。他们的研究表明，质量、价格和产品种类因素对消费者的产品感知具有影响；适应性、努力和趣味性因素对消费者的购买体验具有影响。顾客服务的影响因素主要源自反应性、信赖性、确定性、移情性和有形性；而经济风险、个人风险、社会风险、隐私风险和履约风险则是构成消费风险的重要因素。

Eighmey（1997）将传统顾客价值理论延伸到网络零售领域研究消费者对商业零售网站的期望和反应，把在线顾客价值划分为营销知觉、娱乐性价值、信息性价值、容易使用、信用、互动六个维度。其中，营销知觉包含企业网站本身与网站使用者之间的关系。娱乐性价值指网络消费者对网站所感受到的乐趣。信息性价值指网站所拥有的信息对网购消费者的实用性。研究认为，消费者对商业零售网店在使用上存在一定的困难或障碍。容易使用性体现网站对消费者的吸引力。信用表示消费者对该网站的信任程度，如是否在意以真实姓名注册。互动是指购物网站和消费者之间的信息交流和互动，主要体现在网站应答和信息反馈方面。

Mathwick 等（2001）在 Holbrook（1994）的外在价值对内在价值、自我指向对他人指向、主动的对被动的价值类型和 Woodruff（1997）的价值位阶模型基础上开发了一个包括娱乐性、服务优越性、顾客再投入和审美性四个维度的体验价值测量模型（EVS），用以评价网络零售中的利益感知。其中，现实逃避和消费乐趣构成了娱乐性。这两个因子被视为能动的内在价值源泉。网络在线购买为消费者提供了一个逃避日常购买负担的空间，同时也使消费者在有趣的消费活动中产生内在快感。作业表现和服务专业性构成了服务优越性。这两个因子反映了消费者对服务提供者信守承诺给予的肯定评价，是消费者在消费过程中被动感知的外在价值源泉。为再次购买而在金钱、时间、行为和心理等资源上的主动再投入则构成了顾客再投入。这四个因子是消费者能动感知的外在价值。网店服务的生动性和购买环境的视觉美感构成审美性，它们是消费者在网购过程中被动感知的内在价值源泉。

Jaemin 和 Dooheu（2001）从对传统商务顾客价值及网站关键成功要素的研究中提取了网络零售顾客价值的构成要素，提出网络零售环境下的顾客价值可以分为内容价值与情境价值两个维度。其中，内容价值指的是消费者从其在网上选购的产品、服务或信息中得到的价值，它是消费者在网络零售交易过程中从选购的物品上获得的一般利益。情境价值指的是消费者基于网络零售交易的传递和获取程序所取得的诸如网店页面的吸引力、多样化选择、便利快捷等额外价值。

Kim（2002）依据 Holbrook（1999）所提出的娱乐性（能动的/内在的）、优越性（被动的/外在的）、效率性（能动的/外在的）和审美性（被动的/内在的）顾客价值分类，构建了一个将在线顾客价值划分为便利性、产品性能、顾客服务、时间/努力/金钱资源、社会互动、娱乐性或感官刺激性和环境氛围共七个维度构成的网购体验顾客价值维度模型。

Lee 等（2003）将顾客承诺价值划分为经济价值、产品价值和社会心理价值三个维度，并对网络零售承诺价值与顾客满意度间的关系进行了研究。其中，成本和时间花费的降低和收货期限的缩减属于经济价值。产品价值则是指产品品质。社会心理价值由消费乐趣与购买便利两方面构成。

Lee 和 Overby（2004）结合传统零售中的顾客价值，将网络零售环境下的在线顾客价值归纳为功利价值与体验价值两个维度。其中，功利价值是指消费者对在线购买功能性利益的整体感知评估，是传统零售环境下的价格节约维度、服务维度、时间节约维度，以及购物选择维度的总和。体验价值是对在线购物体验的整体评价，包括网站娱乐性、网页视觉效果、在线购物互动性维度。

Overby 和 Lee（2006）则从顾客价值的功利主义价值和享乐主义价值两个维度对消费者对网络零售企业偏爱程度和购买意图之间的关系进行了实证分析。研究表明，消费者对网络零售企业的偏爱程度和购买意图受功利主义价值的影响更为明显。而对于那些不经常体验网购的消费者而言，他们更注重的是网络零售的享乐主义价值。

罗春香（2005）基于 Ulaga（2001）对传统顾客价值测量的研究，将顾客价值的驱动因素划分为产品相关特性、服务相关特性和促销相关特性三个维度。其中，产品的一致性、产品特征、产品范围和便于使用构成了产品相关特性。服务相关特性则包括供应的可靠性、供应的敏捷性、技术支持、产品创新、快速响应和技术信息。促销相关特性指的是企业的可靠性、形象、公共关系、个人关系和上游整合等。

陶蓓丽和程瑞南（2006）综合 Keeney（1999）、Wolin 和 Korgaonkar（1999）的研究成果，将在线购买中顾客具体的感知价值归纳为 11 个方面。它们是金钱价值节省、时间价值节省、便利性价值、购物品质价值、资讯价值、社会逃避价值、互动自主价值、社会化价值、娱乐价值、交易安全价值、重视隐私权的价值和环境保护价值。

孙强和司有和（2007）在总结实体零售顾客价值研究的基础上，把网络零售中的在线顾客价值划分为顾客信任感知价值和顾客满意感知价值两个维度，并强调个性化服务、购物体验、服务补救对提高消费者感知价值的显著作用。顾客信任感知价值源于网站专业知识、隐私权保护和安全性。顾客满意感知价值则体现为商品价格、便利性、顾客专业知识、客户个性化体验和服务补救。

燕纪胜（2008）借鉴 Sheth 和 Gross（1991）对传统零售顾客价值维度的分析，认为功能价值、情景价值、知识/信息价值、情感价值、社会价值和感知成本六个维度共同构成 B2C 网络零售在线顾客价值，并建立了具体的测量指标。

董大海和杨毅（2008）借鉴心理学态度模型、信息系统 TAM 模型和消费者行为学"手段—结果链"成果，将网络环境中的顾客感知价值划分为结果性价值、程序性价值和情感性价值三个维度。其中，结果性价值是消费者对网络渠道所提供的产品和服务能够满足其需求程度的评价。程序性价值是消费者对网络渠道提供产品的过程能够满足其需求程度的评价。情感性价值是消费者对网购满足其情感需求程度的评价。

李会（2011）结合网络零售网站的特点，将网络零售环境下的顾客价值划分为功能性价值（网络零售网站解决顾客基本需求的能力）、程序性价值（消费者在网络零售网站购买过程中的体验感知结果）和社会性价值（消费者在网络零售网站购买时所获得的自我归属和自我形象提升及认同）三个层次的具体内涵。其中，功能性价值是顾客价值的基本层次，它是指能够使消费者在功能上或者效用上的需求得到满足，强调购买的结果。而浏览网站、搜寻信息、网上咨询、提交订单、支付和收货等一系列消费者在购物过程中的体验即为程序性价值，强调的是购买的过程。

秦静（2013）将 B2C 网络零售情景下的顾客价值归纳为功能价值、情景价值、知识/信息价值、社会和情感价值、安全价值和感知成本六个维度。其中，功能价值是消费者网购时想要满足的基础价值，即和产品和服务本身相关的价值。情景价值是指消费者在购物过程中能够体验到情感愉悦、购物安全、购物舒适等。知识/信息价值是指消费者在购买过程中能否充分了解自己所需的信息，或者是消费者通过对产品或服务的消费而提升自己的知识。社会价值体现在产品或服务的消费所体现的社会地位、身份或时尚的象征；情感价值是指消费者通过产品或服务的消费所获得的情感愉悦或购物乐趣等。在网络购物条件下，消费者普遍担心的是安全问题，认为购物网站应该保障消费者的信息安全，即获得安全价值。在网购时，消费者面对的是海量的商品选择和商品信息，他们需要搜索、筛选信息才能做出最后的购买选择；而筛选信息的过程也要耗费大量的时间和精力。这些都是消费者网购中的感知成本。

邵景波等（2014）沿用早期顾客价值得失观对 B2C 网络零售环境下顾客关系价值的维度进行了研究，并将网络零售中的顾客关系价值划分为关系利益和关系成本两个维度。其中，关系利益由社会利益、信心利益和特殊待遇利益三个子维度构成。社会利益反映的是关系的情感部分，包括熟识、个人认知、友谊、友善，这种比较亲密的关系能够满足消费者的个人需求；信心利益指的是消费者在与企业保持关系的过程中所感受到的焦虑减少和信心增加，它能够降低消费者在交易中感知到的风险；特殊待遇利益包括关系客户能够得到的更优惠的价格、更快捷的服务，或针对个人的额外服务等。关系成本由努力和损失两个子维度构成。努力是指消费者为了维持与企业的关系而做出的努力。损失则是指消费者在维持关系时体力上、精神上和物质上的损失，以及隐私损失和未得利益。

也有学者认为，在线顾客价值是有别于传统顾客价值的。在线顾客价值是一个新的研究领域，其构成维度应该根据网络零售的独有特点另行研究。

Wolin 和 Korgaonkar（1999）从消费者使用网络零售购物平台的需求出发分析了在线顾客价值的构成维度。他们认为在线顾客价值包括基于交易基础的安全与隐私、基于非交易基础的安全与隐私、经济性、信息、自主互动、社会化和社会逃避七个维度。其中，经济性是指收集信息以帮助做出更合理的购买决策或者设法获得免费的商品。自主互动是指使用者与网站之间的互动行为，且消费者拥有自主性。社会化则是指网站使用者之间的人际沟通。

David 等（1999）基于以化妆品销售网站为例展开的实证研究成果，认为网络消费时代成功的企业营销已经从过去仅强调功能性利益的单一面转为同时对功能性利益、程序性利益和关系性利益进行强化的三维度空间；强调消费者能够意识到的那些通过身份的提供、隐私的透露和购买行为等而获得更多额外的好处就是关系性利益。

Keeney（1999）基于"手段—结果"观点，通过对网购消费者的访谈，把影响消费者网购价值感知的因素划分为两类共 25 个因子。Keeney 将消费者从事网络零售交易活动所达成的目标价值归纳为功能目标价值和方法目标价值。其中，产品质量最大化、购买成本最小化、购买便利最大化、获取时间最小化、隐私保护最大化、时间花费最小化、购买乐趣最大化、环境影响最小化和消费安全最大化共九个因子共同构成了消费者的功能目标价值。而方法目标价值则由信息获取最大化、欺瞒诈骗最小化、产品信息最大化、冲动购买最小化、送货信赖最大化、购买过程最小化、比较购买最大化、信用卡误用最小化、购买机会最大化、个人信息误用最小化、准确投送最大化、容易使用最大化、产品种类最大化、产品实用最大化、顾客服务最优化、系统安全确定性共 16 个因子构成。消费者的功能目标价值可视为消费者进行网络购物的根本原因和最终目的。而消费者的方法目标价值则是一种有助于达到一个或多个目标的方法工具或过程。

Han 和 Han（2001）提出了一个包括顾客价值的构成与提升途径，以及分析和评估网络零售在线顾客价值的框架。他们将顾客价值划分为环境价值和内容价值两个维度。其中，环境可以理解为企业如何提供内容，强调的是交易过程。环境价值是指从交易特性和辅助功能中获得的额外收益。内容价值强调的则是交易的结果，是指消费者从购买内容中获得的一般收益。根据顾客价值的两维度划分，他们认为网络零售网站可以从提高产品或服务质量（内容：有用性、描述质量；环境：吸引力、趣味性、内容多样化）、降低成本（内容：价格、送货时间；环境：方便性、可靠性）和顾客定制（内容：定制提供物、价格定制；环境：站点定制、交易定制）三个途径来实现对顾客价值的提升。

Bourdeau（2002）通过对大学生的电子邮件使用群体和网站访问群体进行对比研究，将网络零售环境中存在的价值形式划分为购买价值、功利主义价值、社会价值、学习价值和享乐主义价值五个维度。在网络零售中，消费者成为网络虚拟环境里搜寻与发布信息的主要成员。作为与社会价值和功利主义价值相关的学习价值是消费者对获得信息的一种渴望。他在研究中表明，相较于网络零售平台访问群体，电子邮件使用群体希望通过虚拟的交流实现对积极人际关系的建立。相比于学习，他们更注重沟通交流，更倾向于通过网络零售体验来寻求社会价值。相较于电子邮件使用群体，网络零售平台访问群体认为通过网络零售这一平台来获得新的知识能够令人愉悦，他们在网络零售过程中更倾向于寻求一种学习的体验和对乐趣的搜寻。

Chen 和 Dubinsky（2003）构建的概念化框架对网络零售环境中在线顾客价值感知的关键因素进行了阐释，认为体验价值、感知产品质量、产品价格和感知风险是感知顾客价值的主要构成要素。其中，顾客体验价值源于网站易用性、相关信息和顾客服务。感知产品质量则受体验价值、网络零售商信誉和产品价格的影响。而感知风险则受感知产品质量、网络零售商信誉和产品价格的影响。

钟小娜（2005）通过对网络零售购物模式下消费者感知价值的分析，将网络零售中的在线顾客价值划分为感知利得与感知利失两个维度。她认为消费者进行网购时所付出的诸如产品价款支付、网络使用费用、信息搜寻浏览时间和精力等成本共同构成了消费者的感知利失。网站体验质量、产品感知利得和象征性利益则构成网络零售所能带给消费者的感知利得。

王博（2008）从消费者需求的角度，把顾客感知价值划分为体验、服务、安全、成本、产品和便利六个维度。其中，体验是消费者对访问网站的一种整体感觉；服务是对网站服务人员对消费者进行闲暇服务、网站开展活动等的总体感知；安全指消费者对网站安全性能（如网络病毒、黑客攻击等风险的防御）的感知；成本包括产品价格、上网费用、时间精力等方面的付出；产品包括性能、质量水平等；便利指网络打破时空界限使消费者通过网购所获得的方便与自由。

郭立超（2010）对网络零售环境的消费特征和消费者价值取向进行了分析，将 B2C 网络零售顾客价值的构成分为与产品相关（产品信息）、与服务相关（个性化、安全性、选择性、网站设计）、与关系相关（形象、合作和信任）、与成本相关（非货币成本、货币成本）四个维度。

赵法敏（2010）以顾客价值理论、顾客忠诚理论和顾客满意理论为基础，将在线顾客价值分为产品感知价值、顾客服务价值、购物体验价值和消费风险四个维度。其中，产品感知价值包括价格优势、产品质量和内容信息质量；顾客服务价值包括购物便利性、服务补救措施和个性化服务；购物体验价值包括操作简单化、网络互动性和网络娱乐性；消费风险包括交易安全性和隐私保护性。

章文瑶和陈琳（2011）以大学生网购体验为研究对象，通过探索性因子分析构建了网络购物模式下顾客感知价值要素体系，把顾客感知价值划分为风险、网站设计、成本、服务、体验和便捷性六个构成维度。其中，风险包括质量风险、承诺兑现风险、金融风险、系统安全、隐私风险等状况；网站设计包括背景设计、操作设计、互动沟通工具设计、购物流程设计；成本包括产品价格等货币成本、时间成本、精力成本；服务包括问题的及时解决、多种技术的支持、物流服务、售后服务；体验包括自主选择性、自主支配性、趣味性；便捷性主要包括送货方式多样性、获取产品信息便捷性。

崔林和葛世伦（2011）认为 B2C 环境下的顾客感知价值由顾客在购买情景下的感知利得和感知利失所决定，将在线顾客价值划分为顾客感知利得、顾客感知利失和顾客感知风险三个维度。B2C 环境下的顾客感知利得包括交易成本低廉、购物时空不限、顾客服务便捷、购买决策更具合理性，以及双向沟通更加完善。B2C 环境下的顾客感知利失则包括金钱成本、非金钱成本、购物体验减弱，以及退换货便利性降低。B2C 环境下的顾客感知风险包括交易安全性、交易真实性，以及物流风险性。

王吉林和刘西林（2011）结合消费者购买过程的五阶段理论及网络零售自身特点，将网络零售在线顾客价值归纳为环境认知、产品认知、经济性认知、便利性认知、服务认知、娱乐性认知六个构成维度。其中，环境认知是消费者对网上购物环境的认知，包括网上购物环境的舒适性、操作的简易性、安全性及可信赖性；产品认知是消费者对网上所购得产品的认知，包括产品与介绍资料的一致性、产品质量的稳定性、产品的可靠性；经济性认知是消费者对网上购物价格经济性的认知，包括价格的公平性、透明性、性价比、与卖场购物的可比性；便利性认知是消费者对网上购物的方便快捷性的认知，包括信息搜集、信息沟通、产品选择与比较、不受空间限制、送货上门；服务认知是消费者对网上购物服务水平的认知，包括卖方服务水平、网上支付服务水平、快递公司服务水平；娱乐性认知是消费者对网上购物趣味性价值的认知，包括与卖方及顾客的互动式交流、释放压力和情绪、与朋友分享网上购物经历。

孙浩玮（2013）针对团购商业模式下顾客价值创出的影响因素，提出团购在线顾客价值的五维度模型，即感知成本、信息价值、质量价值、情景价值和社会价值。其中，感知成本是指消费者在购买产品时所需耗费的费用成本，包括金钱成本、时间成本、精力成本等。信息价值指的是消费者在购买产品或服务的同时，自己所能了解的信息对自身的消费所产生的价值；质量价值是消费者所购买产品或服务能为自己带来的效用，包括产品或服务的基本质量、附加功能，以及售后服务水平，它是一种产品或服务质量的直接体现；情景价值是指团购网站为消费者提供的消费过程所产生的价值；社会价值是指由于消费产品或服务使消费者感到的尊重或者成就感，也包括产品或服务所能带给消费者的社会地位象征意义使其感到从产品或服务中获得的价值。

表2-5　现有文献关于在线顾客价值维度结构的提案

研究者	在线顾客价值维度	
	第一位阶	第二位阶
Jarvenpaa 和 Todd (1997)	质量、价格、产品种类	产品感知
	适应性、努力、趣味性	购买体验
	反应性、信赖性、确定性、共感性、有形性	顾客服务
	经济风险、个人风险、社会风险、隐私风险、履约风险	消费风险
Eighmey (1997)	营销知觉、娱乐价值、信息价值、易使用、信用、互动	
David 等 (1999)	功能性利益、程序性利益、关系性利益	
Keeney (1999)	减少欺诈、保证系统安全、最大限度获得信息、产品信息最大化、减少滥用信用卡、减少滥用个人信息、确保可靠运送、减少冲动购买、增强交易精度、加强比较购物、更好的购物选择、可选产品最大化、产品供货好、减少个人运输、增强易用性、增强互动性	过程价值
	提高产品质量、减少金钱花费、减少获得时间、增强购物便利性、减少购物时间、保护个人隐私、增强购物娱乐性、增强安全性、减少对环境的影响	结果价值
Korgaonka 和 Wolin (1999)	经济性、信息、互动自主、社会化、社会逃避、交易的安全与隐私、非交易的隐私	
Han 和 Han (2001)	环境价值、内容价值	
Jaemin 和 Dooheu (2001)	网上的产品、服务或信息	内容价值
	网站吸引力、便利性、可选择性	情境价值
Kim (2002)	便利性、产品性能、顾客服务、时间/努力/金钱资源、社会互动、娱乐性或感官刺激性、环境氛围	
Chen 和 Dubinsky (2003)	购物体验、网站声誉、感知产品质量、产品价格、感知风险	

续表

研究者	在线顾客价值维度	
	第一位阶	第二位阶
Lee 等（2003）	成本和时间花费降低、收货期限的减少	经济价值
Lee 等（2003）	产品品质	产品价值
	消费乐趣、购买便利	心理价值
Ju 和 Jeffrey（2004）	价格节约、服务、时间节约、购物选择	功利价值
	网站娱乐性、网页视觉效果、在线购物交互性	体验价值
Overby 和 Lee（2006）	节约时间、感知质量、价格经济	功利价值
	购物愉悦性、逃离现实程度	享乐价值
罗春香（2005）	产品的一致性、产品特征、产品范围、便于使用	产品特性
	供应可靠与敏捷、技术支持、快速响应、产品创新、技术信息	服务特性
	网站形象、个人关系、可靠性、公共关系、上游整合	促销特性
查金祥（2006）	价格优势、便利性、产品质量、信息质量、服务补救	功能价值
	网站设计、操作简单、个性化、购物娱乐性、财务安全、隐私保护、互动质量	程序价值
	网站声誉、社会逃避、B2C 关系、C2C 关系	社会价值
孙强和司有和（2007）	网站专业知识、隐私权保护、安全性	顾客信任感知价值
	商品价格、便利性、顾客专业知识、客户个性化体验、服务补救	顾客满意感知价值
燕纪胜（2008）	基本功能、质量水平、附加功能	功能价值
	信息易得性、信息完备性、可选择性、知识增长	信息价值
	舒适性、安全性、体验性	情景价值
	互动沟通、个性化、服务水平、关系	情感价值
	认同感、归属感、成就感、个性体现	社会价值
	时间成本、金钱成本、精力成本	感知成本
赵法敏（2010）	价格优势、产品质量和内容信息质量	产品价值
	购物便利性、服务补救措施和个性化服务	服务价值
	操作简单化、网络互动性和网络娱乐性	体验价值
	交易安全性和隐私保护性	消费风险
郭立超（2010）	产品信息	产品价值
	个性化、安全性、选择性、网站设计	服务价值
	形象、合作、信任	关系价值
	非货币成本、货币成本	成本付出
章文瑶和陈琳（2011）	质量风险、承诺兑现、金融风险、系统安全、隐私风险	风险
	背景设计、操作设计、互动沟通工具设计、流程设计	网站设计
	产品价格等货币成本、时间成本、精力成本	成本
	问题及时解决、多种技术支持、物流服务、售后服务	服务
	自主选择性、自主支配性、趣味性	体验
	有多种送货方式、能便捷获取产品信息	便捷性

续表

研究者	在线顾客价值维度	
	第一位阶	第二位阶
崔林和葛世伦 (2011)	交易成本低廉、购物不受时空限制、顾客服务方便快捷、购物决策更具合理性、双向沟通更加完善	感知利得
	金钱成本、非金钱成本、体验减弱、退换货便利性降低	感知利失
	交易安全性、交易真实性、物流风险性	感知风险
王吉林和刘西林 (2011)	网购环境的舒适性、操作的简易性、安全性及可信赖性	环境认知
	产品与介绍资料一致性、产品质量稳定性、产品可靠性	产品认知
	价格的公平性、透明性、性价比、与卖场购物的可比性	经济性认知
	信息搜集、信息沟通、产品选择与比较、不受空间限制、送货上门	便利性认知
	卖方服务水平、网上支付服务水平、快递公司服务水平	服务性认知
	与卖方及顾客互动交流、释放压力情绪、分享网购经历	娱乐性认知
孙浩玮（2013）	金钱成本、时间成本、精力成本	感知成本
	产品/服务信息	信息价值
	产品/服务的基本质量、附加功能、售后服务水平	质量价值
	消费过程价值	情景价值
	尊重或者成就感、社会地位象征	社会价值
邵景波（2014）	社会利益、信心利益、特殊待遇利益	关系利益
	维持与企业的关系而做出的努力和损失	关系成本

资料来源：作者整理。

（三）在线顾客价值研究述评

随着网络零售的快速发展，网络零售在线顾客价值研究已成为学界持续关注的热点。现有文献关于网络零售在线顾客价值的定义基本沿袭了实体零售环境下的顾客价值概念内涵，认为网络零售在线顾客价值是消费者在网络零售交易过程中对所得和所失的整体权衡感知。学者们把网络零售看作一种新兴的消费渠道，把传统实体零售中的顾客价值结构维度的研究成果引申到网络零售的在线顾客价值研究中（Mathwick 等，2001；Kim，2002；Ju 和 Jeffrey，2004；罗春香，2005；Overby 和 Lee，2006；孙强和司有和，2007；燕纪胜，2008；李会，2011；秦静，2013；邵景波等，2014）。然而，越来越多的学者则更加关注网络零售渠道不同于传统零售渠道的特殊性，主张从网购的全程体验过程和网站使用需求出发，独立地探究在线顾客价值的维度结构（Keeney，1999；Wolin 和 Korgaonkar，1999；Han 和 Han，2001；Bourdeau，2002；Chen 和 Dubinsky，2003；

王博，2008；郭立超，2010；赵法敏，2010；章文瑶和陈琳，2011；王吉林和刘西林，2011；孙浩玮，2013）。

尽管学术界对网络零售在线顾客价值的研究取得了进展，但还存在一定的不足与局限。

其一，现有文献对网络零售在线顾客价值的定义尚无普遍认同的界定，以及研究者视角的不同，导致现有研究成果存在片面性和局限性。例如，有些学者对在线顾客价值的探讨主要关注网购过程的体验，而忽略了消费者购后价值感知。现有研究对顾客价值的内涵结构的认识虽然已从单一维度结构进化到多维度位阶结构，但开发的顾客价值维度提案在结构维度和构成因子上并不完整，甚至在概念上与顾客价值不相一致。例如，在第一位阶上，有的研究把店铺环境氛围等企业属性混淆为在线顾客价值的构成因子（Kim，2002），其概念范畴和语义指向是不一致的。

其二，现有文献对网络零售在线顾客价值构成维度的认识不断系统深入，但尚未形成一致性认识，甚至存在概念上的语义偏差。现有研究对网络零售在线顾客价值维度的研究初期主要是借鉴传统零售顾客价值的维度划分，把传统零售顾客价值的维度扩展到网络零售在线顾客价值维度的研究中，同时不断吸收网络零售消费情境的新特点进行修正，但没有充分体现网购的全程消费体验。其后学者们开始聚焦网络零售情境，对在线顾客价值展开系统深入的研究，并取得了创新成果。然而，现有研究对网络零售在线顾客价值在维度划分和构成要素提炼中缺乏明确的标准和有力的依据，尚未形成系统全面的、涵盖网购全程体验的在线顾客价值概念化模型。有些关于网络零售在线顾客价值维度结构的研究把顾客价值看作态度的影响因子（Jarvenpaa 和 Todd，1997；Chen 和 Dubinsky，2003），而不是以顾客价值维度本义为聚焦点，在概念上与顾客价值本义不一致。还有一些研究强调了消费者的自我指向价值，但却未考虑产品质量和他人指向维度（如社会价值）价值（Mathwick 等，2001）。

其三，就一般意义而言，网络零售情境下的在线顾客价值与传统实体零售情境下的顾客价值是一脉相承的。尽管两者有所差异，但一般意义上的顾客价值"三分法"（功能价值、程序价值和社会价值）仍然适用于网络零售在线顾客价值的维度划分。而且，网络的"虚拟社会性"也使网购的"社会性价值"更加突出。然而，现有文献多倾注于对网络零售的功能性价值和程序性价值的探讨

（Keeney，1999；Han 和 Han，2001；Jaemin 和 Dooheu，2001；Chen 和 Dubin-sky，2003；Ju 和 Jeffrey，2004；罗春香，2005；Overby 和 Lee，2006；赵法敏，2010；章文瑶和陈琳，2011；秦静，2013），而对网购的社会性价值发掘还不够深入。

现有文献之所以对网络零售在线顾客价值维度和构成要素的认识存在差异性，缘于学者研究视角的不同，更主要的原因还在于现有研究构建在线顾客价值维度结构的理论依据和分类基准不一致。因此，综合先行研究的成果，对网络零售在线顾客价值维度结构进行更为系统深入的探究显得非常必要。

第三章 研究对象的选定
——网络零售中的顾客价值

本章通过对网络零售的概念、网络零售市场的发展趋势，以及顾客价值与网络零售竞争力关系的分析，阐述本研究以网络零售业为研究对象探究在线顾客价值的理由，为本研究的后续展开铺垫基础。

图 3-1 研究技术路线

一、网络零售的概念与特征

尽管网络零售保持着持续的高速成长，但网络零售业的市场环境还不够成熟，制约网络零售发展的因素不少，消费者对网络零售企业的满意度和信任度还有待提高。因此，关于网络零售的研究也成为学界持续关注的热点。

（一）零售与零售企业

零售是一种商品生产经营者将商品售卖给消费者的交易活动，这里的消费者既可以是个体消费者，也可以是社会团体消费者。这些消费者为了个人生活而消费而不是商业用途消费（Kotler，1999）。零售企业则是指向消费者出售商品和服务以供个人或家庭使用的企业，是连接制造商和消费者的分销渠道最终业务环节（Kotler，1999）。零售企业在将产品或服务出售给消费者的过程中实现其产品或服务价值的增加。提供各种产品或服务的组合、保有存货、分装货物和提供服务共同构成了零售企业的具体经营活动。消费者从零售企业处购买商品的最终成本的 20%~50%来自这些经营活动所形成的价值。这也说明了零售企业所从事的商业活动的重要性。

零售业态又称为零售企业的形态，它是零售企业为满足不同的消费者需求而形成的经营形态。零售业还可以在零售业态的基础上进行细分。我国于 2004 年 6 月 30 日正式颁布实施了由国家标准化管理委员会和国家质量监督检验检疫总局联合颁布的新国家标准《零售业态分类》。新零售业态分类标准依据零售店铺的具体结构特点，结合其经营方式、目标顾客、服务功能、商品结构，以及选址、有无固定营业场所、店堂设施、商圈和规模等因素将零售业划分为：食杂店、便利店、折扣店、超市、大型超市、仓储会员店、百货店、专业店、专卖店、家居建材店、购物中心、厂家直销中心、电视购物、邮购、网上商店、自动售货亭、直销、电话购物共 18 种业态，并规定了相应的条件。

（二）网络零售的概念

网络零售是传统商品零售与互联网技术相结合的产物。网络零售业突破了实体零售业经常面对的营业时间与卖场空间的制约，并有利于消费者获取个性化的产品和服务，其发展潜力巨大，因而成为电子商务领域的研究热点之一。

Geoffrion 等（2001）将网络零售定义为消费者通过互联网向商家小批量、频繁地购买产品或者享受服务的过程。具体而言，网络零售是消费者对网络零售商提供的产品或服务进行网上浏览和选择比较之后，以网络或者电话的方式提交订单，进行离线付款或者网上支付；商家随后对订单进行处理，通过实地或线上送货最终完成商品交易的过程。

根据中国互联网络信息中心发布的《2009 年中国网络购物市场年度研究报告》对网络零售的定义，网络零售是指发生在互联网企业之间（Business to Business，B2B）、企业和消费者之间（Business to Consumer，B2C）、个人之间（Consumer to Consumer，C2C）、政府和企业之间（Government to Business，G2B），通过网络通信手段实现的商品和服务交易。该定义将网络零售泛指为以互联网为媒介的一切零售交易行为。

中国电子商务联盟在《2009 年中国网上零售调查报告》中将网络零售定义为，

交易双方以互联网为媒介的商品交易活动，即通过互联网进行的信息的组织和传递，实现有形商品和无形商品所有权的转移或服务的消费。网络零售中的买家和卖家通过互联网实现信息流、资金流和货物流的循环和反馈。

艾瑞咨询有限公司（2011）认为，借助网络实现商品或服务从商家/卖家转移到个人用户（消费者）的过程所涉及的资金流、物流和信息流中的其中任何一个环节有网络的参与，都称之为网络零售。

吕玉明和吕庆华（2013）将网络零售定义为所有通过互联网渠道（以电脑、手机或其他通信设备为终端），向最终消费者直接销售商品和服务，以供其从事个人及非商业性的活动。

综合上述文献，本研究将网络零售定义为，交易双方以互联网为媒介从事的商品交易活动。即通过互联网进行信息的组织和传递，实现有形和无形商品所有权转移或服务的消费活动。买卖双方通过电子商务（线上）应用实现交易信息的查询（信息流）、交易（资金流）和交付（物流）等行为。

（三）网络零售与实体零售的区别

实体零售与网络零售在本质上是相同的，都是零售，即向最终消费者个人或者社会集团出售生活消费品或非生产性消费品及服务。两者的主要差别在于通过的媒介不同。实体零售通过实体店铺完成商品或服务的销售，而网络零售则通过虚拟网站达成交易。然而，正是这种零售媒介的不同导致了两种零售模式在具体的经营流程、消费者购买过程的差异，使网络零售和实体零售形成了不同的特点，也给消费者的产品购买带来了不同的价值感知。现有文献对网络零售与实体零售之间的区别进行了较为系统深入的探讨。

冯智杰（2005）认为网络零售作为传统零售的一种补充手段，对零售业的发展具有积极作用。在实体零售与网络零售的物理特性方面，网络零售能够为消费者提供方便快捷的服务，传统实体零售则更注重顾客面对面的交流。在商品展示与营销方面，实体零售中的商品实物展示比起网络零售中的图片和其他消费者的评价，更容易让消费者做出购买决策。在供应链管理及人才结构上，实体零售和网络零售对配送库存及人员技能的要求上存在着不小的差异，这也是造成网络零售和实体零售彼此冲突的根源之一。

卢光洋（2011）认为网络零售与实体零售的主要差异在于商品形态、交易地点、交易模式、商品交付形式等方面，并据此差异形成各自的优缺点。网络零售模式中具有商品虚拟化、空间陈列多样化、商品品类对而全等特点，消费者只能局限于从视觉上感知商品，必须依靠物流将商品配送到消费者手中，商业交易行为才得以完成。而实体零售模式中，商品以实物形式摆设，消费者能切实对商品进行感知，并在销售现场完成商品支付后，即完成了商业交易行为。

Chocarro 等（2013）从顾客的消费角度探讨了实体零售与网络零售之间的区别与联系，提出到店距离和时间压力影响在线购物的可能性。他们将零售分为实体零售和网络零售（含手机终端零售）两种模式，并实证检验了在购物过程中影响消费者购物渠道选择的潜在变量。它们分别是环境因素（商店距离、购物环境整洁度）、时间因素（每日购物时间、时间压力）和社会因素。这些潜在变量造成了网络零售模式与实体零售模式的差异，并影响到消费者对网络或者实体零售的渠道选择。

从基本业务流程来看，网络零售与实体零售在商品与供应商的选择、供应商品的产品配送、售后服务这三个基本业务流程环节上差别不大，主要的差异体现在媒介选择与建设、商品展示、商品销售与配送三个环节上。实体零售经营首先要进行店铺的选址与装修，之后在店铺货架内以有吸引力的方式进行商品实物陈列与展示。商品销售主要是通过销售人员与消费者面对面沟通进行，之后将产品交给消费者由其负责携带。而网络零售业的开展则是在购物网站选择、建设与开通后进行的。商品在网站上多以图片、文字或多媒体的形式展示。消费者通过软件与商家沟通达成交易，由商家负责将产品配送至消费者指定的地点。这几个环节的差异使实体零售与网络零售在经营范围、经营规模与发展速度、经营灵活性、经营成本构成及人力资源要求上形成各自的特点。

从消费者购物过程来看，消费者实体零售购物过程和网络零售购物过程最主要的差别在于实物评价、付款与取货三个环节。传统店铺购物中，消费者在付款前进行实物评价。除大件物品外，一般付款后现场自提货物，无须送货。网络购物则是先在网上下单，然后等商家送货，货物抵达后进行验收。货款的支付通常有在下单时通过网银支付或在收货后支付两种方式。传统店铺购物和网络购物是两种截然不同的方式。前者是消费者亲自到店内比较选取，而后者只需坐在联网的电子终端前即可进行，因而在购物的其他环节，如信息的收集、商品的退换货等方面也存在较大的差别。这些环节的差别使得消费者在不同类型的购物过程中所付出的成本、获得的价值和承担的购买风险都是不同的。

表3-1 网络零售与实体零售的区别

	实体零售	网络零售
企业规模	规模大小不一，大者连锁店遍布全国，小者专为社区服务	规模中小者居多
组织结构	大的零售商具有完整的组织部门结构，富有零售经验；小的零售店规模小，人员构成简单	扁平化的管理模式，人员构成精干，市场适应性和创新能力较强
营销策略	主要采用传统的媒体进行营销，如电视、报纸等	在线广告结合线下广告，同时会利用网络工具进行推广
配送策略	有自己的分销店面，供应运输体系都比较成熟，成本相对较低	多采用第三方配送网络，规模大者会有自己独立的配送体系
市场状况	市场规模大，竞争激烈，常进行低价竞争	市场不健全，还处于发展阶段，规模较小
消费者构成	消费群体庞大，消费心理成熟，比较容易建立消费者忠诚度，并提供售后服务	喜好网上购物，但具有需求多样化、注重隐私等消费偏好
支付方式	购买时直接现金支付或通过刷卡支付	多种支付手段，在线结合线下支付

资料来源：作者整理。

尽管网络零售的发展异常迅速，但目前还无法从根本上撼动实体零售的地位。由于网络零售具有隐秘性与便利性等特点，部分购物偏好不同的消费者会更倾向于网络购物，但实体零售依然是消费者购物的首选模式。网络零售与实体零售延伸渠道的不同使这两种零售模式在互相弥补彼此劣势的同时，又能够充分发挥彼此的优势。实体零售更具区域针对性优势，能够通过对实体店铺的装修设计和相关服务人员的现场沟通实现对消费者体验与服务品质的提升，为消费者创造轻松愉悦的即刻购物体验，从而向消费者传递更高的价值感知和更低的风险预期，提升消费者的信任感与忠诚度。相较于实体零售，网络零售突破了地域上的限制，在不受时间和空间约束的同时能向消费者提供种类繁多、数量不限的产品。网络零售能够快速响应竞争对手和消费需求的变化，使消费者随时随地、低成本、多选择、高效便捷地灵活购物，实现了零售业务的快速增长。而随着网络零售在配送体系、网络零售法规、银行支付体系、安全技术等方面的逐步健全完善，消费者对网络零售企业的信任度也将不断提高。在可预见的未来，网络零售这种新型零售模式将吸引更多的消费群体，参与网络零售消费体验的消费者比重将会快速增加。而网络零售与实体零售之间的巨大差异性也决定了两者在经营模式和营销策略上具有不同的特点。

（四）网络零售的特征

从信息特征和经营特征角度看，网络零售具有以下不同于传统零售的特征。

1. 网络零售的信息性

网络零售的信息性体现在信息的丰富性。互联网不仅提升了信息传播的效率和范围，其多媒体集成特性使信息更加直观、易于理解和被接受。信息表现形式的多样化使网络零售商在向目标市场大面积、多层次发布产品、价格和促销等信息时能够突破时空障碍。消费者通过对网络平台获取的信息进行比较分析，可以自主选择商品及购买渠道，而非被动地接受商家的单向促销。

网络零售的信息性体现在信息的个性化。通过消费者的 IP 地址、注册或者 Cookie 信息，零售商能够借助网络信息技术对消费者进行追踪，并根据消费者的个人兴趣和购物历史对网店信息做出个性化调整。网络信息技术还赋予了网络零售的交互性。零售商可以在顾客购买时实现对顾客信息的收集。

网络零售的信息性体现在信息的有效性。为避免面对海量信息无从选择的窘境，消费者可以通过智能信息搜索引擎和分类系统对符合自身需求的信息进行有效取舍。零售商也可以通过网站"足迹跟踪"系统了解消费者的购买偏好。

网络零售的信息性体现在信息交互性。消费者可以通过零售网站直接将需求信息传递给零售商。零售商也可根据消费者所提供的需求信息对经营策略及时调整，甚至从定价到售后服务整个过程让消费者参与，从而使双方保持信息的双向沟通。

网络零售的信息性还体现在信息收集与传播的低成本和高效率。例如，在市场调研中，零售商只需在网站上增加一个调研页面便可开展网上调研而无须像传统调研那样花费大量的时间、人力、物力和财力。通过数据库网上调研获取的结果可以被迅速传递到零售商的内部管理系统供使用。

2. 网络零售的经营性

网络零售具有无限的经营范围。互联网技术使市场的范围突破了区域和国界限制，并由此而获得了无限商机。在空间上，网络零售的消费者是能够使用互联网的所有用户。他们不需要考虑商店的地理位置、交通问题就可以浏览到全国各地，甚至全球的线上零售店。互联网使得信息的获取与沟通无地域限制，从而扩大了网络零售商的发展区域，实现了商品的全球销售。

网络零售具有无店铺化经营模式。互联网页可以为零售商提供虚拟的店面、装饰和商品陈列。网络零售的店面在网上，企业只需要建立自己的网站、数据库就能进行交易活动，同时省去了店面租金。由于摆脱了实体店铺空间的限制，网络零售商能够通过店铺网页存纳和展示海量商品图文信息，即使是年份久远或是数量稀缺的商品也能够被收录其中，且相较于实体零售成本极其低廉。

网络零售具有全天候的经营时间。网络零售市场上的虚拟店铺可以全年持续营业，24 小时为消费者提供全天候的服务，能够给予消费者更多的购物便利和购买吸引力。互联网的出现打破了传统零售业的时间和地域限制。24 小时全天候服务的提供使消费者能够在任何时间通过网店主页浏览商品下订单，进行支付，这大大增加了消费者订货时间选择的自由度。

网络零售具有成本低廉的竞争优势。不同于传统实体商店，网络零售市场中的虚拟店铺在经营过程中只需支付网站管理成本、维持费用、网络使用费和软硬件费用，而无须支付店面租金、营业税、水电杂费、装饰费用等，大幅降低了网络零售的经营成本，增强了企业的竞争能力。

网络零售具有无库存的经营方式。网络零售市场的虚拟店铺可以在接到顾客订单后再向厂商订货提货，无须陈列实体商品供顾客选择。随着消费需求的个性化发展，商品存储日益转向无存储化。因而，网络零售商省去了商品仓储费用，不会因为存货而增加成本，使其售价一般低于传统零售商，从而增加了网络零售市场的竞争力。

网络零售具有精简化的营销环节。互联网创造了更多有效和高效的交易经济并且消除了中间商。消费者利用搜索引擎就可以做出深入与非线性搜寻，快速地找到想要的商品，并在线购买。信息传递和获取手段的变革直接带来了网络零售业营销模式的创新。网络零售使消费者可以直接查询所需产品的信息自行选购，甚至参与产品的设计和更新换代，从而由原来的被动接受转变为主动参与，零售商的营销环节大为简化。

总之，由传统的实体零售市场发展到网络零售市场是一次质的飞跃。网络零售市场所具有的不同于实体零售的特点铸就了网络零售的竞争优势。

（五）网络零售中的消费者特征

由于顾客价值的主观性，不同情境的消费者对相同产品或服务的价值感知可能存在差异。研究网络零售中的顾客价值，首先需要了解网络零售中的消费者特征，才能准确把握消费者在网购情境中的价值取向。现有文献将网络零售中的消费者特征归纳为以下六个方面。

1. 注重网店的安全性

在网购中，由于消费者无法接触到实际产品，以及产品与资金交换的分离性，消费者在网购中感知的风险要比传统购物大，在购买决策时也存在更多的不确定性。网购者在消费过程中最为担心的是信息和资金交易的安全。消费者希望零售网站在信息和资金交易方面提供安全保障的利益。对于选择 B2C 网店而非 C2C 网店的消费者而言，他们更加重视 B2C 网店的信誉度，且对安全性需求更为强烈。

2. 注重购买的便捷性

尽管网购无法接触到产品，但网购的便捷性使越来越多的消费者愿意选择网上购物。而繁杂的网购流程则会使光顾者感到浪费时间和精力的困扰（Koufaris 等，2004）。因此，网购过程的便捷性和易用性是网店能否吸引消费者光顾并购买的关键因素。

3. 寻求买卖的互动性

消费者在网购产品或服务时往往先采取向网店咨询、表达建议与意见，同时也希望得到网店的及时反馈，形成双向的交流与沟通（付得玲，2008）。随着网络零售市场的发展，建立消费者与网店之间的有效沟通渠道已成为日益强烈的顾客诉求。

4. 注重网站的履约性

与即时交付的传统交易方式相比，网购则需要消费者等待一段时间后才能收到所购产品。倘若网购的产品未能及时送达购买者手中，或是购买者收到的产品与其之前选购的产品存在质量、款式等问题，则会引起购买者的不满（Christodoulides 和 Chernatony，2004）。消费者总是希望网店能够在承诺的时间和地点将承诺的商品送达购买者手中。

5. 易受广告宣传的影响

广告对消费者的信念乃至行为具有影响。得益于网络的庞大覆盖域和极度灵活性，网络零售企业网站的广告宣传能够高效快速地进入消费者的视野，被消费者所知晓，通过引起消费者的关注，从而吸引消费者进行网上购物。而且，由于消费者只能通过网络信息介绍对产品和企业进行了解而无法实地体验产品，网络零售中的广告宣传相对于实体零售的广告宣传对消费者购买行为具有更大的影响。

6. 注重网站的品牌形象

与淘宝网一家独大的 C2C 网络零售市场不同，我国的 B2C 网络零售市场竞争相对更为激烈。而且，B2C 网站有着易于复制的经营模式，导致销售同类产品的 B2C 网站存在较为严重的同质化现象。这使得消费者更加关注网络零售企业的整体形象和口碑。

（六）网络零售中消费者心理变化趋势

1. 消费者需求趋于明朗且主动

在传统零售活动中，消费者只能被动地接受零售商提供的有限的产品服务信息。而在网络零售活动中，消费者借助互联网这一资源高度共享的开放式商务媒体可以获得自身所购产品，以及相关企业和技术水平等方面的信息。消费者对这些主动索取而获得的信息会表现出较高的信赖度。因此，这些信息将增强消费者的选择能力，使消费者更加主动地对网络零售商和网络零售产品进行评估并作出选择。此外，作为一种学习方式和获取知识的途径，互联网可以帮助消费者在浏览网页时了解有关信息，在开阔消费者视野的同时也使其能够接触到新的知识。对互联网的信息搜寻和相关知识的学习，使参与网络零售消费的顾客对自身的需求更加明朗化，并使消费者的购买行为更为积极主动。

2. 消费者购买行为理性化

实体零售中的现代化商业超市凭借其种类丰富、款式多样的产品为消费者提供了较大的选购余地，而网络零售的出现则使依托于互联网的虚拟交易空间为消费者提供了近乎无限广泛而便利的选择。相较于实体零售，消费者在网络零售环境中的购物行为更加冷静、理性和成熟。面对网络零售商所提供的海量产品和服务品类，消费者只需通过鼠标键入网页就能"货比多家"，对商品的价格、特性等进行个性化偏好比较，使其消费行为变得更加理智。

3. 消费者的购物更为务实且忠诚度下降

在网络零售中，消费者可以通过互联网获得更全面的信息和更灵活的选择，且对自身需求也有更为深入细致的认知，故而在网络零售中消费者的购物心态将更为务实。他们除了对自身所需产品的效用价值给予更多的关注外，还对新产品和新时尚产生更强的购买冲动和追求欲望。而互联网使用成本的低廉也使得消费者的转换成本较低，导致网络零售中的顾客忠诚度普遍不高。

4. 对购物方便性和乐趣性的追求并存

选择网购的消费者追求时间、精力和体力成本的最大化节约。在工作压力大和紧张程度普遍较高的情绪下，消费者对需求和品牌选择均相对稳定的日用消费品的购买更为青睐网上购物的方便性。而对于时间相对充裕的消费者则愿意通过网上购物寻找生活乐趣，消遣时间。因此，为享受购物乐趣，满足自身的愉悦心理需求，这些消费者愿意在网络零售中花费更多的时间和精力。

5. 消费者年轻化并注重个性消费

CNNIC 统计数据显示，当下网民结构日趋年轻化，网民受教育程度相较从前得到了极大提高，高收入网民所占比重也日渐增长。这使得越来越多的消费者开始追崇个性化的消费理念。网络零售恰好满足了消费者的个性化消费需求。个性化消费者可以通过互联网直接向零售商主动表达其对产品的欲求，参与产品设计和生产指导性互动。

（七）网络零售中影响消费者购买的因素

1. 网站界面设计的影响

对于网络零售商而言，网站界面是零售商与顾客执行各种交互活动和相互交换信息的媒介。不同于实体零售企业，网络零售商需要借助良好的网站界面设计来获得网购者良好的第一印象，而不能像实体零售商那样通过门店装潢达到吸引消费者和展示企业形象的目的。网站界面设计的优良与否通常会对网络零售交易行为产生三方面的影响。其一，当消费者访问零售店铺网站时，若网站设计过于复杂而导致页面出现严重的传输延迟现象或者界面设计与消费者自身审美取向严重不一致时，消费者会毫不犹豫地选择离开；其二，消费者虽然对网站的界面设计不排斥，但仅在网站中浏览商品而未采取购物行动；其三，消费者在进行网页界面浏览后产生兴趣或需求，并由此触发相应的购买行为。

2. 商品陈列的影响

由于在虚拟的网络空间环境中并没有实体零售商店的货架概念，网络零售商不能通过差异化的商品陈列方式，而需凭借商品分类目录、网页和商品搜索引擎达到展示商品和吸引消费者购买的目的。网站对商品的展示和介绍只能依赖于图片信息和文字说明而非对实体商品进行陈列。这些信息资料的详尽与否将左右消费者的网购决策。全面、真实的商品信息有助于消费者充分了解商品的内在属性和外部特征，从而在心理上产生信任感，进而触发购买行为并逐步形成忠诚。据艾瑞市场咨询公司的《第一届艾瑞网民网络习惯及消费行为调查》[①] 的数据显示，产品价格的高低是最能影响中国网购者购买决策的因素，占 4.27%；其次则是产品内容介绍的详细与否，占 2.65%。例如，Amazon 网站除了为消费者提供包括图书名称、作者、出版社、价格和出版时间在内的常规信息外，还配有内容介绍、书评、购后评价等丰富多样的信息，便于消费者对图书评估价值、权衡购买。

3. 商品特性的影响

网络零售独特的消费群体使网上销售和网上营销的模式并不适用于所有的商品。网络零售消费者的特征及其购买特点要求网络零售商在进行商品销售时必须注意商品的特性。首先，追求新颖是注重时尚格调、商品款式和社会流行趋势的消费者进行网上购物的首要动因。这类消费者讲求新潮、追求时髦、强调个性独特而不太计较商品价格的高低。针对这类消费者，网络零售商要考虑其商品的新颖性。其次，部分消费者对网络零售商所提供的商品在功能、外观、品质设计和组配等方面有着个性化的需求，需要企业根据消费者个性化要求对商品外观结构进行优化。在剔除消费者认为冗余功能的同时，为商品添加新的个性化功能。针对这类消费者，网络零售商要考虑其商品的个性化，以实现顾客追求的高度个性化效用。最后，体验式消费要求消费者亲临现场感受产品或服务的品质。而受到时间、空间、价格和规模等诸多因素的制约，体验式消费对消费者的参与程度要求较高。针对这类消费者，网络零售商要考虑顾客的商品购买参与程度，通过开发相应的模拟体验软件（如网络游戏）引导消费者在网络零售过程中借助模拟软件体验身临其境的消费感受。

4. 消费者成本的影响

消费者为获得利益而付出的代价即为消费者成本。目前成本过高依旧是网络零售中顾客价值提升的制约性因素。比如，较低的线下物流配送效率会使消费者等待的时间成本增加。网站安全认证和隐私加密保护措施的缺失与不完善会使消费者的签约成本和感知风险增加。例如，由于第三方网店信用评估和比较购物代理等网购中介代理性业务发展迟缓，消费者需要付出更多的成本来搜寻商品信息和交易对象。较高的上网费用在增加消费者支出成本的同时，也会使消费者对互

---

① 资料源自：2003 年 7 月艾瑞网。

动沟通、便捷等网络体验的价值评估大打折扣。此外，消费者往往倾向于购买同品类中价格更低的产品。价格虽不是决定网络销售的唯一因素，但却是网络零售中决定消费者购买的重要影响因素。网络零售中的消费者较为看重价格。如果网购交易成本过高，消费者会因难以实现自身所期望的价值而产生不满，甚至选择不再光顾。

5. 购物渠道的影响

消费者选择购物渠道考虑的首要因素是购买的便利性。一方面，由于突破了时间和空间地域的限制，网络零售商在商品销售和服务提供上比传统实体零售购物更加方便。另一方面，消费者对购物渠道的选择也会受到网店被搜索到的难易程度、搜索的速度，以及商品的选择范围、网站页面导航设计和详细图文目录等的影响。相较于实体零售，尽管基于网络运作的零售方式已经极为快捷和便利了，但目前参与网络零售消费的顾客仍旧存有对诸如难以找到有效的网站或是某种特定需要的商品、网站卡冻、加载速度过慢、页面导航操作不便、不人性化、订购流程烦琐且手续复杂等多方面的不满和抱怨。

6. 安全性与服务的影响

传统的实体零售采用一手交钱一手交货的交易模式，消费者在金钱支付过程中获得实体商品。网络零售则改变了传统零售交易采用安全性和可靠性相对较低的先付款后送货的购物方式。开放式的网络零售平台在为消费者提供便利性的同时，也为消费者带来了购物风险，难免会使消费者感到不安。例如，因卖家管理不善或是卖家不诚信违约行为造成消费者并未得到其所订购的商品或所得商品并不能令其满意，从而受到付款后得不到商品或未得到满意商品的威胁。消费者有可能受到将个人口令等隐秘数据信息发送给假冒经销商或是隐秘信息被窃取盗用的威胁。网络假冒者在设法得到消费者的账号和密码等信息后，以该消费者的名义订购商品会造成虚假订单的威胁。由于网络零售商的服务器被攻击或入侵，导致合法操作的消费者不能得到正常的服务而遭受损失，受到服务拒绝带来的威胁。

二、网络零售市场的发展趋势与影响

（一）网络零售市场的发展现状

随着互联网与信息技术的普及运用，实体零售商的销售系统（POS）、订货系统（EOS）、物流配送系统（DCM）、客户管理系统（CRM）等都融合互联网平台和信息技术而被广泛运用。零售业的商品采购管理、价格管理、信息管理、供应链管理等管理系统已全面进入了互联内外的网络化时代。作为全新的零售业态，基于互联网平台的零售商店以其节约型、便捷型的销售方式将大批的消费者导向网店消费，并在市场细分中不断侵蚀着传统零售市场。

以沃尔玛、凯马特等零售业巨头为代表的实体零售业也开始与美国在线和雅虎等零售网站开展各种合作尝试。它们依托自身的品牌知名度和由强大资金实力和信息系统支撑的遍布于世界各地的实体连锁零售店积极地向网络零售行业渗透。在现有配送体系、零供合作渠道基础上，中国实体零售商进军网络零售也日成趋势。例如，上海农工商超市集团投资 1 亿元依靠 3500 家超市便利店、折扣店和购物中心打造的便利通网上商城，2010 年网络零售额已有 30 亿元，到 2013 年迅速提升到 270 亿元，超过 2009 年各大实体零售店的销售总额[①]。在"互联网+"背景下，实体零售与虚拟零售、线上零售与线下零售已呈现出相互融合的趋势。在电子商务飞速发展的今天，中国的实体零售商通过进军网络零售市场而转型进入网络零售业态将在为零售企业自身获取竞争优势的同时，也为现代商业和服务业启动新发展、发掘新价值注入了强劲动力。

全球知名市场研究机构 eMarketer 的 *Worldwide Retail Ecommerce：The eMarketer Forecast for 2015* 报告显示，2015 年全球消费者的网购开支达到 1.672 万亿美元，占全球 22.822 万亿美元总零售额的 7.3%。到 2019 年，随着更多的人上网，网络开支将翻倍达到 3.551 万亿美元，占全球 28.55 万亿美元总零售额的

---

① 资料来源:《中国电子商务研究中心》。

12.4%。亚太地区是网络零售发展最快的市场，同比增长率为 35.2%。2015 年亚太地区的网络零售额达到 8750 亿元。

表 3-2　全球十大电商市场 2015 年网络零售额及其同比增长率

国家	零售额（亿美元）	同比增长率（%）	国家	零售额（亿美元）	同比增长率（%）
中国	6720.1	42.1	美国	3490.6	14.2
英国	993.9	14.5	日本	895.5	14
德国	618.4	12	法国	426	11.1
韩国	388.6	11	加拿大	268.3	16.8
巴西	197.9	17.3	澳大利亚	190.2	9.3

资料来源：eMarketer. Worldwide Retail Ecommerce：The eMarketer Forecast for 2015 [EB/OL]. http：//www. emarketer.com / corporate/coverage#/results/1273?look.

eMarketer（2015）数据显示，中国和美国是迄今为止世界上最大的网络零售市场，在 2014 年全球网络零售销售总额中的占比超过 55%。北美 2015 年的网络零售额达到 3758.9 亿美元，比 2014 年的 3286 亿美元增长了 14.3%。美国 2015 年的网络零售额占总零售额的 92.9%，达 3490.6 亿美元，比 2014 年的 3050 亿美元增长 14%。到 2019 年，美国网络零售额将翻倍达 5482.2 亿美元。

新华网（2014）数据显示，中国于 1999 年开始出现面向消费者的零售网站，如 8848、易趣等。经过近 15 年的市场培育和发展，至 2014 年 6 月底，网络购物的人数已经达到 3.31 亿，在网民中的渗透率首次过半（52.5%）。据中华全国商业信息中心"中国零售百强"统计，2013 年进入百强的零售企业中，有 9 家网络零售企业，销售规模达到 5732.7 亿元，占百强零售企业整体销售规模的 20.7%，较 2012 年提高 6.2 个百分点；平均销售额增速为 76.2%，比百强零售企业整体销售增速高出 56.4 个百分点，较 2012 年网络零售贡献率提高 4.4 个百分点，对百强零售企业整体销售增速的贡献率高达 54.0%[1]。

在过去的五年中，中国正处在超越并拉开中美两国网络零售差距的重要阶段。中国电子商务研究中心 2014 年的统计数据显示，2008 年中国网络零售市场的年交易额第一次突破千亿元大关，达到 1200 亿元，同比增长 128.5%。2013 年中国网络零售市场交易规模达到 18832.5 亿元[2]，2014 年则超过美国成为全球第一

---

① 资料源自：新华网，http：//news.xinhuanet.com/2014-05/30/c_1110941124.htm。
② 资料源自：新京报，《中国将成全球最大网络零售市场》。

大网络零售市场。预计 2018 年，中国电商零售销售总额将超过 1 万亿美元，在全球网络零售市场中的占比将超过 40%（eMarketer，2015）。

（二）中国网络零售市场的发展特征

中国电子商务研究中心发布的《2014 年度中国网络零售市场数据监测报告》[①]指出，当前中国网络零售市场主要呈现如下特征：

一是网络零售企业发力移动端抢占市场。随着移动终端设备的普及，无论是在国内，还是在世界范围，大多数网络零售企业都提供了移动端服务。打通线上线下的营销战成为网络零售企业角逐零售市场的主要手段。传统互联网用户消费习惯的日益移动化，使移动电商的疯狂崛起成为必然。

二是网络店铺与实体店铺的融合受到网络零售企业的关注。O2O 模式即Online to Offline（线上到线下），将线下商机与互联网结合，或将线下商店与网店融合使营销渠道实现线上与线下互通互联。消费者在网店通过在线支付购买商品或服务后，在线下实体店取货或享受服务；也可以在实体店看好商品后再通过线上网店进行购买。零售企业纷纷布局抢占 O2O 市场，如天猫抢占社区终端，京东则选择与便利店合作，苏宁易购也实施了云商双线 O2O 融合战略。

三是网络零售企业相继开放平台。为扭转自营商品普遍亏损的局面，实现流量变现，各大网络零售企业纷纷开放第三方平台，吸引更多外边商家入驻，以提高毛利率，这已成为当今网络零售行业发展的趋势。就商业模式而言，开放平台更能给网络零售企业的整体业务和交易量带来更加快速的增长。

四是服装和家居产品成为网络零售渗透率最高的品类。服装、娱乐/教育、家居产品是中国网络零售中的三大品类，占据线上消费 70%份额，总消费占比超过 30%。交通/通信产品和医疗/个人产品是紧随其后的两大品类，分别都占据线上消费 10%以上的比例。中国网络消费者购买服装、娱乐/教育产品和家居产品的比例均高于美国、英国等其他主要网络零售市场的消费者。

五是相较于欧美网络零售市场，中国网络零售市场更为集中化。网络零售市场一般有平台模式和独立零售模式两种类型，中国仍以平台模式为主。在中国，大型平台商已经投入巨资建设支付体系，在赢取消费者信任的同时对顾客购物体

---

① 资料源自：http://www.100ec.cn/detail——6241548.html。

验也进行了提升，并以此为基础建立了庞大的流量。中国高达90%的平台网站市场份额远超美国24%的平台网站市场份额。因此，对实体零售商而言，除非与高水准第三方服务商进行合作，否则难以承受复制上述投资方式的高昂成本，而中国的第三方服务商仍然处于快速扩张阶段。

六是网络零售商涉足金融掀起互联网金融热潮。从2013年开始，诸多网络零售企业涉足金融领域，积极开拓互联网金融业务。目前，淘宝（天猫）、京东、苏宁易购、国美在线等B2C网络零售商已经开展电商金融服务，网络零售企业在金融服务领域的竞争已经展开。

七是成熟的网络基础设施助推一、二线城市线上消费高渗透率。麦肯锡公司统计占中国GDP总量50%的266个城市网络零售消费数据显示，这些城市的网上消费占据了中国70%~80%的网络零售市场。同时，相比于一、二线城市线上消费对线下消费61%的替代率，三、四线城市只有43%。

八是网络零售市场品牌格局趋于分化。现有产业链上的网络零售品牌基本是针对客源分为搜索类、低价类、口碑类。搜索类品牌中淘宝、天猫的后端检索是一淘，当前360搜索的购物检索频道也是与一淘进行合作。团购类网站则是通过导航的方式提供精准的商品定位，它对顾客而言本质上还是搜索。主打低价的网络零售品牌中，有几类比较特殊的，能够看到将来他们会作为低价类网络零售企业的长尾而占据一席之地。一类是海外代购网络零售企业，另一类则为主打二手货交易的网络零售企业。目前许多垂直类的电商网站都主打口碑营销。例如，生鲜类电商沱沱工社主打"有机"，顺丰优选则是高效配送。

九是网络零售企业"上山下乡"。"渠道下沉"是近年来网络零售行业的热词。一、二线城市是网络零售企业用户聚焦和盈利创收的核心区。随着城市居民消费的能力趋于饱和，仅靠一、二线城市已无力支撑网络零售业的高速增长。为此，阿里巴巴、京东、当当网等网络零售商纷纷开打"农村互联网经济"，角逐农村市场。

（三）网络零售市场的影响与作用

1. 网络零售刺激了新增消费

麦肯锡2013年发布的《中国网络零售革命：线上购物助推经济增长》研究报告显示，在零售业发达的美国，按品类分，前五大零售商的市场份额高达24%~60%。而在中国，显著的全国性领先企业尚待涌现。按品类分，前五大零售商的市场份额从 3% 到 20%。而在线上，纯粹的网络零售企业已崭露头角，如阿里巴巴和京东商城相继进入中国十大零售商之列。网络零售促进了消费性经济的快速发展。麦肯锡报告指出，网络零售业的发展帮助加快了中国向消费型经济体的转型。数据显示，在中国，网络零售不仅仅是线下购物的替代渠道，而且在事实上还刺激了新的消费需求和消费增长。

《中国网络零售革命：线上购物助推经济增长》研究报告基于中国 266 个城市的数据分析，发现网络零售的发展为中国整体消费带来了新的增长。而且，排除收入变量的影响，网络消费量较高的城市整体消费量普遍都会更高。每一元钱的网络消费中，约有一半以上是从实体店转移而来的消费，但还有略少于一半是由网络渠道刺激产生的新消费。数据显示，中国网络零售在 2011 年贡献了约 2% 的个人新增消费。预计到 2020 年，网络零售可能为中国零售市场带来 4%~7% 的新增个人消费。这种对消费的刺激在欠发达的三、四线城市体现得更为明显。报告显示，在许多中小城市，实体零售商店尚欠发达，消费者积累了大量未得到满足的商品购买需求，网络零售对消费增长的促进作用在这些地区存在尤为明显的潜力。这些城市的消费者可以通过网络零售渠道更加轻易买到自身所需的商品。虽然四线城市的线上消费者平均收入水平较低，但他们的线上消费几乎等同于二、三线城市的线上消费者。

2. 网络零售拉低了整体零售价格

据《中国网络零售革命：线上购物助推经济增长》研究报告，在线上线下都有销售渠道的商品中，网上价格平均比线下价格低 6%~16%。家庭用品和娱乐教育用品是网上价格折扣最高的品类，其次是服装。这三类商品在中国网络零售市场所占规模和渗透率率最大。运输与通信产品的网上价格折扣最低（约为 2%）。总体而言，2011 年网络零售将全国的平均零售价格拉低了 0.2%~0.4%，2012 年则拉低了 0.3%~0.6%。

当然，并非所有商品都在线上和线下同时销售。线上销售更适合标准化的产品类别，包括 3C 产品（电脑、通信和消费电子）、家用电器、书籍/CD 和部分日用品（如食物、饮料和个人护理）。商品是否通过网络渠道进行零售取决于产品类别。麦肯锡报告估计约有 45%~85% 的网上销售商品在线上和线下渠道都有销售，即共通商品。

不过，网络零售对中国平均零售价的拉低幅度日趋减缓。从 2010 年开始算起，网络零售主要产品类别售价的线上增幅均超过了同类产品线下价格增幅，这暗示着早期网络零售企业为谋得发展采取了以低价格换取高销量的不可持续经营策略。当然，小众商品在网络上则享有更多的溢价。消费者愿意向卖家支付更高价格，以避免到实体店寻找小众商品的麻烦，或者由于完美满足特定需求的商品而提升满意度。随着网络零售市场的不断发展和消费者网购知识技能的日渐成熟，消费者在选购商品的过程中不再局限于对商品价格的比较。

在挖掘城市消费需求和激发需求未得到满足城市的消费潜力的同时，网络零售也为中小型企业和创业者们提供了直面消费者的平台与机会，从而释放出巨大的市场增长潜力。网络零售不仅在一定程度上拉低了整体零售价格，还广泛地大力驱动了零售企业对自身效率和现代化程度的提升。网络零售实现了零售供应与零售需求的协调，从而推动了整体零售经济效益的提升。与此同时，网络零售也推进了 IT 服务、数字营销等新兴产业和物流运配等产业链的进一步发展。网络零售业的强劲增长可能会拉低对商业地产板块的需求，但同时又会对技术创新带来切实的市场激励。长期以来，中国经济并未摆脱对制造业出口的依赖。政府提出要通过刺激国内消费进一步实现经济的长远发展和长足增长，网络零售作为一种新兴零售业态在实现这一政策目标的过程中发挥了关键性的作用。

（四）网络零售行业的发展趋势

零售行业普遍经历了从区域到全国再到全球的发展阶段。在区域阶段，大多数零售商的布局仅限于其所在地理区域。随着全国性领先零售企业的出现，一些区域企业逐步被挤出区域市场。而今，互联网的出现则将零售行业带入了一个多渠道阶段，即线上销售和线下实体店同时存在的多渠道零售阶段。多渠道零售使企业有能力通过多个渠道（包括实体店、网店、移动交易、电话销售等）开展销售。在多渠道零售发展阶段，那些线上线下渠道高度集成的企业（及部分纯粹网络零售企业）获得了成功，将一些曾经领先的全国性实体零售企业挤出市场，进而走向全球化。

在中国这一人多地广、资源优势参差不齐、地域文化各异的发展中国家，零售企业大规模扩张困难极大，本土零售业依然以区域性经营为主。强大的跨渠道零售商和纯粹网上零售商已经开始出现，而传统的实体零售商还没有实现全国扩张。中国零售业的未来发展可能存在两种趋势，一种趋势是发展出平衡的实体零售和网络零售业态，全国性的实体零售商主导一部分产品品类，而网络零售企业占有其他产品品类。另一种趋势是，如果网络零售业继续快速发展，中国本土零售业有可能跳过全国性阶段而直接从区域性进入全球化多渠道零售阶段。阿里巴巴的全球化发展对此已经做出了明确的诠释。

麦肯锡全球研究院预测，到 2020 年，中国网络零售市场可能增长到 4200 亿~6500 亿美元（约 2.7 万亿~4.2 万亿元人民币）。即使按照最保守的情况，扣除通胀因素，其规模也将达到 2011 年的 3.5 倍。到 2020 年，大约 10%~16% 的总消费可通过网络零售实现，从而带动总支出的增长。到"十三五"末期，中国网络零售行业将呈现如下趋势：

1. 宽带和"3G+"普及率将成为网络零售业发展的基础要素

网络零售涉及的宽带渗透率、3G 及以上（"3G+"）渗透率、人均可支配收入、实际人均信用卡和借记卡交易等不同动因的市场数据显示，影响网络零售市场发展的重要因素是"3G+"普及率、宽带普及率、银行卡的使用以及人均可支配收入。

3G 是一种支持高速数据传输的蜂窝移动通信技术。随着 3G 时代的到来，采用 3G 网络通信技术的终端在近两年得到了迅速的普及，也为基于"3G+"开展零售交易提供了新的平台。中国工业和信息化部 2013 年 12 月正式向中国移动、中国电信、中国联通颁发三张 TD-LTE 制式的 4G 牌照，这无疑是对网络零售消费市场的又一次助力。

根据发达国家的经验，宽带和"3G+"普及率对网络零售行业的发展至为关键，而政策制定者可采取措施确保网络零售具备这些动因。麦肯锡研究报告显示，到 2020 年，中国网络零售市场大约 85%~90% 的预测增长将取决于宽带和"3G+"普及率的提高。而政策和针对性投资决策可能左右这些因素。

2. 网络零售将助力中国零售业实现跨越发展

由于中国零售业在数字化革命中成长起来，其演变轨迹可能与其他国家不同，且更为迅速。中国零售行业的网络化程度已然走在了世界前列。如果网络零售继续快速增长，中国的零售业可能跳过全国性阶段，直接从地区性阶段跨入多渠道阶段。尽管这一推测似乎显示中国的零售行业正快速跃进到数字化时代，但与国外同行相比，中国实体零售商在早期对接受多渠道战略表现得比较迟疑。以 2011 年数据为例，中国仅有三家线下零售商进入年度十大独立电子商户行列。它们是苏宁电器（电子和电器零售商）、一号店（多元化电子商务企业，沃尔玛于 2012 年收购了其 51%的股权），以及库巴购物网/国美（电子和电器零售商）。作为对比，美国前十大 B2C 商户中有七家是老牌实体零售商。尽管一些成功的多渠道企业在其他市场崛起，但目前中国涉足网络零售的实体零售商有不少却在网络业务上蒙受亏损。

麦肯锡全球研究院认为，网络零售可能对中国整体零售业产生深远的跨越式影响。网络零售业态的不断成熟可能提高整个零售行业的效率，使得传统实体零售店大规模扩张的必要性下降。引导实体零售企业开拓网络零售市场，将成为切实推进中国商贸流通业新发展的强劲动力，为中国现代服务业的发展做出新的更大贡献。中国网络零售市场将成为拉动内需的重要新兴市场。为实现跨越式发展，中国零售商将需要超前思维，思考线上和线下零售都纳入重要渠道的终极格局，而不仅仅关注建立全国实体店网络。

3. 劳动生产效率的大幅提高将充分激发行业的发展潜力

劳动生产效率的提高是激发网络零售业增长潜力和推动中国整体零售业转型的最为重要的前提之一。麦肯锡全球研究院数据显示，2011 年，约 260 万员工受雇于中国的网商、电商服务和平台运营行业。网络零售系统员工薪酬占其收入的比例（11%~15%）高于线下零售业（3%~4%）。服务商员工薪酬占其收入的比例最高，达到 20%~40%。由于网络零售需要大量的高技能劳动力，因而网络零售行业的员工薪酬水平也相对较高。此外，在这 260 万名网络零售员工中，大约 24%接受过高等教育，而这一比例在实体零售业和总体经济中分别仅占 5%和9%。数据表明，中国到 2020 年将产生 2300 万个高技能劳动力缺口。网络零售业目前已经面临人才短缺问题，而未来几年这一情况将变得更加严重。网络零售行业将需要大幅提高效率从而缓解人才短缺和控制人力开支。

中国的网络零售企业和在线服务提供商可借鉴其他国家领先企业的经验以提高劳动生产率。例如，中国的快递业一直在实现自动化以控制日益攀升的人力成本。运输业薪资增长不仅快于全国平均水平，而且针对中小城市或农村地区的快递业加盟店，政府也在不断规范其社会福利缴纳。作为应对措施，快递业领先企业一直通过创新以缓解人力成本的增长压力。多数企业已在一、二线城市建立了半自动化的分拣中心。大型企业正在不断扩大半自动技术的地域覆盖，并推动一线城市分拣中心的全面自动化。

4. 县域网络消费将成为网络零售的新亮点

随着网络消费的迅猛增长，网络零售业呈现出更为丰富的地域特色。三、四线城市，以及县域和农村网购消费能力正在赶超一、二线城市。淘宝网发布的《县域网购发展报告》显示，在我国三、四线地区，网购力量正以惊人的速度释放，甚至超过了一、二线城市。报告对 2006 个县域地区网购数据的分析显示，2012 年，我国县域地区共有超过 3000 万人通过淘宝购物，花费达 1790 亿元，比 2011 年增长 87%。我国县域地区平均每人网购花费 5628 元，而一、二线城市仅为 4700 元；县域地区人均网购 54 次，远超一、二线城市的 39 次。截至2013 年 6 月底，我国网民中农村人口规模达到 1.65 亿，占比 27.9%；农村网民规模增幅达 5.8%，略高于城镇网民。对此，《县域网购发展报告》认为，一些网购渗透并不高的地区，存在"一人购买多人享用"的情况，因此人均花费反而要比渗透率高的地区更多。

县域网络零售消费所呈现的数据同样也折射出了县域村镇市场购物不便的事实。例如，受地域人口数量和消费能力等条件限制，国际品牌企业往往不会考虑在县域村镇开设实体零售店，企业线下产品渠道难以及时甚至不会覆盖到县域村镇市场。网络零售的出现恰恰弥补了县域村镇实体零售渠道的局限性，为国际品牌产品在县域村镇市场的销售提供了平台。与此同时，在价格优势和丰富品类的刺激下，商品品类相对单一的县域村镇消费者的消费潜力将被激发，并驱使这些消费者改变以往的消费习惯，激发其网络购物需求。

网络零售为县域村镇消费者创造了与城市基本相较无异的购物机会和购物平台。网络零售改变着县域村镇消费群体尤其是年轻消费群体的消费习惯，影响着其对所偏好品牌产品的需求以及对时尚购物模式的追求，通过刺激和拉动县域村镇消费需求，使县域村镇地区的消费者选择网购，甚至较城市消费者更加偏好通过网络零售渠道进行购物。这一现象的背后是淘宝等网络零售巨头向我国广大县域、农村地区的深耕布局。

5. 移动电商将成为网络零售新增点

越来越多的消费者开始频繁使用移动端购物，无线终端购物日益成为网络零售新的消费增长点。2013 年"双 11"当天，在所有通过手机网购的区域用户排行中，西藏地区的用户通过手机淘宝完成的订单交易笔数占整体的 29.1%，排名国内"最爱手机购物区域"的榜首。偏远地区消费者的消费需求得以释放，很大程度上得益于移动电子商务的快速普及。可以说，网络零售已决定性地改变了零售业版图，而移动终端购物正在改变传统电子商务。随着宽带上网在全球的普及程度不断提升，同时使用智能手机和平板电脑的人日益增多，移动终端上的网络零售交易呈现爆发式的增长。

根据 eMarketer（2015）对全球零售销售额的最新预测，2015 年中国来自平板、智能手机和其他移动设备的零售销售额将达到 3339.9 亿美元，年增幅85.1%，占中国网络零售销售额的 49.7%，是美国的 4.5 倍。eMarketer 预测总监 Peart 表示，中国有 87.4% 的网民已经使用手机等移动终端设备访问互联网。美国使用移动终端设备访问互联网的网民也高达 74.6%。移动终端网民数量的增长推动了网络零售交易活动向移动平台发展。

目前，在零售产业发展的历史上，很难找到一种商业创新模式能够发展得如此迅猛。eBay 公司表示，移动终端商务能够在任何时间、任何地点完成即兴购物全过程，这是巨大的变革，也是展现未来消费者如何购物、零售业如何发展的最具典型意义的范例。未来，移动化趋势将更为明显，网络零售快速发展已成为不可阻挡的趋势。尤其是移动终端商务对于农村、县域地区消费巨大潜力的释放作用将促使网络零售市场的重新布局。

6. B2C 将成为网络零售未来逐鹿场

从 1999 年首家网络零售企业 8848 成立至今，中国网络零售市场在不断探索中经历了从 C2C 网络零售模式的繁荣到小荷初露的 B2C 网络零售模式的发展。综合类、垂直类和传统企业的 B2C 网络零售模式正在崛起。B2C 市场已成为最具发展潜力的网络零售市场，也是未来网络零售竞争最为激烈的逐鹿场。

从市场规模及增速水平来看，B2C 网络零售市场 2009 年的增长率达到了156%，表现出强劲的发展动力；而 2010 年 B2C 网络零售市场的增长率更是接近200%，取得了飞速的发展。从资本市场投融资来看，2011 年上半年，已披露发生在网络零售领域的投融资事件 44 起，其中 42 起发生在 B2C 领域，总额逾17.8 亿美元，显示风险投资对 B2C 关注度较高。到了 2014 年，C2C 与 B2C 的份额比更是达到 7：3 的比例。由于 C2C 行业格局较为稳定，淘宝一家独大，其市场份额占九成，垄断优势明显，为行业新入者构筑了较高的行业壁垒。再加上网民的消费习惯由"淘便宜"向"淘品质"、"淘服务"的进化，未来网络零售市场竞争的焦点仍然会集中在 B2C 领域。

在网络零售发展的初级阶段，众多网络零售商选择低价策略以期在激烈的市场竞争中获得更多的顾客。但是，偏好低价的网购消费者由于对企业忠诚度较低而无法为网络零售企业创造持续稳定的收益。另外，自主销售式的 B2C 网络零售企业同质化现象在 B2C 行业竞争日益激烈的当下愈发严重，诸如天猫商城、京东商城、当当网等规模较大的 B2C 网站也逐渐寻求向平台化和综合百货化转型。专注于做垂直类 B2C 网站的凡客诚品、乐淘网等则期望通过提升其配送服务，以及服务质量来获得更高的顾客黏性。

随着我国商务部《网络零售管理条例》的出台，以及淘宝、天猫商城新政所引发的一系列事件，针对网络零售第三方交易平台的市场准入与市场退出机制现已基本形成，这些机制不仅对平台式 B2C 网络零售市场起到了规范作用，也为自主销售式 B2C 平台化提供了全新的机遇。目前，包括天猫商城、京东商城、当当网和卓越亚马逊等在内的自主销售式 B2C 网站均开放了第三方销售平台。其中，京东商城和当当网采取较为相似的收费模式（收取保证金、佣金和平台使用费），其收费标准远低于专营第三方销售平台的天猫商城近期公告的 2012 年新收费标准。而卓越亚马逊则基本按照其母公司的模式进行运营。

目前，我国的 B2C 网络零售市场正向平台化、综合品类化，以及传统企业向线上拓展等方向转型。该发展模式基本沿袭了美国网络零售的发展路径。但由于我国网络零售尚处成长期，网络零售规模的高增速水平仍有望持续。

三、顾客价值与网络零售竞争力

（一）从顾客价值创造中构建网络零售企业核心竞争力

随着"互联网+"的产业融合日新月异，网络零售发展迅猛。然而，对于网络零售商而言，网络零售市场的发展为企业带来迅速发展的机遇，也使企业面临前所未有的挑战。Brynjolfsson 和 Smith（2000）认为是互联网降低了经济的摩擦性，基于互联网的网络零售交易成本低廉，消费者可以在零售商竞争者之间自由选择。同时，互联网促成了"信息匮乏"时代向"信息民主"时代的转变，经济主体之间信息不对称的程度显著降低，甚至可以在一定程度上阻止"柠檬市场"的产生（Bakos，1997），这使网络零售市场迈向经济理论所谓的"完全竞争市场"，为网络零售企业带来激烈的价格竞争与微薄的获利空间。

在网络时代之前，竞争策略和市场主动权掌握在企业手中。而网络时代的信息对称性增加使消费者的主动权空前增强，消费者也更加容易地自由发布和控制信息，可以与众多企业和其他消费者进行接触交流（Prahalad 和 Ramaswamy，2000；Sawhney 和 Prandelli，2000）。其结果是在传统供需力量对比中，企业的强势地位趋向弱化，企业基于互联网建立持续竞争优势变得更加困难。消费者可以用最少的时间和精力付出来充分比较竞争零售商家的产品和服务，从而导致了激烈的价格竞争和顾客忠诚的难以建立和维系。正如 Reichheld 和 Schefter（2000）所言，消费者能够毫不费力地转换于各网络零售商店之间，在互联网上经营的零售商若无法提供给消费者最优越的购物体验，他们将仅能吸引到那些永远追求低价、对企业获利毫无帮助的消费者。

毫无疑问，从传统实体交易环境到网络虚拟交易环境，对顾客忠诚的培养与维系始终是企业获取持续竞争优势的关键途径（Reichheld 和 Schefter，2000）。May（2000）的研究指出，顾客忠诚度才是网络零售企业获得竞争优势的关键。鉴于企业欲在网络环境中建立顾客满意度与忠诚度的更加不易，而其重要性却又更甚于实体环境。对于网络商店的经营者来说，如何系统性地建构顾客关系，更有效率地实现顾客满意及忠诚度的提升与企业利润的赢取，创新电子商务的经营与管理模式，是网络背景下网络零售商保持竞争优势必须解决的重大问题（Langer 等，2001）。传统商务中顾客忠诚的"先亏损，后盈利"效应在网上表现得更明显。尽管在交易的早期阶段，为吸引顾客和建立关系将承担较大的成本，但在随后的交易中，随着为忠诚顾客服务成本的降低，企业就可以获得利润（Reichheld 和 Schefter，2000）。而且，传统环境下忠诚顾客对企业的潜在利益—口碑效应，在网络环境下，再一次被放大，"口碑相传"变成了"鼠标相传"。消费者可以通过微信圈、微博、E-mail、公告板或虚拟社区向更多的人推荐其喜爱的零售网店。根据 Jupiter Research 发布的《2005-2010 美国在线零售预测》报告，在 2006 年之后，在线销售成长的主要关键不再是获取新顾客，而是想办法增加现有顾客的花费。在线零售业者发现，要改变非网络购物者的习惯及想法不是一件容易的事，新的网络购物者愈来愈难开发。因此，在线零售商未来将愈来愈依赖现有的网购者。维持目前的顾客并提高顾客花费，要比开发新顾客更为重要。因此，网络零售商面临的挑战不再仅是价格竞争，而是更广泛的营销竞争。想办法提高消费者的购物满意度和忠诚度。

互联网和电子商务的不断发展潜移默化地改变着人们的生活方式和消费习惯，催生出全新的商业行为和经济模式。新兴网络零售商业模式的出现使消费者的购物行为不断从实体商店向网络电子商店延伸。对多数借助网络平台从事网络零售的企业和个体商户而言，其所关注的往往是在经营过程中对新顾客的吸引，一味地重视店铺顾客增长率却忽视了建立和维系顾客忠诚的重要性。使用优良的软硬体设施固然可以提高网站的经营效率，但真正要创造出网站本身特有的价值，则必须取得顾客的信任和忠诚，也就是说，顾客价值才是网络零售商成功的关键。

1. 网络零售的核心竞争力要以顾客价值为导向

营销的首要任务在于为企业创造新顾客和留住老顾客。但是，当面对数量极多且类似的产品，又有不同的品牌、价格和供货商时，消费者究竟会如何选择呢？传统的 4P 营销（Place，Price，Product，Promotion）无疑是最被引用的营销理论。但是，4P 营销的出发点主要是从企业经营的角度出发，以创造企业业绩和利润为目标。然而，当今网络零售市场供需格局的变化使企业必须以顾客导向为主，因为消费者才是企业利润的来源。消费者也会思考且质疑企业的产品与服务对他们有什么价值，并思考企业将消费者摆在什么位置。因此，市场下一个竞争优势来源，无疑是以顾客导向方式来达成。企业必须提供产品和服务，利用各管道来传递价值，并使消费者认知与认同其价值。对于消费者而言，他们在意识和潜意识中知道自己的需求，但却常常找不到解决方案。而对于企业而言，这一理念却蕴含着丰富的市场机会。他们可以通过传递富有价值的产品和服务来吸引并留住顾客，从而获取持续的竞争优势。

战略学家 Porter（1985）认为，竞争优势归根结底取决于企业所能为消费者创造的价值。只有将企业的核心竞争力转化为满足消费者需求的产品和服务，才能在真正意义上为企业创造利润。Gale（1994）指出，想要越过顾客满意而达到顾客忠诚，需要切实掌握消费者的动脉，也就是要了解顾客价值。若能透过企业的价值创造使消费者需求得到持续满足，使其而成为忠诚的顾客，企业便能够建立良好的顾客关系，提高顾客维持度，进而提高市场占有率，为企业创造源源不断的竞争力。Lemon（2001）指出，价值是厂商与顾客关系的基石。企业策略的首要目的不是打败竞争对手，而是提供消费者真正需要的价值。唯有如此，企业才能与消费者建立持续长久的关系，并从消费者身上获取更多的利益。Porter（2008）强调，互联网并不会改变一切，网络企业最终还是要以创造价值来获得主要利益，而不是依赖广告收益。在网络世界中，价值依然是企业策略思考的核心，企业必须创造商品组合价值，通过传递商品组合价值来满足顾客。而消费者认知其价值，会进一步回馈给企业。因此，顾客价值是消费者想要从企业所提供的商品组合和传递工具中获取什么价值，这是网络零售企业值得深思的。

在电子商务时代，转换成本和搜寻成本相对于传统实体环境要低得多。刚开始为吸引顾客，网络零售商多选择采用低价或削价让利的交易方式。但进入壁垒较低的网络零售环境中，低价或削价让利的交易方式极易被竞争对手跟随模仿，顾客的不受限选择和快速流通使企业更加难以留住顾客。因此，靠价格竞争而获利不会长久。企业经营强调的是竞争优势。透过网络的发展，可以替企业大幅节省成本，提高信息的搜集速度，进而强化企业的竞争优势。也正因为如此，零售企业或个人电子商务建立购物网站便油然而生。然而，许多网络零售商开始了解到，不断地随波逐流，只会无形地降低自身的竞争优势。现今低价格已无法成为网络零售竞争的主要策略，非价格方面的竞争优势，特别是顾客价值才是制胜关键。中国互联网络信息中心（CNNIC，2004）调查表明，我国消费者网购时最重视的因素主要有交易的安全性、迅速、便利、商店信誉、售后服务好、退货调换容易、售价合理及商品品质好。价格往往不再是影响消费者进行网上消费，决定其购买决策行为的主要因素。竞争策略的转变使企业由价格导向走向顾客价值导向。网络零售商只有为消费者提供卓越顾客价值，才能建立网购者的忠诚，形成企业的持续竞争力。

2. 顾客价值是网络零售竞争力的源泉

对于企业核心竞争力的打造，一般存在三种视角：消费者视角、竞争者视角和企业资源视角。消费者和竞争者视角是一种向外的视角，注重对市场和竞争的探究。企业资源视角则是一种向内的视角，强调开发与培育企业资源能力的重要性。三种视角对企业核心竞争力的打造虽存在差异，但最终都无法脱离对消费者的研究。伴随着日趋激烈的价格竞争、质量竞争、服务竞争和品牌竞争，采用单一途径获取企业竞争优势越发变得困难。为寻得生存发展，现代企业需要以消费者作为其市场营销的核心，以消费者为导向进行市场营销。消费者是企业产品或服务购买和消费的主体，是企业生存和发展的根本。

网络零售市场的激烈竞争终究会导致部分企业的产品难以售出。从经济学思想逻辑可知，可相互替代的产品能够为消费者所接受的售卖价格将逐渐降低。消费者感知价值趋向于越来越大，直至很多网络零售企业的盈利趋向于零，甚至开始亏损。因此，能不能为消费者传递比竞争者更高的价值直接决定着网络零售企业的生死存亡。顾客价值是消费者选择产品的主要依据，顾客价值与企业竞争力之间具有直接联系（范秀成和武永红，2005）。

企业获得市场竞争力的最主要的外在表现是消费者的购买意向。消费者的忠诚度越高，保持也越持久，购买产品和服务的数量就越多，更多的新顾客也会从竞争方吸引过来，使企业不断增加市场占有率和市场主导地位。消费者在购买时总希望把成本降到最低，同时又希望从中获得更多的利益，使需求得到最大的满足。在网络交易过程中，消费者会对网络零售企业提供的产品和服务形成一种价值期望和感知。通过为顾客创造价值，能够增加消费者的利益感知，降低成本感知。这也将影响消费者的满意程度和再购买可能性，并获得顾客忠诚。

顾客价值研究也表明消费者会选择能给自己带来最大价值的企业进行交易。市场上的消费者只有一个共同点，那就是都在寻找更有价值的产品或服务。在激烈竞争的网络零售市场，网络平台使消费者拥有更多的自主选择。而消费者在不同网络零售企业之间进行选择的主要标准就是比较不同企业创造的顾客价值大小。因此，网络零售市场竞争的本质就是满足网购者的价值需求。顾客价值是网络零售企业所有工作的实现点和起点，以顾客价值为中心进行企业定位和零售网络范式构建是网络零售企业提高绩效，获得优势的关键。虽然企业的资源和能力也是企业获得竞争力所不可缺少的内部因素，但无论是稀缺的资源还是核心能力也会因顾客价值的变化而变化。产品或服务仅仅是满足人们欲望的一种道具，只有把产品或服务的特性与顾客价值相联系，产品或服务才能找到真正的购买者。顾客价值为网络零售企业核心能力的培养和管理提供了新的途径和基础。能够创造更高顾客价值的企业具有更大的市场竞争力。

企业存在于市场经济环境中的根本目的是实现自身利益效率的最大化。作为一种同时包含投入与产出的经济组织，企业的生存发展离不开必要的经济收益。经济收益既是维系企业市场关系的必要条件，也是推进企业持续发展的根本动力。当企业采取实现自身利益效率最大化的经营战略时，一旦顾客价值与企业利益相冲突，为实现自身利益最大化，企业往往会选择放弃甚至牺牲顾客价值，忽视其社会责任，而这最终将损害企业自身的长远发展。由于产品或服务是企业获得利润的重要载体，所以企业能否向消费者提供其所需的产品或服务，能否向消费者提供卓越的顾客价值将是企业获得利润的关键。因此，网络零售的核心竞争力源于不断给消费者提供有利的价值。

以消费者感知价值为导向提升企业核心竞争力，将顾客利益作为企业经营活动的前提，可以在实现顾客价值的同时也使企业获益，这样的经营策略的结果将是消费者与企业"双赢"的局面。正如 Reichheld（2001）所说，企业的根本使命并不在于获得利润，而在于创造价值，利润则是价值创造的重大结果，是手段和结果而非目标，为消费者创造价值是任何一个成功企业的立业基础。

3. 顾客价值的创出依赖于网络零售企业的核心能力

网络零售企业能否实现顾客价值、能够实现什么样的顾客价值、能够在多大程度上实现顾客价值，归根结底取决于网络零售企业自身能够满足消费者需要的能力集合，也就是企业的核心竞争力。无论是缺乏核心竞争力被其他企业所超越，还是因网络信息泄露等造成经营战略被竞争对手模仿甚至替代，该网络零售企业先前所培养的消费群体将轻易流失并被其竞争对手所抢占。同时，一旦企业在新兴网络零售市场中受到其他网络零售市场进入者的有力冲击，企业原本所占据的新兴市场将被竞争对手快速掠夺，企业原有的消费群体也将高度流失而被竞争对手所抢占。在其他市场进入者的有力竞争下网络零售企业将轻易失去支撑其生存和发展的有限市场空间。只有网络零售企业拥有优势竞争力，形成信息保护壁垒，其所提供的产品和服务不易被竞争对手模仿和复制，才能保证网络零售企业在激烈的市场竞争中获取稳定的收益与利润，避免落入被竞争者取代的境地。因此，从消费者角度出发，核心竞争力能够帮助网络零售企业以优于竞争对手的态势为消费者创造其所关注和看重的价值。为消费者提供有价值的要素才是网络零售企业核心竞争力的出发点。基于顾客价值形成的核心竞争力是网络零售企业持续生存与发展的基础。

顾客价值的战略定位应当建立在网络零售企业的核心竞争力与企业资源的基础上。任何产品或服务的价值都是企业满足顾客需求与偏好的能力的结果。因此，顾客感知价值的战略定位要求网络零售企业必须具备相应的能力。核心竞争力是企业通往未来市场大门的钥匙（Prahalad 和 Hamel，1990）。网络零售企业之间的竞争不只限于产品之间的竞争，在消费者需求不断变动的网络零售市场，网络零售企业之间的竞争更加表现为核心竞争力的竞争。对企业的产品与市场核心能力的认知和把握也能够为网络零售企业的扩张提供有力支持。核心竞争力的培育与管理是确保企业战略目标得以实现的前提。网络零售企业应当强化自身对作为企业战略定位重要基础的核心竞争力的动态管理。确定与企业核心竞争力相匹配的价值定位、向消费者提供竞争对手难以模仿的独特价值是顾客价值战略的核心内容。网络零售企业在经营过程中首先应当基于企业自身的能力与资源对消费者进行细分，准确选择价值定位，并围绕价值定位构建有效的支持系统。网络零售企业还应借助网络信息平台不断地审时度势，通过协调与整合内外部资源实现对企业核心竞争力的提升，进而获得持久的成长能力与竞争优势。

综上所述，作为顾客价值战略的核心，竞争力是网络零售企业实现正确战略定位和适应复杂多变环境的重要基础。伴随着企业在市场竞争中创新能力的不断提升，为使企业获得持久的生存能力和发展动力，网络零售企业将在更高的层次上进行顾客价值的战略定位。网络零售企业的内部能力作为推动顾客价值向更高层次演进的动力，相较于外部条件对于企业获得持续竞争优势更具决定性作用。顾客价值识别、形成和创新的过程是一个不断前进的过程。因此，网络零售企业核心竞争力的提升也是一个沿着明确方向连续不断的过程。当创造顾客价值的新能力形成时，网络零售企业就能以此为基础对更高层次的顾客价值战略定位目标进行设定，并在竞争中将这一过程不断推进下去。

（二）顾客价值在网络零售企业获取竞争优势中的作用机制

企业为消费者提供满足其价值需求的产品和服务过程中，在可竞争性市场所表现出来的获得超额利润和创造市场主导权的优于竞争对手的状态即为企业的竞争优势。企业竞争优势的本质就是使企业获取市场主导权并为企业创造超额利润，这是企业获得竞争优势的必要条件。顾客价值对于网络零售企业获取竞争优势的作用机制主要体现在以下方面。

1. 顾客价值对网络零售企业超额利润的作用

在一个竞争的市场，任何企业都无法轻易获得利润。作为以满足商业成本为前提的资金与资源，利润是有效管理成本和价格缺口的结果。在消耗最少资源基础上为消费者创出最大化价值，驱动了企业利润的生成。网络零售企业可以在对相关价格进行掌握与对成本进行控制的基础上，实现对企业利润潜力的发掘。

目标成本法是企业调控利润所采用的一般方法。企业根据市场现状在一个相对固定的范围内进行目标价格的确定，从中削除企业所认为的合理利润，剩余部分则为产品和服务被允许的成本。只有当企业的产品和服务在不超出所允许的成本范围内对消费者需求进行满足时，企业才能获得可观的利润。目标成本法认为，产品和服务具有相对固定的价格。为获取更多的利润，企业必须不断地降低其产品和服务的成本。

然而，在产品信息相对透明、消费者购买选择日益多元化的网络零售市场，采用目标成本法将使企业在追求自身利润的过程中难以兼顾顾客利益，因而存在明显的不足。企业的产品和服务根本上需要满足消费者的基本需求，但在追求利润而不断缩减产品和服务成本的情况下，企业往往只能有限地为消费者提供基础性价值，要为消费者提供更高层次的价值则显得十分困难。当竞争对手在为消费者创造更多价值时，面对众多可供自主选择的网络零售企业，消费者会毫不犹豫地背离而去。随着企业销售量的降低，利润目标也就无法实现。例如，价格是一项基于顾客价值的有增值能力的功能。它是由价值驱动的，而不是由成本驱动的。花费在创造顾客价值的成本将产生远远大于成本的价格。网络零售企业在制定产品或服务的价格时所依据的顾客价值不是由网络零售企业主观认定的，而是由消费者和网络零售市场供需关系共同决定的，也即消费者愿意购买的企业所认定的价值才是真正的顾客价值。在网络零售企业为消费者提供能够增加顾客价值的产品或服务过程中，如果这一产品或服务在市场中供给相对稀缺，或是具有一定的垄断性，企业则可为该产品或服务制定一个在现有产品和服务平均价格水平之上的价位；另外，由于感知到该网络零售企业所提供的特定产品或服务能够为其创造更高的价值，消费者往往也愿意在其所接受的定价范围内为这一产品或服务支付更高的价格，基于顾客价值的高价格从而也得到确立。因此，由顾客价值决定的高价格将为网络零售企业带来超额利润空间。

2. 顾客价值对网络零售企业市场主导能力的作用

企业获得市场主导性的主要外在表现是消费者的购买意愿。对于曾经购买过企业商品的消费者而言，企业的市场主导能力更多地被看作是顾客忠诚。在网络零售市场中，网络零售企业的市场主导能力则表现为消费者对网络零售企业的店铺忠诚。消费者店铺忠诚的提升和消费者的长期保持，将使消费者所购产品和服务的数量也得到相应的增加，忠诚的顾客也将为企业从竞争对手处吸引更多的新顾客，从而不断增强企业市场占有率，最终使企业占据网络零售市场的主导地位。

早期的营销理论认为，越满意的顾客进行重复购买的可能性就越大，顾客满意导致顾客忠诚。顾客满意也被视为顾客忠诚的驱动要素。无论是理论研究还是实证研究，也都对顾客满意和顾客忠诚之间的正相关关系进行了确认。然而，Neal 等（1999）尖锐地抨击了顾客满意是顾客忠诚的驱动要素的观点，强调顾客忠诚确实与顾客满意有所关联，但二者之间并不存在必然的因果关系。《哈佛商业评论》2012 年的报告显示，即使消费者对先前的产品或服务表示满意，但仍会有 65%~85%的消费者会选择购买新的替代品。美国汽车制造业 2012 年的调查显示，超过 90%的消费者对所购汽车表示满意，但却只有 30%~40%的消费者愿意再次购买同一品牌的汽车。基于这样的调查结果，不少学者指出，顾客满意并不一定能保证顾客忠诚。顾客满意作为一种心理状态是顾客的一种购后感觉或感受，仅凭这种心理状态而对顾客的购买意向及其重购行为进行推测并不可靠。顾客满意是顾客忠诚的必要条件，但不是充分条件。在商品丰富的多元化网络零售市场中，消费者总是能够找到令人满意的产品和服务，顾客满意的作用往往只是令企业的产品和服务成为顾客下次购买的备选对象。可以说，忠诚的顾客会对企业的产品和服务感到满意，但对企业的产品和服务感到满意的顾客却不一定都会保持忠诚，顾客忠诚的根本驱动因素并非只是顾客满意。

继顾客满意之后，通过提供优越的顾客价值可以实现对顾客忠诚度的提升已被越来越多的实例所证明（Reichheld，1996）。Neal 等（1999）也认为，驱动顾客忠诚的并非是满意而是价值。许多学者通过研究将顾客价值视为提升顾客忠诚，促使消费者产生购买意愿的关键因素。消费者在网购过程中会根据其所认为相对重要的价值因素（品质、价格、顾客关系和品牌形象等）对产品或服务的价值结构进行评估，然后选择价值较高的标的作为其最终的购买对象。选择同类产品和服务中顾客价值最高者被认为是消费者购买的唯一标准。企业为其提供了最优异价值的消费者会保持忠诚。因此，顾客价值是消费者保持忠诚的决定因素。顾客价值驱动了网络零售中消费者的店铺忠诚，使网络零售企业提高市场占有率并逐渐成为市场的主导者。

由此可见，顾客价值是创造网络零售企业超额利润和使之成为市场主导者的源泉，并在本质上成为企业与消费者进行沟通的桥梁和纽带。在深入认知顾客价值的基础上，网络零售企业能够充分分析和了解其产品和服务的价值构成，并基于顾客价值的各个层次将企业的特定产品或服务与竞争对手的同类产品或服务相比较，从而明确企业在网络零售市场中的竞争地位，在此基础上针对性地对企业内部资源与能力加以整合，实现对企业竞争优势的提升。

（三）顾客价值对网络零售企业竞争优势战略要素的影响

1. 使网络零售企业能够突破产业边界和资源能力束缚

传统的竞争战略逻辑认为，企业不具备改变产业环境的能力。面对既定的产业环境，企业只能选择适应而非反抗。由内而外的企业竞争优势理论认为，企业存在自身的边界，企业内生变量的不易集聚与获得决定了企业难以突破自身的局限。资源和能力基础理论则强调，为获取竞争优势，企业应当根据自身的资源状况和能力去匹配经营环境中的机会与威胁。而基于顾客价值的网络零售企业竞争优势战略要求企业对消费者的需求偏好及其变化趋势进行分析研究。这样可以充分发挥企业自身对于外部环境的能动作用，使其对不断满足消费者各类层次需求的新方式加以探索。凭借网络信息的丰富性、对关键稀缺资源的先占性以及技术领先性，网络零售企业能够以此提高消费者的转换成本，实现其为企业带来超额利润的先动优势。这种先动优势能够使网络零售企业突破产业现有的限制条件，在产业开拓与创新的同时制定产业的竞争规则和标准。

为此，顾客价值理论把企业的资源和能力看作达成目的而采用的手段，为顾客提供卓越的价值才是网络零售企业的目标。基于顾客价值的竞争优势战略要求网络零售企业超越企业边界而非完全局限于现有的资源和能力去组织资源和获取能力，从而进行顾客价值的创新，为消费者提供卓越的顾客价值。

2. 使网络零售企业能够适时转移战略重点

传统的竞争战略逻辑通过对企业与竞争者之间优劣势的比较来识别机会和威胁，实现对企业自身竞争优势的构筑。这种以超越竞争对手为目标的竞争战略理论无疑将导致企业之间的激烈竞争。只关注对有限市场份额的掠夺将使企业逐渐丧失对市场的敏感性。倘若网络零售企业在网络市场只关注竞争对手的行动，将竞争对手视为潜在威胁，而忽视主动识别与创造顾客价值的市场机会，将导致市场产品和服务的同质化。

基于顾客价值的竞争优势战略在本质上是一种"非零和博弈"的竞争战略。

企业在不断为消费者提供卓越价值的过程中能够实现对消费者的吸引和保留，最终获得超额利润并占据网络零售的优势市场份额。基于顾客价值的企业战略逻辑将消费者的利益需求作为关注的焦点，认为一个企业要想成为网络零售市场的领先者，它就应当关注如何为消费者创出全新的、优越的顾客价值，而非局限于迎击或征服竞争对手。一个基于顾客价值的竞争战略可以通过恰当的战略性价值定位和对顾客价值的创新来发现新蓝海，造就新市场，在为消费者提供卓越价值的过程中实现企业的盈利目标。在为顾客创出优异价值的目标指引下，网络零售企业将更多地采用合作战略而非竞争敌对手段，乐于和同行企业及网络供应商结成战略联盟，共同实现为消费者提供卓越新价值的目的。

3. 使网络零售企业能够准确锁定目标市场

企业习惯于在市场细分和产品或服务供给的基础上满足不同消费者的需求，习惯于在传统营销理论的引导下开展产品或服务的生产设计和经营。而企业传统的经营逻辑与网络零售环境有很大的不同。由于生产环节的缺失，网络零售企业的人力和资金等资源实力远不及实体零售企业。

基于顾客价值的企业战略逻辑注重的是消费者评价的基本共同点，强调在可能失去少数原有消费者的情况下争取赢得多数的消费者。基于顾客价值的竞争战略使企业在进行市场细分时依据消费者所共同关注的价值要素及其行为的动态反应，明晰网络零售企业的目标消费群体，进而实现企业产品和服务的精准市场定位，达到增强网络零售企业市场竞争力的目的。

研究表明，相较于人口特征或其他细分变量，消费者会对其所需产品或服务具有的价值要素赋予不同的价值权重。消费者所搜寻与关注的价值对其购买决策起着更为精确直接和更具可预测性的决定性作用（郑琦，2000）。基于顾客价值的网络零售企业战略逻辑能够使企业在进行市场价值细分时精细化管理目标消费群体，在增强网络零售企业营销效率的同时为企业获取更大的市场竞争优势。

4. 使网络零售企业能够深刻认知产品和服务的本质

经济的发展和文化的变迁以及网络信息化进程的不断加速，促使消费者对产品或服务的消费欲求在生理和心理层面发生巨大的变化。作为需求的物化，产品或服务从深层次体现了消费者生理和心理层面获得满足与愉悦体验的渴望。基于顾客价值的网络零售企业战略逻辑要求网络零售企业不能仅仅将其战略的重心局限于企业现有的产品或服务。基于顾客价值的网络零售企业战略逻辑强调，为获取价值创造的灵感，企业要在广阔的网络零售市场环境中针对消费者的欲求对其它行业的产品和服务进行分析，从而向网络零售市场中的消费者提供更具吸引力的价值主张。

基于以上认识，我们看到，"互联网+"的出现为网络零售的发展带来了巨大的商机和持续保持的发展空间。然而，网络商机有没有可能只是一场空？网络零售环境下企业的经营重点应以何种方式切入才能赢得消费者的店铺忠诚，使企业长久获利？应该说，网络零售商持续生存和获利的竞争优势将来源于其为消费者创造价值的经营模式和能力，而绝不是单纯引进信息技术持续延伸其商业活动。以往仅从技术手段出发，把网站平台的商业行为视为电子商务的企业将无法从市场获取持续的回报。而必须回归到发掘互联网的商务模式提升顾客价值感知（Crosby 等，1990）上来，通过建立和维持消费者对网络零售的价值感知和店铺忠诚来获取竞争优势。

新兴开放的网络零售市场为创新型小企业的快速发展提供了机遇与平台，选择自行开设独立网店的零售商也日益增多。它们需要专注正确的投资，以加强独特的价值定位并提高劳动生产率，而不是把自己陷于价格竞争的泥潭。为了建立、强化和利用在线顾客价值，网络零售商不仅需要确定目标消费者，还需要了解消费者最看重的东西，了解在消费者眼中自己相对于竞争对手的优缺点等。企业唯有做好充分的竞争准备，才有可能把握住网络零售快速崛起带来的市场机遇。零售企业可以利用网络零售极低的初期成本不断去搜寻、接触大量的潜在消费者，通过在线顾客价值的传递来培养消费者的店铺忠诚。

作为一种以消费者利益最大化为目标和宗旨的竞争战略，要求企业全面整合自身资源，企业的各种职能，以及产品战略、市场战略、人才战略、财务战略、技术战略和营销战略，以确保实现顾客价值的最大化，确保网络零售企业从核心竞争力到综合竞争力的形成与壮大，使企业的总体战略优势不断强化，长久保持企业的竞争优势。然而，在信息透明的网络零售环境中，竞争厂商能够轻易地对新技术或是新促销方式进行仿效，在日趋同质化的网络环境中创造异质性的网店变得更加困难；而且，网络零售交易模式中消费者的转移成本比在传统商业模式中要低得多，消费者只需输入关键信息，轻点鼠标便可搜罗到关于其所欲选购商品品牌、价格、使用性能等方面的丰富信息。低廉的搜寻成本和较低的品牌转换成本使消费者能够轻易且频繁地进行品牌转换或选购替代商品。消费者的店铺忠诚越发难以维系。

如何以消费者为中心提高消费者的感知价值，使网络零售交易过程中的买卖双方都能放心满意地进行交易，以及如何促使消费者形成与特定网络零售商保持长期良好互动关系的意愿，培养和提升消费者对该网店的忠诚进而形成企业的持续竞争优势，是网络零售企业和营销学界必须关注的重要课题。为此，本研究以网络零售市场的在线顾客价值为研究对象，探索性地建构网络零售市场在线顾客价值的概念化模型，并通过实证研究的方法分析网络零售市场在线顾客价值维度的具体构成要素，厘清网络零售在线顾客价值通过顾客满意、顾客信任对店铺忠诚的预测性，从而探究网络零售竞争力的源泉。

第四章　网络零售在线顾客价值分析框架

本章在对"手段—结果链"理论进行概述基础上，通过对 Woodruff（1997）基于"手段—结果链"框架和 Holbrook（2006）内在对外在和自我指向对他人指向价值类型进行分析，揭示顾客价值的感知过程，形成本研究关于网络零售在线顾客价值的分析框架，并提出网络零售在线顾客价值维度结构提案。本章研究的技术路线如图 4-1 所示。

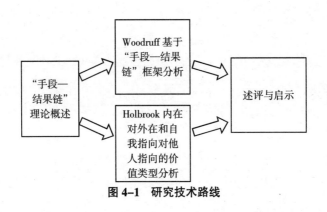

图 4-1　研究技术路线

一、"手段—结果链"理论

（一）"手段—结果链"理论的提出与演进

"手段—结果链"理论的基本构想可以追溯到美国心理学家 Tolman（1932）

提出的"手段—结果"理论，该理论深入系统地阐述了个人价值影响个人行为的过程。到了 20 世纪 70 年代后期，Rokeach（1973）、Young 和 Feigin（1975）、Howard（1977）等人将该理论运用到市场营销学中研究消费者的行为。Gutman（1982）则在 Tolman（1932）提出的"手段—结果"概念的基础上，提出了"手段—结果链"理论。这一理论的提出被 Grunert 和 Valli（2001）描述为"20 世纪 80 年代以来消费者研究中最有前途的理论进步"。

"手段—结果链"理论是一种描述消费者对产品和服务感知的方法。手段（means）是人们所从事的活动或事物（如商品）；结果（ends）则是得到例如快乐、安全、成就等的价值状态。"手段—结果链"理论探讨消费者如何通过产品或服务的选择，以促成想要达到的最终状态（Gutman，1982）。

消费者在心中对不同的产品或服务会赋予不同的意义。这些意义正是消费者在决定产品购买与否时的依据，它们与消费者自身的内在价值需求密切相关。对于消费者而言，产品的意义是从消费者认知的结果中获得的。结果则是在消费者自身价值被认知之后才产生重要性。这种由属性、结果到价值的顺序代表着消费者借由属性（手段）而最终达到价值（结果）所形成的"手段—结果链"。这种链接关系可被用来解释消费者如何赋予产品或服务意义，也即消费者购买产品的理由（Klenosky 等，1993）。

为了描述和解释消费者对产品属性、结果与价值的认识过程，"手段—结果链"理论对产品的意义提出了三个抽象层级。第一层级是关于具体的或可以观察到的产品或服务的属性。第二个层级代表的是较抽象的意义，是关于体验产品或服务的结果。第三个层级是更抽象的意义与个人最终追求的价值结果。其中，产品或服务的属性包括制造过程、原材料、形态等内部属性和品牌、服务、价格、包装等外部属性。产品或服务的结果由体验结果、功能结果、心理结果等构成。价值则由归属感、自尊、爱、社会认同、成就感、安全、享受和快乐等构成。产品的意义是通过认识得来的。认识的过程包括感觉、知觉、记忆、思维和语言等，它们都是个体获得知识和运用知识的过程。

Gutman（1982）结合消费者对产品的认识过程对上述三个层级的内在关联作了具体解释。如果某一产品的刺激或事件等相关信息能够与消费者的认识和记忆产生关联，消费者将与该产品建立有关产品属性、个人结果和目标价值等方面的联系。在这些联系的基础上能够对消费者的产品认识网络要素加以建构。当这个网络被转换为层级形式时就是"手段—结果链"，它建立了一种连接消费者自我对产品属性的认识和消费者自身对结果与价值认识的模型构架，如图 4-2 所示。该模型从产品知识元素（即产品属性）开始，进而通过对产品所产生的知觉结果或利益建立自我概念（即个人价值）的链结（Claeys 等，1995）。顶端是个人价值，中层是各种利益，底端则是产品的属性。

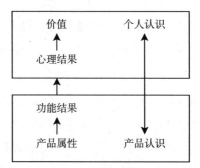

图 4-2 通过认知来连接产品属性与个人价值

资料来源：Gutman J. A means-end chain model based on consumer categorization processes [J]. The Journal of Marketing, 1982：60-72.

根据"手段—结果链"理论，消费者通常以产品或服务的属性为手段，通过属性形成利益结果，进而实现消费的最终价值目标。消费者购买产品或接受服务的最终目的往往是为了实现个人的价值诉求。而价值的实现取决于产品和服务功能利益的组合。不同的消费者对产品和服务有着不同的利益诉求。差异化的利益则通过不同的产品和服务属性得以实现。产品和服务带来的利益取决于价值，而利益则确定了产品和服务的属性。

按照 Gutman 等人的观点，"手段—结果链"理论是研究消费者行为与顾客价值关联的理论基础和研究方法。其内涵逻辑是，消费者在个人价值观的引导下，会将产品分为有差异的各种属性。消费者对产品的主要属性会进行评价，并做出消费选择，即选择购买或不购买什么产品、购买多少、在哪里购买等行为，这些行为就是结果。消费者通过结果能实现顾客价值。将产品属性视为达成目的的"手段"，并通过产品属性产生利益"结果"。因此，"手段—结果链"是由产品属性导致消费者产生消费结果，再由消费结果实现顾客价值这样的"属性—结果—价值"三者联动体系。

为了描述和解释消费者的购买决策过程，Gutman（1997）运用"手段—结果链"模型进一步阐述了消费者个体采取行动达成目的时的三个层级目标，即行为的目标、直接结果的目标、间接结果的目标。其中，较高层级的目标代表消费者较深层的动机。他认为消费者的购买决策是问题解决的过程。消费者使用的行为或运用产品属性是为了达成结果所采取的手段，其在知觉上达成的结果被认为是一种正面的结果，而较抽象未感知的结果则是一种价值。价值是一种偏好的状态或行为。消费者购买产品的动机往往无法通过直接询问得出，因为消费者本人可能也不清楚自己购买的理由，自己是怎样的一个决策过程。但是应用"手段—结果链"模型可以将产品的特性与消费者的需求连接起来，通过阶梯的过程推导出诸如消费者购买目的等一些无法观察到的内心世界。因此，"手段—结果链"理论是一种了解消费者购买动机的有效方法。

"手段—结果链"理论也验证了 Peter 和 Olson（1996）提出的一个基本假设，即消费者购买产品是因为产品能为消费者带来效用，即能实现顾客价值。顾客价值是影响消费者购买行为的最终因素。消费者对特定产品所作出的消费抉择及其对该产品消费结果的追求取决于消费者的个人价值观。消费者所追求的特定产品消费结果将通过递移作用影响到消费者对产品属性的评估。个人价值观不同的消费者对产品消费结果的追求与评估将存在差异。在选购产品的过程中，持有不同消费价值观的消费者所选择评估的产品属性自然也就存在差异。

由此可知，产品属性、消费结果和消费者的个人价值之间呈现出一种相互关联的层次关系，它们三者之间并非是相互独立的。消费者购买产品或接受服务的最终目的往往是为了实现个人的价值诉求。而价值的实现取决于产品和服务功能利益的组合。不同的消费者对产品和服务有着不同的利益诉求。差异化的利益则通过不同的产品和服务属性得以实现。产品和服务带来的利益取决于价值，而利益则确定了产品和服务的属性。"手段—结果链"理论提出了具体的"手段—结果"模型构架。其中，顶端是个人价值，中层是各种利益，底端则是产品的属性。核心的个人价值会影响具体的消费结果。消费结果决定着消费者对产品属性的评价。

"手段—结果链"理论由产品属性所形成的消费结果，以及由这些消费结果所强化或满足的最终价值组成。"手段—结果链"理论是一种源于对消费者认知结构的研究方法。它摆脱了企业长期以来对产品的过度关注，而忽略消费者真正需求的做法。该理论日益成为一种重要的定性研究方法，并被广泛地运用于销售管理、消费者行为、市场定位等领域，并从有形产品延伸到无形的服务、行为转化等方面。

(二)"手段—结果链"理论的内容

"手段—结果链"理论是连接属性(Attributes)、结果(Consequences)和价值(Values)(简称ACV)的一种简单结构(Gutman,1982)。属性、结果、价值抽象程度依次递增。它们分别表示消费者采取行动以达成的目的和目标,具体包括行为目标、直接结果目标和间接结果目标三个层级(Gutman,1997)。属性被视为一种物理的和心理的结构,消费者通过它对产品进行描述或区分(Valette-Florence和Rapachi,1991)。"手段—结果链"理论主张消费者赋予产品属性价值不是因为属性本身,而是因为属性具有帮助消费者达到他们期望的结果的能力(Gutman,1982)。结果则被定义为生理的或心理的后果(消费者的期望在特定的情况下从他们对产品的消费中产生)。手段实质上是产品或服务本身的属性。结果与价值则是通过产品或服务的属性所能达成的更为高级或抽象的消费者目的(Peter和Olson,1999)。当消费者相信通过产品或服务的使用能够使他们获得自身所欲求和期望的价值时,他们才会进行产品或服务的购买(Reynolds和Gutman,1984)。

1. 属性

产品属性是消费者认知的起点。Kotler(1997)认为,每一种产品都是诸多属性的集合。所有产品均可见其有形的部分,如形状、颜色等都是属性。Gutman(1977)认为,消费者在讨论产品和品牌时,会将它们归为属性群,即分为三个层级的属性。第一类层级指的是抽象的、多层面的、难以衡量且较主观的属性,如电脑的品质或服装的款式等。该层级与产品本身的形式是最为相关的。第二类层级指的是较抽象的、多层面的,但较容易衡量且较客观的属性,如电脑的外观或服装的舒适性等。这些属性是较有形的,虽然不是产品的物理特性,但却能够相当直接地体验出来。该层级和产品本身的形式也是相关的。第三类层级指的是具体的、单一层面的、可以直接衡量的且较客观的属性,如电脑的规格,消费者可以直接感受到或用标准程序测量。

Schoell和Guiltian(1990)、Stanton和Etzel(1991)等认为,产品属性是能够被感受的,并且具备色彩、包装、品质、价格、销售人员的服务、品牌乃至企业声誉等有形或者无形的性质特征。Kotler(1994)认为,消费者习惯于将产品看作一些属性的组合，产品所有内含与外显的性质特征的组合即为产品属性。Schoell 和 Grunert（1995）指出，产品属性是可以被感知的，并且具备有形或无形的特征。Peter 和 Olson（1999）认为，产品属性可分为具体属性和抽象属性。具体属性是指产品的物理特性，是可直接觉察的。抽象属性则是指各种具体属性的抽象意念，它是主观的，不可直接测度，也不能通过感官直接觉察。产品知识往往源于消费者自身对具体产品属性的认识，以及消费者通过使用产品所得到的最终结果。它往往可以帮助消费者认清产品的最终价值。

2. 结果

产品属性能够带来消费结果，或者为消费者产生利益。但也有消费者的购买决策模式是以消费结果为起点的。这里的结果意即消费者消费或使用某一种产品所导致的（生理或心理上）的后果（Gutman，1982）。当然，这种结果可能是积极的，也可能是消极的。积极的结果可被视为使用产品所能带来的利益。而消极的结果可被视为潜在的风险。利益是消费者购买和使用产品时所追求的理想结果。而风险则是消费者不希望出现的结果，是他们在购买和使用产品时想要避免的（Peter 和 Olson，2000）。

结果既可以是直接结果，也可以是间接结果、心理结果、生理结果或社会性结果。它是属性所导致的一种介于属性和价值之间的（而非终极的）中间状态。消费者行为往往会最大限度地减少消极结果，发挥积极结果（Gutman，1997）。Peter 和 Olson（2000）则把结果分为功能性结果和心理社会结果。功能性结果是指消费者使用产品时直接、可见的结果，如产品的用途是什么，它执行什么功能。功能性结果对消费者来说更为具体，它们往往来自于消费者曾经的消费体验。例如，饿了需要吃东西，渴了需要喝水；旅游时选择高品质服务的旅行社；就医时选择服务、技术更好的大医院等。心理社会结果并不具体，它往往体现在消费者心理上对消费品的认知程度。它是指消费者使用产品的心理或社会性后果，即我怎样感觉，别人怎样看我。比如用更好的手机会显得更有社会地位、更有面子。在具体做出购买决策的时候，消费者往往希望通过结果属性来考虑潜在的消费产品，而不是通过产品属性来体现。相对而言，结果属性对于消费者的购买决策是一种更为直观的体现。

3. 价值

消费者使用产品可以满足其对价值的追求，但价值观比消费结果显得更为抽象和不易理解。由于价值观对人的思想和行为具有导向或调节作用，因此在消费活动中，价值观也必然使消费者的行为指向一定的目标或带有某种倾向性（胡洁和张进辅，2008）。从认知的观点看，价值是消费者尝试达成的目标生活状态的心理表现。它是一种关于个人或社会所偏好的特定行为或终极存在状态的持续信念。这种信念认为该特定行为或终极存在状态优于其他或相反的特定行为或终极存在状态。价值可以划分为助益性价值，如一种行为或者偏好的认知和最终价值，如安全、尊重、享乐等期望达成的最后状态（Rokeach，1973）。由此可见，价值是人们所希望达到的生活状态或目标，它是对美好生活的一种描述。许多行为的发生，其背后原因往往是为了实现对某种价值的追求，它将影响态度的形成和处理信息的方式（Beatty 等，1991）。

Gutman（1982）的"手段—结果链"模型是营销学中的重要理论。它将产品与消费者联系起来，阐述了个人价值观影响个人行为的方法。"手段—结果链"模型建立在两个重要的假设前提下。一是为降低选择的复杂性，消费者往往会将种类繁多的产品或服务进行归类，以此为依据对那些能够满足其潜在价值需求的产品或服务进行处理。二是作为消费者渴望得到满足的最终状态，价值观（如快乐、便利、安全等）对消费者的选择方式具有决定性的指导作用。

按照"手段—结果链"理论的观点，人们用以达成目标的方法即为"手段"，而所追求的个人价值实现及最终状态即为"结果"。在市场营销学范畴中，手段指的是产品属性，以及由产品属性所造成的一切可能的结果。产品属性则通过产品结果在越来越抽象的各个层面上与消费者的最终价值观联系起来，如图 4-3所示。

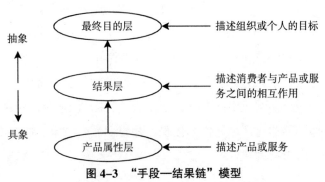

图 4-3 "手段—结果链"模型

资料来源：Gutman J. A means-end chain model based on consumer categorization processes [J]. The Journal of Marketing，1982：60-72.

（三）"手段—结果链"理论对战略营销的意义

作为一种源于对消费者认知的解构框架，"手段—结果链"理论从行为学的角度探究消费者的心智模式，从而摆脱了企业长期以来过于关注产品和服务而忽视消费者需求的导向，并促使企业真正去关注消费者的内心世界。因此，该理论被广泛地运用于市场细分、消费者行为分析、新产品开发、品牌评估和定位、广告策略等方面，对消费者类型细分、消费者选择行为解释，为产品和服务定位提供参考、消费者满意度测评，以及预测消费者未来行为、把握潜在市场动向等都具有重要的理论和实践意义。

基于"手段—结果链"理论视角，企业可以根据不同消费者的价值追求进行市场细分，解构不同类型的消费者在行为特征上存在的差异性和同类消费者在行为特征上呈现的趋同性特征。应用"手段—结果链"理论，企业可以更为准确地解释消费者选择行为的内在动机，为产品或服务定位提供参考。"手段—结果链"的分析方法将消费者的最终追求（个人价值）和产品或服务的属性相联结，真正体现了消费者导向型的市场营销理念。消费者满意是消费者行为学领域的重要研究内容，"手段—结果链"理论为深层次揭示消费者的满意准则和满意评价，以及准确预测消费者未来行为，把握潜在市场动向提供了有效方法。营销者可以根据"手段—结果链"理论对潜在消费者进行调研，依据消费者的未来价值追求设计和开发产品或服务，扩大潜在市场。

"手段—结果链"理论揭示了什么因素会影响潜在消费者，以及企业应该关注哪些影响消费者的因素这两个问题。这也正是企业战略定位所关注的核心所在。通过将"手段—结果链"理论应用于营销实践，能够帮助营销人员做出更为有效的战略决策。

二、Woodruff 基于"手段—结果链"的顾客价值概念化框架

卓越的顾客价值是消费者产生满意和忠诚的内在驱动力，因而也是企业在激

烈的竞争中获取优势的源泉。20世纪90年代以来，顾客价值理论日益成为市场营销学界的研究热点。其中，美国田纳西大学的Robert B. Woodruff教授将"手段—结果链"理论引入顾客价值研究中，创造性地提出了顾客价值层级模型。其成果对顾客价值的后续研究产生了深远的影响。

Woodruff（1997）认为，顾客价值是消费者对产品的属性、属性偏好，以及具体使用时所形成的对实现消费者欲求和目标起促进或阻碍作用的结果的偏好与评价。他强调顾客价值形成于消费者基于学习所获得的感知、偏好和评价，并将产品属性、使用情景以及目标导向消费者所体验的结果相互关联。为此，Woodruff（1997）基于"手段—结果链"解构框架和信息处理认知逻辑，构建了包括属性层、结果层和最终目的层的顾客价值模型，将顾客价值概念化为由产品属性、属性偏好与结果评价、目标实现三个层次组合的偏好与评价。这三个层次都与消费者的满意体验相关联，他们在不同的层次上分别形成感知价值，从而揭示了顾客价值清晰的层次性。Woodruff（1997）的顾客价值层次模型既集成了消费者的期望价值和感受价值，又突出了顾客价值的本质特征。

（一）顾客价值的层次

Woodruff（1997）认为，顾客感知价值的驱动因素可能是产品或服务的某些属性和特征（比如，产品的质量、耐用性；服务的按时交付、订单的完成情况），但也有可能是一些无形的方面（比如，消费者对供应商的信任）。识别活动的目的在于帮助企业了解尽可能多的不同的价值要素。与以往的文献不同，Woodruff将消费者购买决策的"手段—结果链"理论引入顾客价值识别之中，提出顾客感知价值由具有递进关系的三个层级组成。它们从下往上分别为属性价值、结果价值和目标价值。不同层次上的价值将使消费者产生不同层次的满意。其中，属性价值层次包含产品的组成部分和产品的特征，以及产品的具体形式等。结果价值层次作为消费者使用产品的效果，包含正面与负面两种可能的效果。而作为顾客价值最顶层的目标价值层，是消费者使用产品或服务的最终结果，包含产品或服务使用者的根本目的与核心价值。

根据Woodruff（1997）的顾客价值层次理论，消费者在选择产品时，往往会将产品的具体属性和属性效能视为首要考虑的因素，并在购买和使用产品的过程中基于产品属性形成关于产品帮助实现预期结果的能力期望和偏好，从而由属性价值层进入到结果价值层。然后，消费者会根据这些结果形成对其预期目标实现能力的期望，最终进入目标价值层。在对每一层次上产品使用前其所期望的价值和产品使用后其所实际感知的价值进行比较的基础上，消费者会对每一层次产生满意感知，而消费者在每一层次上的满意感知将对应地形成其基于产品属性的满意、使用结果的满意以及目标实现的满意。

1. 属性价值层次

消费者通常习惯于用"属性"来描述有形产品或服务产品。为获取价值实现，人们在购买之前往往倾向于通过那些被看重或偏好的产品或服务的属性来评估自己的购买可能产生的结果。诸如质量、技术、可靠性、价格、外观、包装和品牌等都构成了产品或服务的属性。产品或服务的属性层次是顾客价值的构成基础。企业传递产品或服务的属性时，需要以识别消费者的需求为前提。只有把握了消费者最基本的需要，才能正确地选择和传递产品或服务的属性，从而为消费者提供价值实现的基础。以果汁产品为例，当询问顾客需要什么样的果汁时，他们倾向于回答果汁带给他们的低价格、多口味、富营养、低糖或原汁鲜榨等产品属性及性能层次的价值。

2. 结果价值层次

顾客价值的结果层位于中间层次，是消费者对其所使用产品的结果作出的主观感知判断。结果价值层次相较于属性价值层次更加注重消费者使用产品或服务的体验与结果。这种体验和结果包括积极和消极两种可能。积极结果是消费者在购买、获得、使用，直至最终丢弃产品或服务的整个过程中体验到的积极感知。消极结果是消费者在购买、获得、使用，直至最终丢弃产品或服务的整个过程中经历的负面感知。结果价值层是消费者从产品使用中所得结果构成的集合。结果价值层包含了消费者的主观看法，相较于属性价值层更加抽象。在研究顾客价值的过程中，应聚焦于消费者自身行为与主观感受对与结果价值层相关的问题进行分析。以果汁产品为例，消费者在对果汁使用的情境中可能会产生低价格、饮用便捷、利于消化、美容保健、与朋友分享、高品质等结果层次的价值。

3. 目标价值层次

顾客价值的目标层处于属性价值层与结果价值层之上，由驱动消费者做出购买决策的核心价值、意图与目标等基础性力量所构成。目标价值层定义了深藏于消费者心中的价值观，如安全感、家庭关爱和成就感等。在目标价值层，消费者所关注的不再是产品的基本属性和功效，而是诸如所选购产品能在多大程度上更新其生活，为其带来乐趣，多大程度地体现其社会地位等更为抽象的核心价值。以果汁产品为例，通过挖掘消费者深层次的需求，可以得出果汁能够带给消费者休闲的乐趣、与朋友亲人的感情交流、身体健康等方面的价值。

结果层次的顾客价值一定程度上是由属性层次的顾客价值所决定的，而产品的属性效用和产品的使用结果也是消费者实现其目标的手段，在不同的价值层次上消费者将会产生不同层次的满意。在选购和使用产品的过程中，产品的具体属性和效能是消费者首先考虑的层面，消费者会形成对这些产品属性实现其预期结果能力的期望与偏好，并进入到结果价值层。消费者会对这些结果能多大程度地实现其目标形成期望，并进入到顾客价值的最顶层。

Woodruff（1997）强调，顾客价值是多维度的（包含消费和拥有两种目的），是一种权衡（处于多种正向和负向的结果之间），同时也是动态的（价值判断会随着时间和产品使用情境的不同而变化）。对消费者而言，产品仅仅是达到消费者目的的手段。产品的价值在于其对消费者所要达到的目的的满足情况。在三个价值层级中，具体的产品属性只是实现消费者使用结果的手段。而消费者能否达到所期望的意图或目标则取决于使用产品的结果。消费者使用产品所得到的使用结果是消费者实现购买产品最根本的意图和目的途径。

（二）顾客价值的层次模型

Woodruff（1997）将其所提出的顾客价值维度的测量划分为两个阶段。第一阶段以在顾客价值构成层级结构的基础上揭示顾客价值的构成要素为目标。第二阶段的目标是对企业价值要素上的顾客感知进行测量，主要是在运用顾客满意测量方法的基础上对问卷进行测试，通过回归分析或判别分析得到各价值维度的权重。Woodruff 根据"手段—结果链"原理构建了由属性到结果再到最终目标的顾客价值层次模型（见图 4-4）。

如图 4-4 中箭头所示，低层次价值是获取高层次价值的途径；高层次价值则是低层次价值的目的。顾客价值的属性层次负责将使用情境下的结果传递给消费者。而消费者感知到的目标实现度又依赖于使用情境下的结果。顾客价值层次越高，抽象程度越高，稳定性也越强。回到之前果汁产品的例子，企业根据消费者方便饮用的期望价值来生产高价小纸杯装的果汁，却很难把握和衡量果汁带给消

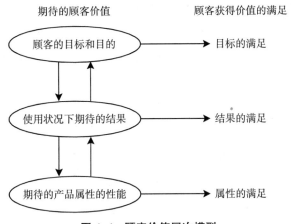

图 4-4　顾客价值层次模型

资料来源：Woodruff R B. Customer value: The next source for competitive advantage〔J〕. Journal of the Academy of Marketing Science, 1997, 25: 139-153.

费者的休闲乐趣大小。同样，如果企业将其生产的果汁产品定位于能给顾客带来休闲乐趣，并采用多种交付方式来实现这种感知，企业决策就有更稳定的基础，从而避免去追逐一些变化着且不稳定的属性。

顾客价值的层次模型显示，消费者会按照"手段—结果链"的方式解构期望的价值。首先，消费者会在顾客价值的最底层次将产品作为一组特定的属性和属性效用进行选择考量。当消费者在购买和使用产品时，在顾客价值的第二层次上，消费者会基于自身对特定产品属性的期望和偏好，以及产品确保其获得期望结果的能力，对产品的占有价值和使用价值进行评估考量。而后，在顾客价值的最高层次上，消费者会基于产品能够确保其达成最终目的或目标的能力进行权衡考虑，期望得到其所欲求的结果。

从顶层向下看顾客价值的层次结构，消费者通过目标或目的对结果的重要性加以强调。同样，在强调属性和属性效用重要性的同时，重要的结果也能够对消费者加以指导。从上往下看，消费者会在其目标和意图的基础上对使用情境下结果的重要性进行判定。而重要的产品使用结果将指引消费者形成对产品属性及其功效重要性的认识。从下往上看，消费者会在以往消费经验的基础上将产品视为诸多特定属性和功效的集合体。属性是达到特定结果（功效）的手段。功效则是达到目标价值的手段。

总之，Woodruff（1997）基于"手段—结果链"构建的顾客价值层次模型，对消费者如何感知企业所提供的价值问题进行了回答。从第一层次开始，消费者首先会考虑产品的具体属性和性能。在购买和使用产品的第二层，消费者会根据产品属性对预期结果的实现能力形成期望和偏好。在最高层次，消费者将依据所得结果对价值目标的实现能力形成期望。从分层模型的顶部向下看，消费者会根据自己的目标和意图形成期望价值，并以此作为特定使用情境下各类结果重要性的依据。

顾客价值层次模型不仅描述了消费者期望价值的实现过程，还强调了使用情境在顾客价值评价和期望中的关键作用。事实上，在不同的产品使用情境中，消费者对价值的看法可能全然不同。产品属性、结果和目标之间的联系也会随着使用情境的变化而变化。例如，在不同情境中，消费者对酒的价值看法就会有所不同。在与爱人享受烛光晚餐时，这瓶酒代表着一种浪漫的氛围；在招待宾朋用餐时，这瓶酒则代表着一种深厚的友谊。又如，在家庭娱乐中，使用互联网服务的顾客价值层级与在工作中使用互联网服务的顾客价值层级就存在很大的差异。因此，顾客价值既与产品本身有关，也与使用的目的有关，还与使用的场合有关。

Woodruff（1997）的顾客价值层次模型不仅以动态的方式研究顾客价值，而且能够从消费者角度去考察消费者对价值的认知。他把顾客价值认知的变化视为一个由评价认知和购买认知两个环节交替出现的连续过程，并以价值层级来反映消费者对价值认知的心理过程，在理论上深化了顾客价值的认识。

顾客价值层次模型在描述消费者期望价值的实现过程中，还揭示了满意与顾客价值之间的互动关系。基于对每一层次上产品使用前其所期望的价值和产品使用后其所实际感知的价值的比较，消费者会形成在每一层次上的满意感知。因此，产品在多大程度上达到了消费者的属性价值、使用结果价值和目标价值需求将直接影响到消费者在各个层次上的满意程度。顾客价值层次模型基于消费者满意这一媒介变量对消费者实际获得的价值进行了深刻而全面的揭示。在整个相互影响的过程中，消费者是通过消费满意对价值实现进行感知的。

此外，顾客价值层次模型还告诉我们，顾客价值并非是一个笼统抽象的概念，而是具有清晰的层次性特征。消费者在不同的层次上都会形成不同的价值感知。因此，从管理启示看，企业应当充分利用顾客价值的层次性特征，分析消费者购买产品和服务的最终目标，并在操作层面上实施顾客价值驱动的营销战略。企业不应仅局限于从产品属性层次对产品或服务进行研究，应当从使用结果和目标实现更深层次地分析消费者的价值需求，找到消费者真正关注的产品或服务价值，在此基础上切实开发迎合消费者需求的更具竞争优势的高价值产品。更重要的是，顾客价值分析若仅局限于产品属性的分析，则容易使企业在产品改进的过程中囿于现有产品属性的渐进性改进，而难以超越创新。而顾客价值层次模型中的结果价值与目的价值层视角可以使企业根据消费者所要实现的价值目标，创造性地开发实现顾客价值的手段（产品属性），发现更多不同于原有产品属性的新的满足顾客价值目标的手段，使企业获得突破性改进产品的机会。

三、Holbrook 的顾客价值类型说

（一）Holbrook 的顾客价值分类及其演进

作为顾客体验价值理论的代表人物，美国哥伦比亚大学教授 Holbrook（1994）指出，顾客价值本质上就是一种对体验的评价。Holbrook（1996；1999；2006）分析了基于理性视角定义顾客价值的不足，认为仅从完全客观的价格或产品所提供的工具性效用去界定顾客价值显得过于狭窄，因为它忽视了消费行为中享乐这一重要因素。他将顾客价值看作是互动性的、相对性（比较性、个人性和情境性）的偏好和体验，认为所有产品均可借由消费体验创造价值。

顾客价值的互动性是指价值的产生源于消费者与产品的互动。顾客价值的产生是由于消费者和产品之间互动的结果。如果没有消费者，产品就不能产生价值。例如，一件衣服之所以有价值，是因为它在消费经验中被欣赏，可能是由于穿上它而得以呈现出在质量上的价值，或可能是羡慕它所展现在美丽上的价值。

顾客价值的相对性则包含了三层意思，分别是比较性、个人性和情境性。这里的比较性是指，消费者在感知产品或服务时，会选定另外一个自己熟悉的产品或服务的价值作为参考标准。价值由同一个人对不同产品之间的评估而得来。例如，某人宣称其喜欢某电影明星的舞会晚礼服之程度，较他人喜欢的程度为高或低，如此是无法比较的，而应是某人喜欢某电影明星的舞会晚礼服之程度，较她穿着其他类衣服为高或低。个人性是指消费者对相同的商品所能感受到的价值会

因个人需求的改变而有所变化。价值是因人而异的，顾客价值的个人性是市场区隔的基础（Wright，1963）。例如，有些人可能更喜好某明星的礼服装扮，其他人则可能不接受该明星的礼服装扮而更喜好其休闲装扮。情境性是指顾客价值判断的结果会受到其进行价值评估时所处情境的影响。消费者对产品的喜好会因时间、地点的不同而改变（Woodruff 和 Gardial，1996）。例如，同样是穿着运动服饰，在运动郊游时该打扮将被认为是合适的，但在社交晚会等正式场合该打扮将被认为是有欠妥当的。

顾客价值的偏好性则是指消费者在产品价值判断上的偏好性（Rokeach，1973）。例如，当消费者以款式、做工、保暖性等标准对一件衣服进行评价时，其可能潜意识地具备了对某品牌服饰的强烈偏好。作为顾客价值的本质，偏好性使消费者会对特定产品或服务产生兴趣。

顾客价值的体验性强调了顾客价值并非存在于消费者对产品的购买和持有中，也不是来自于产品的品牌，更不在产品的拥有上，而是存在于消费者的体验中（Holbrook 和 Hirschman，1982；Woodruff 和 Gardial，1996）。例如，消费者选购名表，不仅仅是因为其能在选购名表的过程中获得愉悦体验，从消费体验本身获得价值，更多的可能是因为佩戴名表能使其在同侪聚会中得到成功的满足感。

Holbrook（1996）在类型学基础上将价值划分为内在价值与外在价值、自我指向价值与他人指向价值，以及主动价值与被动价值三个维度。

其一，内在价值与外在价值。内在价值强调消费者从消费体验本身所得到的价值，是消费者完全基于自身偏好而形成的对消费体验的理解和欣赏。外在价值则侧重于工具性价值，即产品的功能和效用在消费者的消费过程中为其所带来的价值。它是消费者从商品的外部实用性或企业营销服务中获得的回报。

其二，自我指向价值和他人指向价值。当消费者以个人利益为出发点，对消费体验发出自我的评价、赞赏或深思时，被称为自我指向价值。如果还包含其他人的利益考虑，如家庭成员、朋友、邻居或同事等，就产生了他人指向价值。自我指向价值产生于消费者对产品消费体验所进行的深入思考和评价。他人指向价值则是指在外在因素的基础上形成的价值。

其三，主动价值和被动价值。主动价值重视主体性和过程，强调消费者的支配性。被动价值则来源于消费者对产品或消费体验的被动反应。当消费者做了某件事情或消费某商品构成消费体验的一部分时，比如使用计算机、下象棋等，这些主动性行为就构成消费体验。由此产生的感受和评价构成主动的价值。被动的价值则产生于对产品的被动反应上或者消费者消极地属于消费体验的一部分，如聆听演讲时，对演讲者的机智表示佩服之意等构成被动的价值。

Holbrook（1996；1999）按照内在价值与外在价值、自我指向价值与他人指向价值，以及主动价值与被动价值三个维度，进一步将顾客价值具体划分为效率（Efficiency）、卓越（Excellence）、地位（Status）、尊敬（Esteem）、娱乐（Play）、美感（Aesthetics）、伦理（Ethical）和心灵（Spiritual）八个分属于上述三个维度矩阵的类别，如表4-1所示。

表4-1 Holbrook（1996；1999）的顾客价值分类

价值维度		外在	内在
自我指向	主动	效率（产出/投入、便捷、自由/独立）	娱乐（享受、乐趣、体验）
	被动	卓越（品质、绩效、财富价值/安全）	美感（舒适、美丽、强调外表感官效应）
他人指向	主动	地位（成功、形象、强调个人关系与集体关系）	伦理（公平、品德、道德）
	被动	尊敬（名声、唯物论、自尊与被尊敬）	心灵（信仰、迷信、宗教性）

资料来源：Holbrook M B. Customer value：A framework for analysis and research ［J］. Advances in Consumer Research，1996，23（2）：138-142；Holbrook M B. Consumer value：a framework for analysis and research ［M］. Psychology Press，1999.

1. 效率

效率是指消费者从使用产品或从消费体验中所获得的一种"外在"、"自我指向"与"主动"的价值。Mathwick（1997）认为，效率是从花费的时间、精力、努力或牺牲中所得到成果的极大值。效率通常是以产出对投入的比值来衡量的（Diesing，1962），比值愈高代表效率也愈高。在消费者行为中，时间资源是一种主要的投入，如效率伴随而来的便利性（可利用性或使用简易性），可以带来短暂的心理上的价值（Holbrook，1999）。效率与时间是息息相关的。在消费某项产品或服务的过程中所节省的时间愈多，即代表效率愈高；且消费者对时间相关的决策是偏向风险趋避的，亦即消费者在消费过程中是不喜好等待的。而高效率最终会带给消费者"自由"和"独立"。

2. 卓越

卓越是指消费者从使用产品或从消费体验中所获得的一种"外在"、"自我指向"与"被动"的价值。Peters和Waterman（1982）认为，卓越具有八项属性，依次是行动的偏见、接近顾客、自主性和创业精神、人员的生产力、共同的价值系统、人员精简、集权和分权的适度使用与固守在专业的领域。卓越和质量都与消费者满意的体验有关（Holbrook，1999）。在消费体验中，消费者所感受到的产品和服务的卓越性会影响其对所付出的和所取得的是否"值得"的判断，进而影响消费者满意。

3. 地位

地位是消费者从使用产品或从消费体验中所获得的一种"外在"、"他人指向"与"主动"的价值。地位的价值不仅来自于取得有价值的产品，也来自于取得该产品的体验过程中。消费者为让他人知道其取得较高的地位，会较注重产品的外在价值，而不是内在价值，以便于地位的充分展露。例如，消费者会通过奢侈性消费向他人表现其具有购买昂贵产品的能力。个人消费是作为自己和别人沟通的一种方式，其目的在于让别人认为自己是成功的（Holbrook，1999）。地位的建立是通过产品的消费，以印象管理的方式塑造成功的形象。

4. 尊敬

尊敬是消费者从使用产品或消费体验中所获得的一种"外在"、"他人指向"与"被动"的价值。Richins（1994）认为，物质主义是对于拥有物质的重要性、基本而持续的、足以引导人生的信念和态度。它是一种消费价值观，而不是一种行为或是人格变量。消费者不论是高物质主义倾向者或低物质主义倾向者，也不论是有意或无意为获得他人的尊敬，都必须经由物品的拥有或消费体验过程中借着物品和自己产生某种程度的联结，并由他人眼中认为此种联结协调性极佳，使消费者本体性被充分了解和接受，并引起他人的羡慕，进而博取名声，赢得他人的尊敬。

5. 娱乐

娱乐是消费者从使用产品或消费体验中所获得的一种"内在"、"自我指向"与"主动"的价值。Grayson（1999）认为，从娱乐中所得到的享受，是一种对自己的奖赏，包括享受、乐趣与个人的成长。Mathwick（1997）从意志性、内在满意度和解脱感三个方面分析娱乐的价值。意志性代表消费者在浏览产品时内在压力减缓的程度。内在满意度因享受和娱乐而产生。而解脱感是指在娱乐经验中，一个人是主动性地参与并取得内在满意和解脱的感觉。

6. 美感

美感是消费者从使用产品或从消费体验中所获得的一种"内在"、"自我指向"与"被动"的价值。为获取并维持消费者的美感价值，产品或服务必须拥有足够的新奇性（Wagner，1999）。以住房选购为例，消费者在进行住房选择时既会考虑到住房的居住舒适性，甚至是选购该住房能够多大程度地使其受到他人的尊重，同样也会被住房在色彩、结构等方面的出色设计所吸引。实际上，这些都已凌驾于其基本功能之上（Holbrook，1994）。

7. 伦理

伦理是消费者从使用产品或从消费体验中所获得的一种"内在"、"他人指向"与"主动"的价值。Taylor（1975）指出，伦理乃是对道德本质及其领域所作之深究，而道德则是做行为判断时的标准与规则。Holbrook（1994）认为，从事慈善服务的消费可以产生顾客价值。如果一个人帮助他人仅是为自己内在的原因，则其行为是一种伦理性美德行为。而通过帮助他人或愉悦他人也可以产生伦理上的价值（Richins，1999）。显然，不求回报、不为外在因素而积极从事慈善行为或帮助他人，也极有益于伦理价值的形成。

8. 心灵

心灵是消费者从使用产品或从消费体验中所获得的一种"内在"、"他人指向"与"被动"的价值。Holbrook（1999）认为，信仰、迷信、宗教性等均属于心灵价值。信仰指的是一种朝向他人如同神明主宰般的力量（Parker，1957），而迷信则是一种把自己和他人融为一体，进而迷失了自己形成的狂喜（Perry，1954；Frondizi，1971）。购物行为也是一种准宗教仪式，是一种家庭和社会的投入。购买被视为一种"牺牲"，它主要是为影响他人的行为（Miller，1998）。

随着时代的不断发展，消费者不纯粹是被动接受产品和服务的角色。而越来越多的消费者也正转变为企业行为的参与者。现在出现了很多的概念描述这种新型的消费者角色，如产消者（Prosumer）、众包（Crowd Sourcing）、顾客介入（Customer Involvement）和价值共创（Value Co-creation）。著名的未来学家Toffler（1981）强调了消费者参与到服务的消费和生产中的特殊作用。它认为，消费者不仅贡献金钱，还有市场和设计好的信息，对生产过程很重要。Prahalad 和 Ramaswamy（2000）指出，随着商业环境和网络的发展，消费者越来越多地与产品和服务供应商进行积极的和明确的对话。消费者可以自主学习，通过从世界各地获取信息，参与网络并建立各种"主题社区"，借助互联网表达创意和产品的开发来实现与企业的互动。消费者也可通过其他消费者的知识来分享、完善和创造商业活动。消费者已从线下经济的观众角色转换为互联网经济中的表演角色。

Holbrook（2006）指出，消费者领域的价值共创体现在消费者与企业以及其他利益相关者共同合作的关系网络中。由此，创造价值进一步可以细分为消费者单独创造价值（完全自助式服务、生产和消费）、消费者与企业互动创造价值，以及消费者间互动创造价值三种情况。消费者从交换关系中的被动接受者变成了主动参与者和价值共创者。基于此，Holbrook（2006）在三维度划分的基础上对顾客价值类型进行了调整（见表 4-2）。在去掉了主动与被动维度之后，Holbrook（2006）把顾客价值分为经济价值（Eeonomic Value）、社会价值（Social Value）、享乐价值（Hedonic Value）和利他价值（Altruistic Value）四个维度。

表 4-2 Holbrook（2006）的顾客价值分类

价值维度	外在	内在
自我导向	经济价值	享乐价值
他人导向	社会价值	利他价值

资料来源：Holbrook M B. Consumption experience, customer value, and subjective personal introspection: An illustrative photographic essay [J]. Journal of Business Research, 2006, 59（6）: 714-725.

根据 Holbrook（2006）的观点，当消费者将一种消费体验或者消费品作为其实现自身目的的手段时，则会产生经济价值。关注经济价值的消费群体更加注重卓越性（比如一个扬声器的质量如何）和效率及性价比（比如每公升汽油能使汽车行驶多少公里）。当消费者在消费过程中希望自身的消费行为能够与他人的评价相符合时，则会产生社会价值。关注社会价值的消费群体往往会出于展示自身的物质财富和荣誉自豪的目的，以及对他人尊重的渴求（比如在自家别墅的车库停放一辆劳斯莱斯豪车）而进行消费。这类消费群体的消费行为强调对于自己身份的塑造和良好形象的提高（比如在应聘、谈判等商务场合佩戴劳力士手表、LV 提包等）。当消费者在消费过程中将自己消费时所体验到的愉悦作为目标时，就会产生享乐价值。享乐价值源于消费者自身的快乐感受。消费者个体的愉悦感既可以来自于欣赏艺术品、享受文娱活动或者观赏优美风景（比如欣赏凡·高的油画、观看时下热播的电视连续剧或者去庐山看雾凇）等审美享受，也可以来自于各式各样的休闲活动（比如游泳或者拉小提琴等）。当消费者关心的是自身的消费行为如何对他人造成影响时，则会产生利他价值。这类消费群体倡导精神上的愉悦感受（比如感受到大自然的存在而内心喜悦），主张将自身的价值观与伦理道德和理想信念相联系，崇尚信奉某些观念（比如信奉善报而参与慈善事业）。

Sánchez-Fernández（2009）在对 Holbrook 顾客价值类型说的演进加以分析的基础上，也运用类型学的分类方法对服务情境中的顾客价值进行维度分析和测量，将顾客价值划分为六个维度。在研究第一阶段，Sánchez-Fernández 依据 Holbrook（2006）的二维度分类将顾客价值划分为经济价值、享乐价值、社会价值和利他价值四个维度，接着再引入主动价值和被动价值维度，并将享乐价值细分为审美和娱乐两个维度。经济价值则被细分为效率价值和品质价值两个维度。

纵观 Holbrook（1996；1999；2006）对顾客价值划分的不断演进，Holbrook 关于顾客价值的维度划分都围绕着内在价值与外在价值、自我指向价值与他人指向价值，以及主动价值与被动价值这三个维度指向展开。随着对顾客价值维度的增减，顾客价值的划分也产生了相应的变化。在顾客价值的八维度划分之初，这种划分方法并未在消费领域得到很好的应用，其主要障碍在于划分结构复杂，由此影响到测量等实际操作（Sánchez-Fernández 等，2009）。而最近的顾客价值研究借鉴了 Holbrook（2006）研究中对顾客价值划分方法中的测量，使这种划分方式在应用方面有一定的改进。

（二）Holbrook 顾客价值类型说的应用

Holbrook 的顾客价值类型说拓展了学术界对顾客价值内涵维度的洞察，但由于其抽象而复杂的分类结构也影响到在顾客价值领域的应用。虽然有些学者对 Holbrook 的顾客价值类型说的实际应用作出了努力，但由于这种划分方法结构复杂，而且各个分类之间的区分度还有待进一步提高，因此 Holbrook 顾客价值划分理论在实证应用方面一直进展缓慢。直到 1998 年，Pine 等在对体验价值进行研究时，才对 Holbrook（1996）的顾客价值类型理论加以借鉴和运用。

Pine 等（1998）以顾客参与和环境因素两维坐标将顾客体验价值分成四个象限（见图 4-5）。参与坐标是指消费者参与消费活动的程度：积极参与型消费者能影响事件进行而影响产出的体验价值；消极参与型消费者并不会直接影响事件的进行。环境因素说明了消费事件与消费者之间的关系。其中，吸收即是通过让消费者了解体验的方式来吸引消费者的注意力。沉浸则表示消费者完全成为消费体验的一部分。Pine 等（1998）由此提出体验价值的四个价值象限，它们分别是娱乐的价值，即消费者被动参与但吸收性高（如观看表演）；教育的价值，即较之娱乐需要消费者更多地主动积极参与（如参加拓展训练）；逃避现实的价值，即较之娱乐教育的体验更令人沉迷（如主题公园）；美学的价值，即人们沉浸于某一事物或环境中，自己对事物却极少产生影响（如参观博物馆等）。

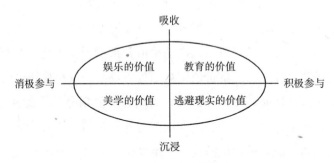

图 4-5　体验价值的分类

资料来源：Pine B J, Gilmore J H. Welcome to the experience economy [J]. Harvard Business Review, 1998, 76 (4): 97~105.

Mathwick（2001）在 Holbrook（1996）的顾客价值类型说的基础上，以电子商务环境为背景对顾客价值的维度进行了实证性探究。该研究的目的在于开发一个体验价值量表，从价格和质量之外的方面去评估零售购物的体验。

Mathwick（2001）从 Holbrook（1996）的消费者内在/主动及外在/被动研究路径来构建体验价值理论模型，认为消费者体验价值取决于消费者与消费情境之间的关联程度。消费者与消费情境双向作用的动态过程涉及消费者维度和情境维度两个层面。其中，消费者维度决定消费者的内在价值和主动价值；而情境维度决定消费者的外在价值和被动价值。最终他们将顾客价值划分为审美性价值、娱乐性价值、顾客再投入性价值和服务优越性价值四个维度（见图 4-6）。

其中，顾客再投入性价值是指，财务暂时性投资及心理资源投入所产生的价值。消费者体验到的投入回报价值来自于他们对产品品质的感知与有效率的服务接触。顾客投入回报被看作消费者能动感知的外在价值，包括为再购买而在经济、时间、行为和心理资源上的主动再投入。服务优越性价值是指，消费者自我外在被动反应的价值，对优质市场服务能力的反应。Oliver（1999）认为，服务的优越性来自于臻于完美、标准化的服务品质，来自于一般消费者可察觉的优良服务。服务优越性包括专业性和作业表现两个因子。这些因子被看作消费者在消费中被动感知的外在价值源泉，反映消费者对服务提供者信守承诺的赞赏。审美

图 4-6 **Mathwick 等的顾客价值分类**

资料来源：Mathwick C, Malhotra N, Rigdon E. Experiential value：Conceptualization, measurement and application in the catalog and Internet shopping environment [J]. Journal of Retailing, 2001, 77 (1)：39-56.

性价值是消费者对消费产生心理反应。审美性包括购买环境的视觉美感和商场服务的生动性两个因子。这些因子被看作消费者在消费中被动感知的内在价值源泉。娱乐性价值是指，企业通过设计引人入胜消费体验主题活动，产生趣味性的交易，激起消费者内在追求娱乐的需求，让消费者能产生逃避现实的感受。娱乐性包括消费乐趣和现实逃避两个因子。这些因子被看作能动的内在价值源泉，体现了在有趣的消费活动中产生的内在快感，并提供一个逃避日常购买负担的空间。由此可知，顾客再投入、服务专业性、服务作业表现、购物环境视觉美感、服务生动性、消费乐趣和现实逃避七个细分维度共同构成了网络零售中的顾客价值。Mathwick 等（2001）通过大样本数据对该顾客价值维度框架进行了实证检验。然而，Mathwick 等（2001）在其研究中仅考虑了体验价值中的自我指向价值，并未考虑到他人指向的社会性价值，这也是其研究局限性所在。

Gallarza 和 Saura（2006）以大学生游客行为为研究对象，在 Holbrook（1996）的价值分类基础上，从自我导向/他人导向价值的视角对游客在旅行过程中的感知顾客价值进行了划分。他们认为 Holbrook（1996）的价值分类观点很好地解释了旅游体验的价值感知过程，并将游客在旅行过程中的感知顾客价值划分为感知利得和感知利失。感知利得包括效率、服务质量、社会价值、娱乐和审美。感知利失包括感知货币成本、感知风险、精力和时间花费。

台湾学者耿庆瑞（2007）基于 Holbrook（1996）顾客价值类型说，从"外在"对"内在"价值获取途径的视角对体验价值的构成维度和影响因素进行了深入探讨，并在充分利用零售业相关数据的基础上实证检验了体验价值的结构内涵，从而进一步完善和发展了情境关联式体验价值理论。零售业的消费情境由顾客与企业员工之间的人际互动和销售现场的物理环境组成（Harris 等，2003），消费者与企业员工之间的人际互动影响消费者体验的外在价值，而销售现场的物理环境则影响顾客体验的内在价值（见图 4-7）。

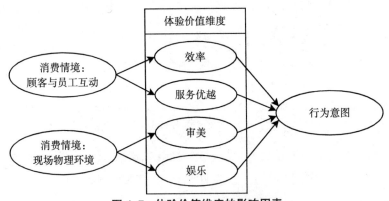

图 4-7 体验价值维度的影响因素

资料来源：Keng C J，Huang T L，Zheng L J，et al. Modeling service encounters and customer experiential value in retailing: An empirical investigation of shopping mall customers in Taiwan [J]. International Journal of Service Industry Management，2007，18（4）：349-367.

员工专业的工作表现能够提高顾客对消费结果的期望（Coye 等，2004），员工与顾客之间良好的沟通体现了优越的服务。因此，顾客与员工的互动直接影响顾客投资报酬和服务优越性等外在价值。而精心设计的销售现场有助于提升顾客的兴奋感和愉快感（Wakefeld 等，1999），从而提升消费者对外界美感的体验。因此，现场物理环境直接影响趣味性和美感等内在体验价值。

四、评述与启示

Woodruff 基于"手段—结果链"的顾客价值概念化模型深刻揭示了消费者购买和使用产品过程中的价值判断心理图景。传统的顾客价值和顾客满意研究多局限于对产品属性的研究，因而得到的信息也仅仅局限于消费者对产品属性层次的评价，没有挖掘消费者的深层购买动因。而 Woodruff 的顾客价值层次理论对于传统的顾客价值和顾客满意研究是一个重大进步。它指出了消费者对价值的认知并不局限于对产品本身的认知，而是对产品所实现的目的的认知。仅仅把研究集中于产品属性本身而不是消费者真正所要实现的目的，就不可能发现产品对于消费者的真正价值所在。

Woodruff 的顾客价值层次模型强调了使用情景在顾客价值评价中的关键作用。一旦使用情境发生变化，产品属性、使用结果和消费者目标之间的关联也都将随之相应变化，因而具有很强的实际应用价值。同时，该层次模型还指出，消费者会在对每一层次上产品使用前其所期望的价值和产品使用后其所实际感知的价值进行比较的基础上，产生在每一层次上的满意感。因此，消费者对产品属性、属性效能、使用结果和目标意图的达成度都会感到满意或者不满意。为此，Woodruff 的顾客价值层次模型提供了一种分析框架，那就是用系统的方法来研究顾客价值问题。传统企业往往会对顾客对企业产品属性的满意度予以关注，但多忽视了顾客价值的更高层次内容，仅仅局限地将企业资源集中在开发和改善产品属性上。顾客价值层次模型可以帮助企业更好地分析消费者购买产品和服务的最终目标究竟是什么，引导企业更好地寻找顾客价值的来源。

当然，Woodruff 的顾客价值层次理论也存在一定的局限性。其一，顾客价值要素的权重指的是这一要素对其上层（如属性层对结果层）要素的重要性，而非对总的顾客价值的重要性。其二，Woodruff 认为其构建的顾客价值层级既能够解释顾客预期价值的形成，也能够解释顾客感知价值的形成。但在实际测量中，他却只对顾客感知价值进行了测量，并未涉及顾客预期价值的测量。其三，Woodruff 的顾客价值层次研究忽略了对消费者对不同品牌的感知差异的测量。其四，在方法上，Woodruff 采用定性研究对顾客价值进行了积极探索，但并未进行定量研究，其顾客价值层级模型也未经过实证研究的检验。

Holbrook 的顾客价值类型说主要从消费者与消费情境关联的视角，根据消费者与情境不同的联系与互动方式对体验价值结构维度进行了研究。Holbrook（1996）的情境关联型顾客价值分类，强调顾客价值存在内在价值、外在价值、主动价值、被动价值、自我指向价值、他人指向价值六种类型。此后，诸多学者在 Holbrook 顾客价值类型说基础上，重点开展了消费者与消费情境之间的关联对体验价值结构形态的研究。基于消费者与消费情境之间关联性的视角，这类研究对体验价值的构成维度进行了具有可测量性的开发与设计，为体验价值的定量研究奠定了基础。Mathwick、耿庆瑞等学者在消费者的体验价值维度方面的拓展性研究，为企业开发和设计个性化的体验服务战略提供了理论依据。

但是，情境关联式维度研究在有效明晰顾客体验价值维度的同时也有其局限性。首先，服务优越性维度构念内涵模糊。传统的服务优越性概念多强调服务的优越性能和效用，但情境关联式顾客体验价值理论则认为服务优越性并不局限于服务的效用，服务优越性同样受到消费者在购物体验过程中情感变化及其与企业交互关系的影响。不同于传统服务优越性概念，情境关联式的服务优越性维度同时包含三层内涵，这无疑使企业设计服务项目、营造服务环境、控制服务过程等体验营销活动的开展更加困难。其次，消费者体验是一个动态的概念。事实上，在整个体验消费过程中，任何价值维度影响因素的变化都可能改变体验价值感知，如情感会使顾客价值发生转变（Flint 等，2002）。可见，情境关联式顾客体验价值理论没有关注到顾客价值的变化规律。最后，在关联性的界定方面，学者们虽认识到顾客体验价值的构成是由消费者与消费情境之间的关联所决定的，但并未考虑到在消费过程中，顾客体验价值同样会受到消费者彼此达成的默契和消费者之间形成的愉悦关系的影响。

基于上述认识，本研究认为，由于顾客价值的语义抽象性，理解和测量顾客价值需要一个能够从具象到抽象透视其内涵的位阶结构。Woodruff（1997）基于"手段—结果"框架提出了由体验属性质量与性能的第一位阶导向期待结果满足的第二位阶的顾客价值位阶框架。该框架抓住了顾客判断价值的动态性和属性依赖性，具有奠基性的意义（Parasuraman，1997）。而 Holbrook（2006）的"内在对外在"和"自我指向对他人指向"价值类型则包含了消费者购买中的所有动机维度，揭示了个人体验的核心意义。因此，本研究将以 Woodruff（1997）的位阶框架和 Holbrook（2006）的价值类型说为基础，具体构建网络零售在线顾客价值维度结构模型。

同时，本研究基于自身的研究视角以及实证调查的可行性，排除了 Holbrook（2006）顾客价值维度（经济价值、享乐价值、社会价值和利他价值）中极度抽象的利他价值维度，而考虑其经济价值、享乐价值和社会价值。其中，经济价值是一种通过功利性、实用性和独特产出能力的拥有而获得的价值，它来自零售商供应的产品和服务（Dabholkar 等，1996）。同时，本研究把 Holbrook（2006）的经济价值具体划分为产品价值和服务价值以彰显其管理学含义，这两个维度也是消费者在购买过程中普遍期待的结果。而享乐价值由于在本质上是一种源于理性购买过程的被动情感效用，在术语上使用 Sweeney 等（2001）提出的情感价值更合适。由此，本研究在期待结果层面把顾客价值界定为产品价值、服务价值、情感价值和社会价值四个维度。

在属性层面，本研究从消费者体验视角综合先行文献关于线上和线下顾客价值结构提案，界定网络零售中顾客价值维度的具体属性。这些属性既包括网上购买的产品属性，也包括获得这些产品的过程体验。其中，品质好感性和金钱节省性对产品价值具有贡献。购买便利性、个性化服务和交易安全性产出服务价值。网店界面的美感性、网店的信息探索性和购买过程的愉快性对情感价值产出具有贡献。当网购被视为形成他人反应的行为时，就存在社会价值。其中，社会身份强化和自尊唤起对社会价值产出具有贡献。这些由网店提供的产品和体验属性都是消费者选择购买的核心价值维度（Jarvenpaa 和 Todd，1997）。

第五章　网络零售在线顾客价值
概念化模型

本章基于 Woodruff 的"手段—结果链"位阶结构和 Holbrook 的价值类型说，对网络零售在线顾客价值概念化模型进行构建，并对网络零售在线顾客价值各维度构成因子进行甄选提炼。研究的技术路线如图 5-1 所示。

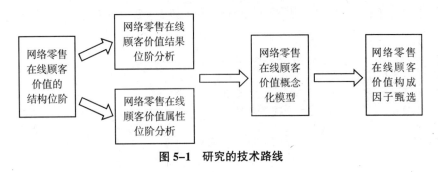

图 5-1　研究的技术路线

一、网络零售在线顾客价值的结构位阶

就顾客价值内在结构而言，Woodruff（1997）的"手段—结果链"（Mean-End）位阶模型从上而下（或从下而上）、从具象到抽象（或从抽象到具象）地揭示了顾客价值的感知过程，可以为本研究构建网络零售在线顾客价值概念化模型提供理论支持。Woodruff（1997）的顾客价值层次模型假定，产品的属性和性能构成价值的初级位阶，这些产品属性和性能包含各种消费意义，并在顾客价值的主观目标和目的指引下作为利益或牺牲而被感知。顾客价值的主观目标和目的属于顾客价值的最高位阶，由满足顾客目标和目的的结果层面实现。而这些结果则

由零售商提供的产品、服务和消费体验生成。

Woodruff（1997）的顾客价值位阶结构强调从消费者的学习、偏好和评价中产生价值。尽管该模型没有提出各位阶的具体维度和构成因子，但仍能清楚地说明"属性—结果—目标"全程消费体验的一般化价值感知过程。所以，本研究主张以 Woodruff（1997）的"手段—结果链"位阶结构为基础来构建网络零售在线顾客价值的概念化模型。按照该模型框架，网络零售在线顾客价值目标作为最抽象的概念处于最高位阶；消费者期待获得的消费结果（功能的和非功能的体验）作为功能性（如功利性）价值和非功能性（如享乐性、社会性）价值处于相对较低的位阶；而最低位阶则包含那些由网络零售企业提供的产品或服务属性生成的功能的或者非功能的价值属性。

（一）网络零售在线顾客价值的结果位阶

关于顾客价值的维度和因子构成，Holbrook（2006）的外在对内在和自我指向对他人指向的价值类型说可以为本研究构建顾客价值内涵属性提供了理论依据。这是因为 Holbrook 的价值类型说赋予了个人体验的核心作用，包含了消费者购买的所有动机维度。

从顾客价值的结果位阶来看，Holbrook（2006）基于外在对内在和自我指向对他人指向两个价值类型提出的价值维度（经济价值、享乐价值、社会价值和利他价值）和 Rintamaki（2006）等的价值维度（功利价值、享乐价值、社会价值）具有代表性。其中，经济价值形成于消费经历或是产品在达成消费者经济目的的过程中。消费者在选购体验过程中的愉悦感则为其带来了享乐价值。当消费者为迎合他人而进行消费时，其消费行为将形成社会价值。当消费者为他人考虑，关注其消费行为会多大程度地影响他人时，其消费行为将形成利他价值。

顾客价值实质上是一种消费者对其与企业互动过程和互动结果的主观感知，它是消费者对其在与企业交互过程中所感知到的利得和感知到的利失进行比较权衡后做出的感知判断。经济价值是指消费者从经济角度出发对自身从企业所提供的产品或服务中获得的价值的主观认知。渠道的差异化能够造成时间和空间效用的差异化。在网络零售渠道和自我服务的交易系统中，消费者无须前往零售营业场所就能够获得其所欲求的产品或服务，极大地避免了因路途遥远、交易场所拥挤和等待等造成的不便与烦恼，提高了消费者的使用偏好（Montoya-Weiss 等，2003）。

经济价值和消费者的店铺忠诚意向（Sirohi 等，1998）、购买可能性（Oh，2000）、口碑推荐（Cronin 等，2000）、购买意向（Chen 和 Dubinsky，2003）、商店光顾意向（Baker 等，2002）、再购买（Hellier 等，2003）、顾客忠诚（Grewal 等，2003）等行为意向密切相关。消费者对商品、商店、渠道等的消费选择是建立在消费者相信其所做出的选择能够为自身谋得更多价值的基础上的。经济价值对顾客行为意向的预测作用既适用于实体环境，也适用于网络在线购买（Chen 和 Dubinsky，2003）。

消费者体验是个体达到情绪、体力、智力甚至是精神的某一特定水平时在意识中产生的美好感觉。Pine 和 Gilmore（1998）认为，在体验经济时代，营销的重点是为消费者创造有价值的体验。Schmitt（2000）指出，产品、服务和竞争手段的日益成熟化与同质化导致企业已经无法单纯地依靠效益、性能、品质、服务来体现自身的差异性。消费者在消费过程中迫切需要能够激发其思想、触动其情感的解决方案。消费者通过将自我期望和交互感知进行权衡比较，从而形成内在的、与购物过程及感官刺激密切相关的体验评价。而愉悦、满意、激励、兴奋、惊奇等心理反应作为这种评价的最终结果，将激励消费者不断追求这种积极的体验状态（Mathwick 等，2002）。

研究表明，消费者在持有良好心情的状态下能够在较短的时间内以最大的决策可能性做出选择购买的决定（Isen，1989）。而消费者的愉悦体验则能为决策带来更为确定的积极效果（停留进而购买）。反之，烦恼、失望等负面的体验则会使其表现出消极的回避状态（离去而放弃购买）。尽管网络零售通常以能够给消费者带来购物的便利、更低的价格、及时的反馈等功能性利益为优势，但享乐主义也是分析网络零售产品属性和消费者行为意向时值得关注的重要因素（Kim 等，2007）。实体零售商在现实的零售环境中可以通过运用独特的灯光、音乐、造型、装饰、布置与色彩等情境上的设计来实现对消费者购买动机的刺激。为使消费者在网络零售交易过程中保持愉悦的购物情绪，借助网络虚拟交易平台，网络零售商会巧妙地运用图文并茂的生动网站页面、动态视频等为商品选购过程中的消费者创造视听和感知氛围，使其情绪愉悦从而增进对产品或服务的选购意愿。

本研究从自身研究的焦点出发对 Holbrook（2006）的外在对内在和自我指向对他人指向的价值类型加以修正，提出应用于网络零售市场的在线顾客价值维度结构。同时，考虑到其实用性和实证可能性，本研究把 Holbrook（2006）模型中非常抽象的利他价值排除，而重点考虑经济价值、享乐价值和社会价值维度。

就经济价值维度而言，经济价值是因为拥有具有功利性、实用性和具体结果的实施能力的对象而获得的价值。经济（功利）价值可以从零售商提供的产品或者服务中获得。Kotler（1997）的顾客价值结构也包含了产品价值和服务价值维度。因此，本研究基于为网络零售商提供具体的管理启示的目的，把 Holbrook（2006）基于外在对内在和自我指向对他人指向两个价值类型提出的价值维度中的经济价值具体划分为产品价值和服务价值，并视产品价值和服务价值为顾客在消费中期待的结果而放在顾客价值模型的结果位阶。

就享乐价值维度而言，理性消费者主要追求经济的价值（或功利的价值），而享乐价值则是在购买过程中生成的情感反应。Sweeney 和 Soutar（2001）将顾客价值划分为功能价值、情感价值、社会价值、满足价值和条件价值五个维度。其中，与产品属性相关的功能价值代表了产品给予消费者的一种利益或者实际效用。情感价值则主要体现在消费者的体验方面。社会价值主要是指消费者获得的社会地位、声望名誉等象征性的效用。满足价值侧重于对消费者探索和猎奇心理的满足。条件价值强调的是消费者在特定的消费情境下所获得的利益。因此，本研究用 Sweeney 和 Soutar（2001）的"情感价值"用语替代"享乐价值"用语更为贴切。

就社会价值维度而言，Holbrook（2006）认为社会价值是顾客价值的重要构成维度。经济的发展在改善生活质量和提高经济收入的同时，也使消费者的需求层次日益提高。消费者在消费过程中逐渐由对温饱的生理追求转向对自我个性的展现、消费成就感等更高层次需要的追求。因此，社会价值也日渐成为顾客价值的重要维度。Sheth 等（1991）认为，如果产品或服务能够使消费者与其所关注的社会群体产生联系并由此提供效用，那么该产品或服务就能为消费者带来社会价值。社会价值是消费者选择性地将其消费行为与一个或者多个社会群体相联结而获得的知觉效用。它是由于消费某产品或服务而使消费者感到的自尊或者是产品或服务带给消费者的社会地位象征意义，而使消费者感到从产品或服务中获得的价值。随着网络经济的不断发展，消费者已不满足于对其基本需求的追求，他们所进行的网络消费行为往往是为了取得其所关注的社会群体的认同，通过网络购买行为来提升自身的形象。

综上所述，本研究在结果位阶把顾客价值划分为产品价值、服务价值、情感价值和社会价值四个维度。

（二）网络零售在线顾客价值的属性位阶

基于外在对内在和自我指向对他人指向的顾客价值分类，Holbrook（2006）认为个体的价值取向应该有八种，分别为属于经济价值的效率和卓越、属于社会价值的地位和尊敬、属于享乐价值的娱乐和美感、属于利他价值的伦理和心灵。

Kotler（1997）的顾客价值结构研究指出，消费者在购买产品时总希望把有关成本包括货币、时间、精神和体力等降到最低限度，而同时又希望从中获得更多的实际利益，以使自己的需要得到最大限度的满足。因此，消费者在选购产品时往往从利益与成本两个方面进行比较权衡，从中把价值最高、成本最低，即"顾客让渡价值"最大的产品作为优先选购的对象。

根据 Kotler（1997）的观点，顾客总价值由产品价值、服务价值、人员价值和形象价值四个维度构成。其中，由产品的功能、品质、规格、特性及款式等因素生成的价值即为产品价值。伴随产品实体的出售，企业向消费者提供诸如产品介绍、品质承诺、配送安装、调试维修、技术培训等各种附加服务所产生的价值即为服务价值。由企业员工的业务能力、工作绩效、知识水平、经营思想、应变能力、言行作风等所产生的价值即为人员价值。形象价值本质上是企业及其产品和服务在市场中形成的整体形象所产生的价值。形象价值包括有形形象所产生的价值（由企业的产品、技术、包装、商标、工作场所等构成）、行为形象所产生的价值（由企业及其员工的经营行为、服务态度、职业道德、行为作风等构成），以及理念形象所产生的价值（由企业的管理哲学、价值观念等构成）三个维度。

使消费者获得更大"顾客让渡价值"的另一个途径则是降低消费者购买的总成本。Kotler（1997）指出，顾客总成本不仅包括货币成本，而且还包括时间成本、精神成本、体力成本等非货币成本。货币成本包括购买和使用产品付出的直接成本和间接成本。时间成本指消费者为得到和使用所需产品而耗费的时间折合的代价。精神、体力成本是指消费者购买产品时在精神、体力方面的耗费与付出。

从顾客价值的属性位阶来看，本研究基于网络消费体验的视角，综合实体零售和网络零售的现有研究成果，提出构成顾客价值结果位阶四个价值维度的具体下位因子。其中，产品价值维度包含品质好感性和金钱费用节省性。服务价值包含购买便利性、个性化服务和交易安全性。情感价值包含审美性、信息探索性和愉悦性。社会价值由社会身份强化和自我尊重唤起构成。

二、网络零售在线顾客价值概念化模型

基于上述理由，本研究坚守顾客价值的核心意义，以 Holbrook（2006）价值类型为基准，对 Woodruff（1997）的顾客价值位阶结构进行扩充与完善，构建了网络零售在线顾客价值的概念化模型（见图 5-2）。

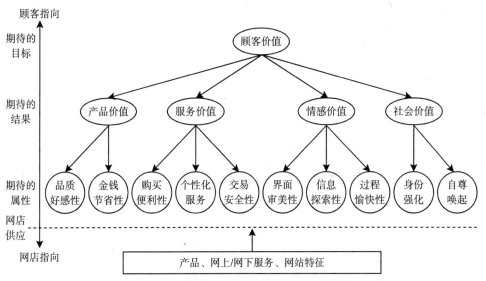

图 5-2　网络零售在线顾客价值的概念化模型

资料来源：作者绘制。

与现有文献提出的顾客价值结构模型相比，本研究提出的网络零售在线顾客价值概念化模型描述了包含"外在对内在"、"自我指向对他人指向"的消费者网购全程消费体验。其中，产品价值和服务价值属于功能的（功利的、经济的）、外在的和自我指向的价值维度。情感价值属于非功能的（享乐的）、内在的和自我指向的价值维度。社会价值则属于非功能的、外在的和他人指向的价值维度。而构成这四个价值维度的下位因子则涵盖了现有文献所提出的所有反映网络消费体验的价值属性。

从 Woodruff（1997）的"手段—结果链"位阶理论来看，本研究构建的价值

位阶模型比先行模型更加完整地反映了网络零售中消费者对价值的感知过程。第一位阶包含了从网络零售商提供的网站特性、产品和服务属性生成的顾客期待的价值属性；第二位阶包含了消费者在网络消费中期待获得的价值结果；最抽象的第三位阶则是消费者期待的整体价值目标。而消费者期待的具体价值属性则由网络零售商提供的网站特性、产品和线上线下服务创出。整个概念化模型显示了网络零售中的整体顾客价值从具体属性到抽象目标的实现过程。消费者可以根据自身的价值目标、消费目的和期待的价值结果来感知产品、服务和网站特性提供的价值属性。

另外，从顾客价值的概念上看，该模型与许多先行模型相比，更清楚地区分了顾客价值和网络零售商供给的概念差异，也更充分地体现了顾客价值的消费者指向性特征。

三、网络零售在线顾客价值的构成因子

（一）网络零售中的产品价值

顾客价值的基本来源是产品。它既是顾客价值最为重要的构成因素，也是其他顾客价值要素所依托的载体。顾客价值中的产品价值指的是在企业对消费者需求进行充分分析的基础上，以实现对消费者需求的满足为目标而形成的产品固有属性。在零售发展的不同时期，消费者对产品的需要有不同的要求，构成消费者产品价值感知的要素以及各要素的相对重要程度也有所不同。在产品短缺的市场中，消费者把获得产品看得比产品是否拥有某种特色更为重要，在选购产品时更看重产品的效率、耐用性、可靠性、安全性等性能方面的质量，而对产品的花色、式样、特色等却较少考虑。在产品成熟，也即性能稳定、品质趋同、数量丰富的条件下，消费者往往更重视产品的特色和款式，如要求功能齐备、式样新颖等。在零售发展的同一时期，不同类型的消费者对产品价值也会有不同的要求，在购买行为上显现出极强的个性特点和明显的需求差异性。产品价值包含的内容很多，可分为质量、功能、货币成本和品牌。

1. 产品的质量

产品质量是产品价值的基础。某一产品如果质量低劣，产品的功能特性不能得到正常发挥，则该产品不具备产品价值。在日常经营交易过程中，零售企业应多渠道地调查了解消费者对其特定产品质量的感受与评价以及竞争者同类产品的质量水平，当觉察到自身特定产品的质量难以达到目标消费群体预期，或是低于市场中竞争者同类产品质量水平时，应快速响应并对特定产品的质量进行改进提升。消费者对产品质量，尤其是对产品的安全可靠性和稳定耐用性的追求日益看重，他们总是希望其所购买的产品或服务终其一生都能够保持在相同的水准上持续、可靠、高效地发挥作用。在消费者看来，精准高效地满足其需求的产品表现就是高质量。

产品的质量可以划分为两个层次。使产品或服务符合设计规范并减少产品或服务的欠缺是最基本的层次。这一层次是为消费者提供卓越价值的根本保证，它是对质量最为根本的阐述。一般情况下，即使这一层次处理运作得好也不能保证消费者具有较高的价值评价。但如果这一层次处理运作得不好，则消费者的价值评价一定会低。也就是说，消费者在这一层次的内心价值标准一般会比较高。第二个层次是产品质量能满足消费者对产品或服务的所有要求，而不仅仅是某一方面的要求。如果第一个质量层次指的是质量的客观性，那么第二个层次则指的是消费者对质量的主观性界定。以产品款式为例，产品款式是消费者审美意识的体现，其优劣取决于消费者的主观评价。产品质量提高反映了科学技术从低级到高级、从简单到复杂的发展过程，具有客观的衡量标准。产品款式改变则不一定反映从低级到高级、从简单到复杂的发展过程，只反映人们审美意识的变化。

2. 产品的功能

方法或事物所发挥的有利作用即为功能。而作为产品最基本的价值，产品的功能价值指的是产品向消费者提供的那些能够满足其基本需求的价值。倘若产品为消费者提供的功能价值与其所需求的价值不相符甚至相冲突，则消费者往往不会考虑消费而选择放弃购买。

产品的功能分为基本功能和附加功能两类。消费者对产品基本功能的评价标准往往相对较高。对任何一种产品而言，其所能提供的基本功能是该产品存在的根本。如果产品不具备基本功能，那么也就没有存在的价值。消费者在消费过程中除了会关注产品的基本功能外，还会对产品的附加功能寄予期望。例如，那些希望手机具有听歌、照相、编辑文件、看视频、上网等多式样功能的消费者，往往不满足于手机的与他人沟通这一基本功能。当然，作为提升消费者产品价值感知的重要手段，附加功能必须建立在对消费者深入了解的基础上。企业需要挖掘能够提升顾客价值的有益功能，而非追求功能数量的增加，更不能为了一些次要功能而提升产品价格或降低产品质量。

3. 产品的货币成本

购买和使用产品所付出的直接成本和间接成本构成了产品的货币成本。按产品价格支付的购买费、包装费等消费者支付给产品零售商的费用即为直接成本。而交通信息费、配送安装费、维修调试费等消费者为购买和使用产品而付出的相关费用则构成了间接成本。作为消费者所购产品成本的主要构成因素，产品的货币成本是消费者购买时的首要考虑因素，它直接影响着消费者对零售企业产品的价值感知。

4. 产品的品牌

相较于包装产品的外观形象，产品的品牌形象更具影响力，甚至在某种程度上消费者所感知的价值就是产品品牌本身。强势品牌有利于消费者对无形产品或服务进行有形化的理解，也有利于在削减消费者购买前难以评估的金钱、安全等感知风险的同时，增进其在交易过程中的信任感。产品品牌能使消费者在复杂的购物流程中进行高效的决策，以此实现其对愉悦的消费体验及产品品牌等的向往和期望。

消费者对产品价值的认可在某种程度上表现为对产品品牌的认可，产品价值最终被落实在产品品牌上。产品价值形成主要通过产品的质量、功能和货币成本等来实现。产品价值的体现与强化则需要通过品牌的塑造和维护来实现。当然，这里所阐述的品牌不只局限于与产品识别相关的属性，还包含企业形象等其他外在的属性，是一个泛化的概念。因而，从这个角度来看，品牌属性是顾客价值不容忽视的重要部分。无论是产品品牌所蕴含的产品理念，还是企业形象所彰显的企业理念，都能对消费者的产品价值感知起到强化作用。产品品牌的培育和塑造能够创造出凌驾于质量、功能和货币成本之上的产品价值。

在网络零售情境中，本研究基于 Zeithaml（1988）的观点，把产品价值定义为经过对产品网购所"付出"和所"获得"部分的权衡而产生的效用性的整体评价。在产品购买中，顾客价值直接体现在产品的质量和价格上。购买者根据质量和价格的权衡结果感知产品价值，并决定后续购买意图。所以，产品的品质好感性和金钱节省性可以作为产品价值的构成因子。

品质好感性是指购买者对最终获得的产品（传统的或数字的）感觉喜欢还是不喜欢的态度，是购买者对产品的一种在品质上的整体印象与认同感。这种好感性的好坏反映了购买者对目标对象好的或不好的看法。它是购买结果的决定因素，与购买体验等层面的评价无关。由于品质好感性是一种感性的认识与判断，再加上购买者评价会偏重于不同要素，因此，品质好感性不一定与产品真正的品质相符合。另外，购买者对于低价位产品往往会以低标准要求其品质而对该产品品质感到喜欢。相反，对于价格过高的产品购买者往往容易因一点小小的瑕疵而对该产品品质感到失望。

金钱节省性是指与提供相似产品的竞争者相比较，购买者对从特定网络零售商购买而产生的金钱费用的减少程度的感知。在发现降价产品或者感觉购买的价格比竞争者的价格更便宜时，消费者的产品价值感知也将增加。因此，价格优势的创出是强化顾客价值的有效方法。

（二）网络零售中的服务价值

随着消费水平的不断提高，消费者的消费观念也逐渐发生转变。消费者在产品选购的过程中已不仅仅停留于重视产品本身的价值，对产品的附加价值也给予了更多的关注。此时产品附加价值直接影响着顾客实际利益的获得，从而决定着顾客购买的可能性。尤其对于零售市场中品质类似或差别不大的同类产品而言，如果零售企业的相仿产品能为消费者提供更加完备的附加服务，则其所创造的产品附加价值也就越大。

服务价值是在产品出售的过程中附着于产品上的、能更为有效地满足消费者需求的产品附加属性。消费者首要选购的是零售商的产品，服务是产品的附加属性，产品价值是服务价值存在的前提条件。随着消费者主权意识的增强，附加于产品上的服务价值得到了越来越多零售商的重视，有企业甚至将服务价值视为比产品价值更具决定性意义的顾客价值。研究表明，零售市场产品同质化程度的日益提升也促使零售企业将竞争的重点向服务价值转移。当然，这并不意味着产品价值基础性地位的改变。

咨询培训、现场服务和售后服务三个阶段共同构成了服务的全过程，并从中产生服务价值。因此，零售商可以将其人员价值与形象价值渗透于为消费者服务的整个过程中，通过影响消费者的价值感知，从而影响甚至控制顾客价值在消费者之间的传递，进一步使其为企业树立良好的口碑。作为产品价值的延伸，服务价值既是实现产品效用的有力保证，也是全面提升产品价值和满足顾客需要的重要内容。

1. 服务过程价值

产品种类的不断增加和产品技术含量的不断提高使咨询培训对服务价值的实现具有重要意义。咨询培训是指在产品销售之前与销售之后为消费者提供的需求调查、产品设计讲解、疑难咨询解答、产品操作使用等过程和行为。产品信息的爆炸失真和产品功用技术的迅猛发展已使消费者难以对市场中功能、品质繁杂的产品基本信息、使用条件及功能操作等情况进行完全的了解。购买产品前的咨询服务和购买后的培训服务就显得越发不可或缺。此外，购买前的咨询服务和购买后的培训服务均是零售商主动为消费者提供的服务。消费者往往乐于接受这种积极的服务方式。他们在接受企业咨询培训服务的过程中也潜移默化地提升自己对服务的感知价值。

产品的导购、货款支付、物流配送、安装调试等发生于交易过程中的现场服务是一种企业在产品销售过程中为消费者提供的积极主动的服务。这些在消费者做出购买决策时所发生的现场服务能够提升消费者在消费过程中对产品乃至企业所形成的亲切感和关怀感，从而在降低消费者对购买成本敏感度的同时，提升其对产品价值的感知。

产品维修、产品保养、技术支持等发生于购买之后的各种服务即为产品的售后服务。售后服务是一种在产品销售之后为购买者提供的服务过程和行为。与咨询培训和现场服务相比，产品的售后服务属于被动的服务形式，零售商在为消费者提供售后服务时处于被动的立场。售后服务往往是伴随着产品出现不良问题而向购买者提供的。针对不良问题（无论是产品自身存在的问题还是购买者因操作不当、喜好转移等所导致的问题），企业都应当及时向购买者提供周全的售后服务，以弥补因产品问题给购买者造成的损失与不便。因为降低消费者的不满就是对顾客价值的提升。

2. 服务体验价值

零售商传递给消费者的购物价值既源于商品的获得，又来自整体购物体验。作为一种主观的内心活动，消费者的体验与消费者自身的情感、思索、行动意愿等心理反应相关联。体验是消费者在其已有知识与过往经验的基础上，对其购物经历的整体感觉与主观评价。零售交易中的体验是顾客价值的重要组成部分，是消费者为满足内在需要，在交易过程中与特定产品、服务的情境因素发生互动时所产生的感知和情感的反应。

体验对于消费者而言就是一个过程，其结果就是一段消费回忆。从消费者的角度出发，作为体验的感受者，不同的消费者在零售交易过程中对于体验的感觉也不尽相同。体验包含消费者与零售企业之间的各种互动交流，它是消费者在购物前后享受个性化价值的经历。体验具有高附加值性和独特性，能够对消费者未来的购买决策产生影响。当消费者感知到较多的体验价值时，将相对容易地形成消费体验决策，其消费体验满意度也将随之提升。反之，当消费者感知到较少的体验价值时，将难以形成消费体验决策，其消费体验满意度也将随之降低。即使决定消费，消费者的体验满意度也很低。

在零售交易过程中，零售商通过向消费者提供服务，能够满足消费者体验的需求，从而创造顾客价值。服务体验价值主要来自三个方面，即服务产品体验、服务环境体验和服务人员体验。服务产品由一个核心产品和附着于其中的一系列附加服务要素组成。其中，核心产品被用于满足消费者基本利益的需要，是产生消费需求的主要诱因。附加服务是一些可以帮助使用核心服务和提高核心服务价值的要素。服务环境是指服务经营场所内的环境，是零售商与消费者相互接触的场所。服务环境包括物理环境和服务氛围。其中，物理环境是有形环境，服务氛围则是由服务场景引发的一种气氛，更多地基于消费者的心理感知。消费者不仅评价服务的最终结果，而且评价服务传递的过程。一线员工是服务组织功能的实施者和体现者，也是消费者体验的重要内容。服务产品的生产和输出依靠员工与消费者之间的互动来完成。员工是零售商为消费者提供优质高效服务的根本保证。员工的服务意愿、服务态度、服务方式、服务及时性和准确性等均体现了零售商的服务水平，影响消费者的体验感知。服务体验价值使得零售商既能让消费者愉快地接受产品和服务，消费者也会在服务体验的满足中对零售商产生依赖和信任，有利于零售商和消费者建立长久关系。

3. 服务便利价值

消费者的时间、精力和体力是有限的。如果对消费者而言获得产品需要耗费大量的时间、精力和体力，即使该产品在其他方面都能使消费者感到满意，他们也有可能会因为获得该产品的不便利而选择放弃购买。因此，便利价值是评价产品整体价值的一个重要方面。便利价值主要与消费者的付出有关，它是指因服务减少了消费者对时间、体力和精力等的耗费而使其获得的价值。便利价值主要表现在易于接近、迅速回应和信息获得三个方面。

易于接近是指消费者在购买产品时往往会期望或要求能通过尽可能简单的方式去接近企业。易于接近对企业服务价值的创出十分重要。企业应当重视消费者对企业的易接近性感知，通过改进和完善企业现有的经营模式与交易模式，为消费者接近企业提供便利，从而为消费者提供其乐于接受的价值，而不是对消费者期望容易接近企业的要求熟视无睹。企业可以通过建立店铺、网络、电话、直销、邮寄等多重接触渠道使其更容易被消费者所接近。

生活节奏的不断加快使消费者越来越不愿意停留等待，他们总是期望在交易时耗费的购物时间成本尽可能少并使自己的需求得到及时的回应和满足。零售商的响应速度已经成为消费者在消费过程中进行价值判断的重要依据和做出购买决策的重要指标。此外，企业如果能够快速响应消费者购买产品后的售后服务、投诉行为等，也能显著地提升顾客价值。

信息获得是指由于消费者在购买产品或服务的过程中增长了自己所需要的知识或者了解到了自己所想要掌握的信息而感知到的购买该产品或服务能够为其带来的价值。一方面，市场信息的严重过量使处在信息爆炸环境中的消费者难以高效快速地从繁杂的信息中获取自己所需要的信息。另一方面，零售商对自身产品信息的隐瞒或伪造粉饰所造成的信息失真也使消费者所获得的信息与企业信息不对称。因此，零售商可以通过向消费者提供其所需要的快速和准确的信息而在一定程度上实现对顾客价值的提升。

在网络零售环境下，根据 Zeithaml（2002）的观点，本研究把服务价值定义为消费者对网络零售企业依靠自身的专业性、执行性和服务承诺而产生的效用性的评价。在网购中，信息技术使消费者不需要与网上零售商的相互作用就能够完成购买过程。购买者可以依靠网络零售商提供的线上线下服务来体验服务价值。因此，购买便利性、个性化服务，以及交易安全性可以作为服务价值的构成因子。

购买便利性是指零售商通过因特网提供服务的效率性（进入的便利性、搜索的便利性、交易的便利性和获取的便利性）。快速的地址导航、容易的浏览、可以链接其他网站、便于查询产品信息、选择广泛、不长的购物时间以及在网店的搜索引擎上能够快速找寻产品都是网络零售购买便利性的体现。成功的网络零售商可以通过订货程序的简便化和帮助消费者迅速获取有用信息等努力来创出购买的便利性。

个性化服务是指通过为消费者提供适合其兴趣的产品或信息，以及交易环境来满足其个体的需求。网络零售商通过提供个性化服务可以获得实体零售模式所不具备的竞争优势。例如，给予顾客特殊的优待、特别的关心、个人间的认识，以及其他消费者所不能享有的特别的服务项目等。

交易安全性是指消费者对从网络商城中购买产品而可能遭受的伤害最小化程度的感知。网购的交易安全一直是困扰网购消费者的问题。因此，消费者的隐私与交易安全应当成为网络零售商首要考虑的问题。网络零售商应该让网购者感受到他们的隐私是被很好保护的，在网店交易是安全的。增强线上的隐私和安全保护可以吸引网购消费者。网络零售商提供的交易安全性越高，创出的服务价值也就越高。

（三）网络零售中的情感价值

在关系营销中，关系价值被认为是一种企业和消费者基于两者关系的持续而共同获得的价值。零售商通过与消费者建立持久的合作关系可以为消费者创造价值。消费者也可以通过从与零售商之间保持持久合作关系中获得便利，减少金钱成本，以及时间、精力、体力等非货币成本的耗费。情感价值是所有关系价值中最为重要的价值，甚至被认为等同于关系价值。培养情感关系是关系价值的基础，情感关系的培养包括信任、可靠、责任、友爱、尊重、互惠、理解、守诺等要素，而信任则是情感关系的核心要素。

情感价值是指在与零售商进行互动的过程中，消费者体验到愉悦等积极情绪而感知能从零售商的产品或服务中获得的价值。消费者在消费过程中越来越频繁地与零售商进行互动，而且互动的方式也越来越丰富多样。这些不论是购买前企业广告与消费者的互动，购买时销售人员与消费者的互动，还是售后，企业通过售后服务人员、会员活动等与消费者的互动，消费者都会对互动过程所产生的情感进行体验，这是消费者较高层次的需求表现。在竞争激烈的零售市场中，零售商已经逐渐展开了以消费者为中心的管理运作，将稳定的消费群视为企业自身关注的重点。零售商在营销过程中不应将经营理念仅仅停留在对产品或服务的销售上，而应不断地增强企业与消费者之间的沟通互动，通过不断提高企业的服务水平尽最大努力去满足消费者的个性化需求，从而在消费过程中与消费者建立并维持良好关系，这对于提高消费者情感价值非常有益。

在网络零售情境中，根据 Sweeney 和 Soutar（2001）的观点，本研究把情感价值定义为从网购体验产生的情感中获得的利益。情感价值是对购买体验的正面评价而产生的情绪反应（如愉快、幻想、美感和兴奋）。顾客情感价值是网络零售商为消费者在情感上或感觉上带来的效用。网络零售商的高效服务能够提升消费者网上交易的满意水平。网购中感知的界面审美性、信息搜索性和过程愉悦性都可能产生正面的消费情感，创出情感价值。

界面审美性是指把消费过程看作艺术的或者愉快的活动而产生的，或者从美丽的视觉背景而产生的情感。它是随着零售环境的设计、视觉的美丽和内在的美感而形成的。网络商城的界面色彩、图片排列、背景音乐和产品照片等的使用都对网上购买的美感产生影响。

信息搜索性是指消费者对由于搜索产品或相关信息而产生的快感的知觉。对于消费者来说，网购也好似一种冒险活动。在做出购买决策前，消费者往往会通过网络搜索产品的相关信息，进而展开订购的过程。网络零售的信息搜索性使消费者能够借助网络平台自主设定需求目标，在海量信息中快速找到符合要求的信息，并在搜寻和比较中体验发现与冒险的兴奋。信息搜索性是一种能动的追求，具有令人惊奇的特性。

过程愉悦性是指在消费过程中体验的由自我满足而产生的快感。它是消费者把网购看作愉快的休闲玩乐活动的能动反应。消费者往往将网购作为一种发泄的方式去获得心理的愉悦。网络零售可以给他们提供舒缓压力、放松心情的空间。购物网店通过运用生动的图片、精美的背景，以及柔美的音乐等给予消费者感官的愉悦。消费者在购得其所需商品的同时，在精神上也得到了放松。软件技术的不断成熟、微电子技术的渗透推进以及网络多媒体环境的不断发展，使消费者身临其境地体验网络零售交易成为可能，从而为消费者创造了更多的网购乐趣与享受。

（四）网络零售中的社会价值

社会价值是指由于消费产品或服务为消费者带来一定的社会地位象征意义或者是该产品或服务唤起了消费者的自尊，而使其感觉到的从所购产品或服务中获得的价值。社会价值能够满足消费者对融入某一社会群体或者是使自身行为与朋友、家人等参照群体相符合的期望。消费者能够通过购买和使用具有社会价值的产品或服务使自己受到他人的尊重，使自身行为被社会所接受和认可。具有社会价值的产品和服务主要集中在高端消费、公共场合消费等消费领域。也有学者认为，消费者对几乎任何产品与服务的消费都会不同程度地受到社会价值的影响。

研究表明，消费者在进行产品或服务的选择和购买过程中不仅会关注产品或服务的价格、实用性等功能要素，同样会考虑到其所欲选购的产品或服务多大程度地满足了自身幻想和自主性的表现需求，其所欲选购的产品或服务能在多大程度上提升个体的社会地位，美化个体的社会形象，能在多大程度上满足其内在欲望。此外，社会大众及参照群体对产品或服务的看法、评价等因素也会对消费者的消费行为产生影响。在消费过程中，消费者所处环境中的社会大众和参照群体会使消费者在自我实现、社会归属和社会地位的认知上对产品或服务的社会价值进行衡量。这些来自社会大众和参照群体的评价甚至能够对消费者的购买决策起到决定性的影响。当消费者感知到产品或服务的内容能够较为理想地满足其社会价值需求，符合甚至有助于提升其社会阶层和地位时，这种对社会价值的感知和追求会促使其消费行为的再次出现。

马斯洛的需求层次理论认为，人的需求具有层次性，人在不同阶段的需求是不同的。随着经济收入的提高和生活质量的改善，消费者的需求层次也呈现趋高态势。消费者已不再单纯地为了追求温饱而进行产品或服务的消费，受到他人的尊重与认可、展现自己的个性与品位已逐渐成为人们在消费过程中追求的价值目标。因此，社会价值是顾客价值的重要维度，它与目的层次中的个人成就感、与他人保持良好关系、受尊重感、社会归属感等价值需求直接相关。

在网络零售情境中，本研究把社会价值定义为消费者从网络零售商强化其通过购买、展示、使用自己的产品而传递象征意义的能力中感知的利益。消费者常常根据具有正面或者负面象征意义的属性，而不是根据性能属性来决定对产品或者品牌的选用。所以，在网购中体验社会身份强化和自我尊重唤起构成社会价值的核心因子。

社会身份强化是指通过象征消费者地位的产品消费来改变其社会身份和地位的动机过程。消费者可以通过个体对自己的认知和在社会中的定位来表现自我。在网络零售交易过程中，消费者往往会以自我相关性为标准在众多产品中做出选择，并总是选择那些和自己所追求的自我概念（实际的或理想的）相符的产品或品牌，对所选择的产品赋予与自己相应的身份认同；作为消费者社会身份的载体，消费者所选购产品或服务能够展示出消费者的形象与其所偏好的风格，并在此基础上形成消费者理想主义的自我身份和相应认同。追求社会身份强化的消费者拥有较高的自我监控特点。他们关心的是如何扮演自己的角色，即他们会给别人什么样的印象。

自我尊重唤起是指为了表现或维持从商场、产品、职员或其他消费者处获得的自我概念的象征属性而体验的利益。网购者特别看重与网络零售商维持关系过程中的受尊重感。他们往往因为感觉受到尊重而愿意与网络零售商维持长期关系。自我尊重唤起有助于消费者感知对网络零售商或产品使用提供的社会价值。譬如，消费者在购买漂亮衣服时得到别人的称赞或者在购买某品牌产品时得到周围人的认可而感觉自己是"聪明的购物者"时，消费者的自我尊重感便会被唤起。

第六章　效标变量与研究假设

本章在网络零售在线顾客价值概念化模型构建的基础上，将顾客满意、顾客信任和店铺忠诚确定为顾客价值的效标变量，提出网络零售在线顾客价值驱动店铺忠诚的研究模型与假设，以检验本研究开发的在线顾客价值的预测能力。具体研究技术路线如图 6-1 所示。

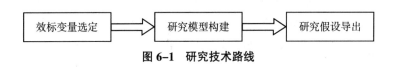

图 6-1　研究技术路线

一、效标变量的选定

效标是指与被试群体无关的、用以衡量预测有效性的外部客观标准。效标通常以一种被普遍接受的、相对权威可靠的检验结果表示。换言之，效标检验即运用一种已知的且有效性被普遍接受的结果对某一全新预测工具的有效性进行检验。

效标变量则是一种外在变量、被作为预测检验（如能力倾向检验）所预测的目标变量。职业、性别、血型等分类变量，分数、身高、体重等连续变量，产量、工资、出口额等现成指标，行为意愿等人们认为必然的结果，以及其他诸多类型的变量均可用作校标变量。效标变量可以是主观评判，也可以是客观测量。

本研究虽然通过文献研究和演绎推理方法开发了网络零售在线顾客价值概念化模型，但其妥当性还有待进一步的实证检验。其中，对理论上公认的效标结果的预测性即是检验其妥当性和普适性的有效方法之一。因此，为了考察新开发的网络零售在线顾客价值概念化模型，本研究将顾客价值的产品价值、服务价值、情感价值和社会价值四个维度作为自变量，对顾客满意、顾客信任和店铺忠诚构建因果关系研究模型。之所以选择顾客满意、顾客信任和店铺忠诚作为效标变量，是因为理论界对顾客价值与顾客满意、顾客信任和店铺忠诚的因果关系已形成一致性的认识，并在实践中得到了确认。如果本研究开发的网络零售在线顾客价值对网络零售情境中的顾客满意、顾客信任和消费者店铺忠诚具有有效的预测能力，则其妥当性将得到进一步的确认。

(一) 店铺忠诚

关系营销认为，培育消费者的店铺忠诚是零售商取得竞争优势的重要途径。提高消费者对店铺的忠诚度，能极大地增加零售商的利润收益，进而增强其市场竞争能力。而网络零售市场消费者随时可能在鼠标点击间即离开的特点也使网络零售店铺忠诚的培养与维持更为艰难且至关重要。在网络零售市场中，由于不确定性风险的增加，因忠诚而消费的顾客更加普遍。同时，网购平台为消费者提供了海量信息和即时互动机会，从而也使店铺忠诚成为零售商竞争的焦点。忠诚被作为降低风险的策略，也为网络零售商提供了获取超额利润和竞争优势的战略机会。忠诚的消费者趋向于购买更多的商品或服务，对价格也相对不敏感，甚至主动传播良好口碑和推荐购买。

1. 店铺忠诚的概念

店铺忠诚概念多出现在百货商店、零售商店或折扣商店的顾客忠诚情境中。与顾客忠诚的含义相类似，它是市场营销战略关注的重心之一，因为它直接关系到现有消费者的维持。传统的营销学观点认为，追求财务收益是企业的根本目的，这需要消费者的不断购买。因此，店铺忠诚被看作是对消费者行为的测量，如购买的比例、购买的可能性、再购买的可能性，以及购买的频率，还有重复购买行为等。例如，Cunningham (1956) 认为，企业可以通过测量消费者在一定时间段内购买某产品或服务的次数占其购买该类产品或服务总次数的比例来确认店铺忠诚。Jacoby 等 (1978) 则将高频度的购买行为定义为店铺忠诚。然而，消费者的重复购买也可能是出于惯性、不在意或者存在变更的障碍等原因，而并不是出于真正的忠诚 (Reichheld, 2003)。证据显示，行为的忠诚本身并不能区别真正的忠诚和虚假的忠诚，而且它也不能可靠地预测财务收益性 (Reinartz 和

Kumar，2002)。

随着研究的不断深入，学者们逐步转向态度的视角将顾客忠诚视为消费者对某产品或服务的心理偏好与依赖。店铺忠诚研究的焦点也由早期的"重复购买行为"向"心理层面忠诚"转移，更加强调忠诚的态度层面的重要性。这是因为没有驱动顾客行为的态度层面，可能导致虚假的忠诚（Reichheld，2003；Oliver，1999)。态度的忠诚被定义为对品牌、商店或者企业的偏好态度。这种态度导致一贯的购买行为，因为它抓住了忠诚的情感和认知层面（Mellens 等，1996)。Dick 和 Basu（1994）把忠诚定义为对替代方案行为选择的"相对态度"。态度的忠诚反映了消费者对特定组织的更高层次或者更长时期的关系陷入，而不仅仅是顾客的再购买行为。

Day（1969）在对行为和态度进行综合考察的基础上，认为真正的忠诚顾客除了具有产品或服务的重复购买行为外，还应该对产品品牌持有肯定赞许的态度。换言之，顾客忠诚表现为消费者在认知的基础上所进行的具有态度偏好倾向的、富有情感并经过认真评价的重复购买行为。其中，认知、倾向、情感和评价都是顾客姿态的基本组成部分。Dick（1994）认为，真正的店铺忠诚是一种建立在高姿态取向上的重复购买行为。Baldinger（1996）的研究表明，店铺忠诚不仅包含顾客的重复购买行为，而且表现为消费者在态度上对该店铺产品或服务的偏爱。Oliver（1997）指出，顾客忠诚是顾客对其所偏好的产品或服务进行再购买的承诺，且这种重复购买行为不易受外部影响而发生转移。它是一个包含认知、情感、意念和行为四个不同的、连续发展阶段的结构。其中，认知忠诚是指顾客具有特定品牌优于其他品牌的感知；情感忠诚是指顾客对于特定品牌具有良好的态度或者满意感；意念忠诚是指对特定品牌具有更深层次的陷入而产生的行为意图，即对特定品牌的偏好和信赖；行为忠诚则反映忠诚意图向实际行动的转化。Oliver 的忠诚结构模型统合了忠诚的态度和行为部分，被学界认为对顾客忠诚做了最为完整的阐释和评价。Bloemer 和 Ruyter（1998）把店铺忠诚定义为消费者在相对长时间内的购买决策中对众多店铺中的一个表现出非随意的偏好行为（如再光顾），它不只局限于对店铺产品的重复购买或对店铺的再次光顾，还意味着消费者的偏好程度。Josee 和 Ruyter（1999）指出，店铺忠诚是顾客在一系列商店中，长期针对性地选择一家商店做出购买决策的一种有所偏好的行为反应。

在网络零售交易中，消费者的消费行为同样存在店铺忠诚问题。Reichheld

和 Schefter（2000）认为，网络零售的出现并未消磨消费者的忠诚意识，反而使顾客忠诚对于网络零售商的意义超越了其对于实体零售商的意义。Srinivasan（2002）通过对网络零售店铺忠诚的研究，认为网络零售中的店铺忠诚是消费者出于对网络零售商的偏爱而进行的重复购买行为。

因此，本研究把网络零售中的店铺忠诚定义为消费者较长时期保持的对特定网上零售店铺在态度和行为上的偏爱，如再购买意图和良好口碑等。

2. 店铺忠诚的前置变量

在现有文献中，关于顾客忠诚的前置变量的研究存在着两个具有代表性的因果线索，即以 Oliver 为代表的"质量—满意—忠诚"关系链和以 Parasuraman 为代表的"质量—价值—忠诚"关系链。Oliver（1997）以 Aaker（1991）和 Anderson 等（1994）先行研究为基础，提出了质量导致顾客满意，进而影响忠诚的理论模型。该模型得到 Anderson 和 Mittal（2000）的后续研究的支持。Anderson 和 Mittal（2000）的研究表明，质量表现导致顾客满意，进而影响顾客的再购买，并随后产生企业利润。Parasuraman 和 Grewal（2000）则以 Baker 等（1994）、Grewal 等（1998），以及 Heskett 等（1997）先行研究为基础，提出了一个质量影响价值感知，进而影响忠诚的理论模型。而 Cronin 等（2000）通过不同模型的比较研究为这两条研究线索提供了一个综合性的阐释和实证支持。根据他们的研究，质量表现、价值感知、满意体验作为行为意图的前提变量，对行为意图具有最大影响力。同时，价值感知和满意体验在质量表现和行为意图之间具有媒介作用。因此，有关顾客忠诚的前置变量及其关系得到了进一步的确认。

尽管现有文献已经把价值感知和满意体验看作顾客忠诚的前置变量，但是如何把这些变量关系有机地、逻辑地统合到一个顾客忠诚的概念化模型中还是值得研究的课题。而且，在网购情境中考察这些心理变量与顾客忠诚的关系也是非常必要的。

根据 Fishbein 和 Ajzen（1975）的理性行为理论（Reasoned Action Theory），人的行为表现取决于其行动意图及其自身的态度和规范。其中，人的态度包含认知、情感和意念等组成部分，认知和情感影响意念。而理性行为的扩展模型（计划行为理论）则增加了知觉的行为控制作为行为的驱动因素。理性行为理论和计划行为理论已经得到实证研究的验证而被广泛地用于预测和解释人的态度和行为的形成过程。因此，本研究认为，网络零售中的店铺忠诚构筑将经过一个消费者对网上零售商的认知、情感和意念形成的心理发展过程。

消费者的满意体验被定义为对以前经历过的服务或者产品体验的评价，如正面的情绪或者负面的情绪（Anderson 等，1993）。Oliver（1980）认为，消费者满意取决于消费者感知其预先对产品或者服务的期待与实际使用期间的感知是否一致的程度，是消费者继续使用的首要动机。在网购过程中，消费者经历的网购过程和最终获得的结果将导致一定的满意水平。消费者在购买后可能对获得的产品、服务、使用结果，甚至购买目标感到满意或不满意，形成不同层次的整体满意体验。当消费者对获得的价值感到满意时，他们将忠诚于这个零售商及店铺。因此，消费者满意被看作顾客忠诚和财务表现的重要前置变量。

然而，许多研究者也发现，消费者满意并不总是导致忠诚和良好的财务表现。例如，Reichheld（1994）的研究发现，在流失的顾客中，60%~80%的都对此前的购买体验感到满意。Noble 和 Phillips（2004）也发现，体验到满意的消费者可能并不需要和零售商或者服务提供者维持长期关系。显然，基于满意体验来建立消费者的店铺忠诚是不充分的，尽管它是店铺忠诚的重要前提。

基于对顾客价值的理解，研究消费者行为的文献开始把顾客价值作为理解消费者行为的核心，认为创造顾客价值与顾客忠诚、财务收益之间具有密切的关联性（Cronin 等，2000；Ravald 和 Gönroos，1996），顾客价值是未来行为意向的决定因素（Bolton 和 Drew，1991）。Gremler 和 Brown（1996）指出，企业的营销战略不能盲目地局限在对消费者满意的追求而不重视消费者对于价值的感知诉求。企业要积极主动地对顾客价值进行挖掘，提升为顾客创造价值的能力，通过为顾客创造价值培养和提升顾客忠诚。在网络零售市场，消费者的价值感知在本质上可以被看作对特定网络零售店铺的效用性的认知。网购者总是直接地把网络零售店铺的属性和利益看作和自己的需求密切相关。而且，网店消费体验本身也能够体现丰富的功利价值和享乐价值。通过对有形的或者无形的商品和网上服务的直接使用或者间接欣赏，感知网络零售店铺提供的价值可为网购者提供内在的和外在的利益（Crowley 等，1992）。因此，消费者的价值感知被看作是消费者店铺忠诚的认知源头。

关于价值感知和满意体验间的先后关系问题，学术界虽然存在不一致的观点，但是大部分先行研究还是把价值感知看作满意体验的前提变量，因为顾客价值在购买前和购买过程的各个阶段都存在着，而顾客满意则是消费者购买后的评价（Woodruff，1997）。顾客价值在产品或者服务被使用前是可以被认知的，而满意则必须依据使用产品或者服务后的体验产生。因此，消费者的价值感知和满意体验作为认知和情感的结构存在着前因与后果的联系。

最后，必须考虑信任在网络零售店铺忠诚中的特殊意义。在关系营销中，信任被看作战略伙伴关系的基石和影响关系陷入和忠诚的关键性前置变量（Morgan和Hunt，1994；Spekman，1988）。在网络零售环境中，由于消费者和零售商之间缺乏物理环境的联系和直接的接触，信任显得尤为重要（Lynch等，2001）。信任在促进双方交易关系和建立忠诚过程中具有核心作用，被认为是电子商务成功的最重要前置变量（Gefen，2003；Jarvenpaa等，2000）。

消费者在网购时，最初的信任依赖于其对网络零售店铺的价值认知。而获得购买满足的消费者将对体验的网络零售店铺产生更为稳定的信任意念，因为他们通过直接的体验累积了信任的证据。因此，作为消费者理性行为决策中的意念变量，信任在网购中对店铺忠诚的构筑具有核心影响作用。

3. 顾客价值与店铺忠诚之间的因果关系

消费者行为研究把顾客价值看作认识消费者的一个新的重要途径，认为保持忠诚和获取利润与为消费者创出价值密切相关（Ravald和Grönroos，1996）。消费者从一个店铺中获得的价值如果比其竞争对手的多，就会对这个店铺保持忠诚（Sirdeshmukh等，2002）。尽管现有文献认为顾客价值是驱动顾客忠诚的关键要素，但也认为顾客价值和顾客忠诚之间的联系并不是简单直接的线型关系（Oliver，1999）。"期待不一致"理论认为，满意是因事前期待和感知的结果相一致而形成的情感状态。当消费者对事前的期待与其事后感知的结果相一致时，会形成满意的情感状态，而消费者对企业产品和服务的满意则是其持续使用和保持忠诚的首要动因（Oliver，1980）。因此，如果顾客价值被看作忠诚的认知性前提，那么顾客满意则可以作为店铺忠诚的情感性前提。在虚拟的网络零售市场，缺乏信任被认为是制约买卖双方在线交易的最大障碍。根据自我调节理论（Carveer和Scheier，1990），消费者在网购搜索中总是把与自己价值目标一致的属性看作有价值的属性，并依靠价值一致性来减少交易不确定性，从而在一个持续的交易关系中形成对特定网店的信赖预期。因此，提供卓越的价值有助于增加消费者的信任。

基于以上店铺忠诚及其前置变量关系的文献梳理，本研究将消费者满意和信任确定为检验本研究开发的顾客价值维度预测能力的效标变量。

（二）顾客满意

1. 顾客满意的概念

顾客满意的概念首先由 Cardozo（1965）提出，并受到广泛关注，被认为对现代营销学界和业界具有重大战略意义。Cardozo（1965）认为，满意能够促使消费者产生再次购买的意愿。Howard 和 Sheth（1969）指出，顾客满意实质上是消费者的期望与现实结果之间的差异反应，是消费者对自己所付出的成本与其所获得的收益是否合理进行评价的一种情绪状态。Hempel（1977）指出，顾客满意体现了消费者的预期与实际所得结果的一致性程度，反映的是消费者对其预期收益的实现程度。Oliver（1980，1981）认为，顾客满意是指消费者将其预期期望与购后感受进行权衡比较之后所产生的与消费体验相关的情绪。Folkes（1984）则认为，顾客满意是消费者在商品购买后对其所购商品的实际表现与预期期望的差距所做出的反应。可知，在顾客满意研究的初期，学者们主要从投入与产出的角度对顾客满意进行定义。

Surprenant 和 Churchill（1982）、Teel 和 Bearden（1983）的研究表明，顾客满意是指消费者在拥有消费经验后对其所购产品和所体验的服务的喜欢与否的程度。Westbrook 和 Oliver（1991）则指出，顾客满意是消费者购买后的一种综合情感反应，而消费者在购买前所持有的正面或负面的情感则直接影响其对所购产品或服务的满意评价。Fornell（1992）、Patterson 和 Spreng（1997）等学者一致认为，顾客满意是消费者对其所购产品或服务和消费经验的整体衡量，它是整体累积的，包含消费者对企业过去、现在以及未来经营绩效的累积衡量。

Westbrook 和 Reilly（1983）认为，特定产品或服务、特定商家行为、消费者行为和消费市场环境等与消费者的消费体验紧密关联，而顾客满意则是一种建立在这些消费体验基础上的情感反应。Wilton 和 Tse（1988）认为，顾客满意是消费者在消费体验基础上引发的对预期期望和产品实际表现之间差距的感受与评价。Fornell（1992）、Cooil 等（2007）认为，消费者对其所购买的产品或服务，以及消费体验所做出的总体评价就是顾客满意。当消费者所感知到的产品或服务实际绩效超过其购买前的预期期望时，则会产生满意的情绪状态。Giese 和 Cote（2000）在总结前人成果基础上指出，顾客满意包括消费者购买前的预测、购买中的感受或体验，以及购买后对于产品或服务乃至整个购物过程的评价三个阶段。Giese 和 Cote（2000）指出，顾客满意是消费者基于自身的预期期望对产品或服务进行感知而产生的情绪反应，这种情绪反应发生于顾客的整个购买过程中。Verhoef（2003）从情感的角度出发，认为顾客满意的评价过程实质上是顾客主观情感的体验过程。

综合上述文献成果发现，现有文献对顾客满意的理解主要有两种观点。一种观点认为，顾客满意是消费者在总结其所有购买体验和使用感受的基础上对所购产品或服务做出的整体评价，也即一种基于顾客多次体验而形成的累积满意的观点。另一种观点则认为，顾客满意是顾客基于个人行为而对成本（投入）与收益（产出）进行的比较，它是消费者对特定交易而进行的事后评判，也即一种建立在消费行为基础上的交易满意的观点。

表 6-1 部分学者对顾客满意的概念界定

学者	概念
Howard 和 Sheth（1969）	顾客满意是消费者对付出和收益进行评判的心理状态
Hunt（1977）	顾客满意是消费者对所预期收益的实现程度的情绪反应
Oliver（1981）	顾客满意是一种基于特定产品或服务的情感反应，其满意程度取决于消费者所预期产品或服务的实现程度
Tse 和 Wilton（1988）	顾客满意是消费者购买前预期和认知绩效之间差距的心理评估反应
Westbrook 和 Oliver（1991）	顾客满意是消费者购买后的一种情感反应，积极情感和消极情感直接影响满意的程度
Parasuraman（1994）	顾客满意是以服务质量、产品质量和价格为自变量的函数
Kotler（1997）	顾客满意是个人感觉，取决于消费者对产品功能或结果的感知与产品期望的比较
Oliver（1997）	顾客满意是消费者对产品或服务满足自身需要程度作出判断后的心理状态
Woodruff（1997）	顾客满意是消费者比较产品属性、性能和使用效果后与期望之间比较后的结果
Babin 和 Griffin（1998）	顾客满意是消费者对产品或服务的效果做出认知性评估后产生的一种情感反应

资料来源：作者整理。

虽然现有文献对顾客满意有很多的定义，但也形成了以下一致性的认识。

其一，作为一种心理状态，顾客满意取决于顾客对产品或服务的预期与评估。在以往消费经验的基础上，顾客会对其欲选购产品或服务产生一种预期，或是对其欲选购产品或服务抱有期待。在使用产品和消费服务之后，顾客往往会对其所选购产品或服务的品质、效果等进行评估。

其二，顾客满意是顾客情感状态的表现，它既可以是一种积极情感，也可以是一种消极或是中性的情感，且这种情感是建立在顾客先前体验认知基础上的。不同的消费者对产品和服务有不同的体验感知，因而其对相同产品或服务所具有的满意度也将存在差异。

2. 顾客满意的内在机理

心理距离理论[①]（Beckerman，1956；Fornell 等，1996）认为，当消费过程中实际所获得的结果与其事先所预想的结果越接近，消费者就越会感到满意。Oliver（1980）指出，顾客满意是消费者通过消费产品或服务后对自身所获得的结果与购前的预期期望进行比较后所做出的整体评价，并进而提出了顾客满意的"期望—实绩"模型。Westbrook 和 Reilly（1983）基于 Oliver（1980）的"期望—实绩"模型对期望和实绩之间的关系进行了深入研究，认为实际绩效的提高是顾客满意的根本保证。为满足消费者的多样化个性需求，企业需要提高其产品和服务的实绩以尽可能地达到消费者的期望标准，这样才能使消费者感到满意。在后续的研究中，Oliver（1980）"期望—实绩"模型奠定了顾客满意理论的基础。消费者的期望和所获实绩决定了其满意与否，只有对期望与实绩之间的关系进行合理梳理与协调，才能确保消费者满意度的提升。

为探究消费者满意的形成机制，现有文献形成了三个具有代表性的模型，即 Oliver（1980）的"期望—绩效"模型、Oliver（1993）的"情感—属性"模型和 Oliver（2000）的"顾客满意形成过程"模型。

（1）"期望—绩效"模型。

"期望—绩效"模型又称"期望不一致"模型。根据 Oliver（1980）的"期望—绩效"模型，顾客满意程度是由顾客期望与服务绩效之差共同决定的（见图 6-2）。该模型包括顾客期望的形成过程和服务绩效与顾客期望的比较过程。Oliver（1980）认为，在消费过程中或消费之后，消费者会根据自己的期望，评估产品和服务的绩效。当绩效低于消费者期望时，将导致消费者不满；当绩效达

---

① 传统市场环境下，心理距离普遍存在而又形式多样。消费者认为任何不是直接经历（如在不同的时间点、对象为不同的人、发生在不同的地方、有不同的可能性）的事物和对象，通常在心理上都感知到遥远。这些维度向不同的方向延伸，构成了不同的心理距离，因而人们总是在特定的心理距离下做出决策。随着心理距离的增加，相对于具体化、情境化、低层次的解释水平来说，消费者将会采用更为抽象化、非情境化、高层次的方式来指导他们的想法和行为。

到消费者期望甚至超出消费者预期时，消费者将感到满意。也就是说，消费者会根据自己的经历、他人的口头宣传、企业的声誉、广告宣传等一系列线索形成对企业服务绩效的期望，并将这种期望作为评估服务绩效的标准。然后，在随后的产品和服务购买与使用中，消费者会对产品和服务的绩效水平加以感受，最后将其所感知到的产品和服务的绩效与其先前期望进行比较，并在此基础上作出判断。

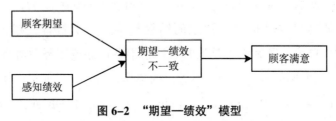

图 6-2　"期望—绩效"模型

资料来源：Oliver R L. A cognitive model of the antecedents and consequences of satisfaction decisions [J]. Journal of Marketing Research，1980：460-469.

消费者往往会依据其对产品和服务的期望而对产品和服务的绩效进行评估。当消费者感觉到产品和服务绩效达到其期望甚至超出其预期时，消费者就会感到满意（积极的不一致）。消费者所感知产品和服务的绩效越高，就会越满意。但如果消费者所感知的产品和服务绩效并未达到其预期时，消费者将会不满意（消极的不一致）。感知绩效越低，顾客越不满意。

（2）"情感—属性"模型。

Oliver（1993）指出，消费者的消费情感是顾客满意不可忽略的因素。满意既可以从消费者对产品或消费结果的认知反应中识别出来，也可以从消费者对产品或消费结果的情感反应中加以识别。在消费过程中或是在消费结束之后，消费者往往会对其所消费产品或服务的属性进行评估，在对不同产品或服务属性进行评估的过程中，这些差异化的属性评估将引发消费者的正面或负面情感。换言之，消费者的情感反应是其消费体验的直接结果。在 Oliver（1993）的"情感—属性"模型中，消费者的正面情感包括喜欢和感兴趣两个方面。消费者的负面情感则受到内部因素、外部因素和情境因素三方面的影响。消费者所持有的正面情感或负面情感的绝对值大小决定了消费者的满意程度或不满意程度的高低。

一旦需要或期望未得到满足，消费者的负面情感便会形成。而一旦期望得到满足或是超出预期，消费者便会产生正面情感。属性体验既会对消费者满意产生直接影响，也会通过消费者情感间接影响其满意。换言之，属性满意具有双重效

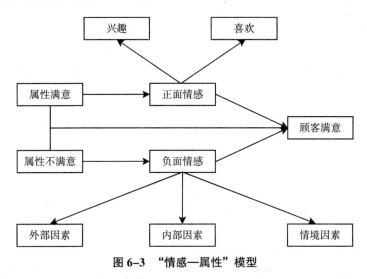

图 6-3 "情感—属性"模型

资料来源：Oliver R，Westbrook R. Profiles of consumer emotions and satisfaction in ownership and usage〔J〕. Journal of Consumer Satisfaction，Dissatisfaction and Complaining Behavior，1993，6：12~27.

应，属性满意能够引发消费者的正面情感，并通过正面情感提升消费者的满意度。与此同时，属性满意同样会削弱消费者的负面情感，从而间接提升消费者的满意度。反之，属性不满意将导致消费者产生负面情感，而负面情感则会降低消费者的满意度。

（3）"顾客满意形成过程"模型。

根据 Oliver（1980，1993）的观点，满意感是消费者在自己的需要得到满足之后产生的心理反应，包括产品和服务没有满足消费者的需要或满足与超额满足消费者的需要而引起的顾客情感反应。在消费过程中或消费后，消费者会根据自己的期望、需要、理想以及其他可能的实际标准，评估产品和服务。

消费者对绩效的评估结果，以及对评估结果的归因，都会影响消费者的情感。而消费者的情感也会直接影响其满意度感知。在不断完善顾客满意定义的基础上，Oliver（2000）还讨论了服务中的顾客满意，进一步提出了"顾客满意形成过程"模型（见图 6-4）。

Oliver（2000）认为，顾客满意的形成过程在本质上是一个心理建构过程，适合于所有产品和服务。服务中的顾客满意与产品的顾客满意在性质上不会有差别。但在服务满意的形成中，有些机制（如情感机制）显得更为重要。他认为，在服务中，人际间的相互作用起着相当大的作用。因此，与产品相比较，情感在

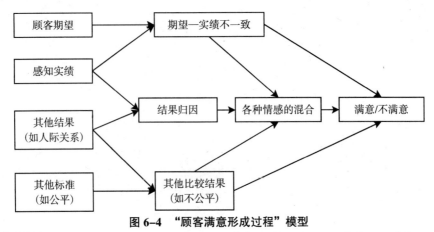

图 6-4 "顾客满意形成过程"模型

资料来源：Oliver R L. Customer satisfaction with service [J]. Handbook of Services Marketing and Management，2000：247-254.

服务满意中的作用更为重要。不同于产品满意，消费者的服务满意是建立在对服务人员绩效判断的基础上的，这种判断并非是一种对物质的判断，而是一种社会性判断。一般来说，由于服务人员绩效以及服务中各方面的复杂作用，消费者对服务人员绩效的社会性判断相较于物质性判断更为模糊。良好的服务接触将有利于消费者形成服务满意，对服务作出满意评价。

3. 顾客满意与顾客价值的关系

学者们普遍认为，为消费者创造卓越的顾客价值是保障企业获得成功的关键因素（Higgins，1988；Milgrom 和 Roberts，1995；Wyner，1996；Porter，1996；Kordupleski 和 Laitamäki，1997；Woodruff，1997）。倘若企业能够为消费者创出和提供卓越的价值，则无异于获得差别化竞争优势（Ravald 和 Grönroos，1996）。此外，通过对于企业核心产品或服务价值的增加能够促进消费者满意程度的提升，使企业与消费者之间的联结得到增强，最终使企业赢得顾客忠诚（Christopher，Payne 和 Ballantyne，1992）。因此，在关系营销中，只要是能为消费者带来价值增值的战略都应该被企业当作基本经营战略加以运用（Grönroos，1994）。

顾客满意是在有关顾客价值的探讨中的一个重要的概念。Woodruff（1997）认为，满意是衡量企业价值创造活动对消费者价值需要满足状况的预测指标。通过了解顾客满意和顾客感知价值就可以实现获取企业竞争优势的目的（Woodruff，1997；Woodruff 和 Gardial，1996；Parasuraman，1997）。从顾客价值的定义中不难发现，顾客满意与顾客价值之间存在很强的内在联系。顾客价值与顾客满意均是顾客对产品或服务做出的评估性判断，均对使用情境加以强调，且顾客价值和顾客满意在含义上存在着一定的重叠。图 6-5 反映了顾客价值与顾客满意之间的关系。

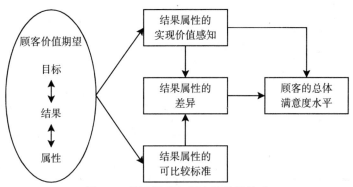

图 6-5　顾客满意与顾客价值的关系

资料来源：Woodruff R B. Customer value：The next source for competitive advantage [J]. Journal of the Academy of Marketing Science，1997，25（2）：139-153.

从图 6-5 中顾客价值期望的三个层次可以看出，消费者在进行评价时往往先根据过去和现在所积累的消费经验明确自己当时的期望价值。消费者的期望价值是由对产品属性、属性效能和与使用情境目标紧密联系的结果等可衡量维度的偏好所组成的。同时，期望价值也能够对消费者在特定使用情境下的产品效能感知的形成加以引导，使其对这些属性的效能、使用经历和使用结果进行合理评价。期望价值的实现既对消费者总体满意水平产生直接影响，也可能在与参照标准比较形成感知差异的基础上对其的总体满意水平产生影响。

研究表明，在顾客发生购买行为之前，顾客的价值感知会对其购买意图的形成产生直接的影响（Bolton 和 Drew，1991）。而在顾客发生购买行为之后，由于顾客购后消费经验的获得，顾客对于所购产品或服务的效用评价将部分或全部通过顾客满意程度的传递去影响顾客未来的购买行为意图（Patterson 和 Spreng，1997）。现有文献已就顾客价值对于顾客满意度的预测作用达成了一致性的认识（Garver 和 Williams，2009；Sánchez-Fernández，2009；田雨，2010）。因此，企业需要依赖顾客价值的提升来提高消费者的满意水平（Huber，2007）。

4. 顾客满意与顾客忠诚的关系

现有文献指出，顾客满意是顾客忠诚的重要影响因素，但对顾客满意与顾客忠诚之间的关系也存在着不同的观点。

一类观点认为两者呈前因后果的关系。大多数文献认为，顾客忠诚度将会随着消费者满意度的提高而相应提高，顾客满意与顾客忠诚之间呈现正相关关系（Newman 和 Werbel，1973；Cronin 和 Taylor，1992）。Reichheld 和 Sasser（1990）的研究表明，顾客满意度的提升将会刺激其未来长期忠诚度的增加和再次消费的意愿。Zeithaml 和 Bitner（1996）指出，顾客满意是顾客忠诚的前因变量，顾客满意会正向影响顾客忠诚。她们的观点也得到了 Hallowell（1996）对零售行业消费者研究结论的支持。Morris（1997）认为，顾客满意直接导致了顾客忠诚的形成。Jones（1995）、Fornell（1996）和 Srinivasan（2002）也认为，顾客满意是实现顾客忠诚的基础，顾客忠诚建立在顾客满意之上。Anderson 和 Srinivasan（2003）的实证研究结果表明，网络零售环境中的顾客满意会显著地正向影响顾客忠诚。Shergill 等（2004）认为顾客满意是网络零售中影响顾客店铺忠诚最为重要的因素。

另一类观点认为两者呈现非线性相关关系。例如，Coyne（1989）的研究表明，顾客满意和顾客忠诚之间的关系受到一定高度和一定低点这两个关键阈值的控制。当顾客满意达到一定的水平高度时，顾客忠诚将开始快速上升。而当顾客满意下降到一定的低水平时，顾客忠诚则会开始快速下降。Jones 和 Sasser（1995）对五种行业进行的研究结果表明，由于竞争环境的差异性，顾客满意对于顾客忠诚的影响会有所不同。在极具垄断性的行业，持较低满意水平的消费者甚至是不满意的消费者对该行业也往往具有忠诚度。而在竞争激烈的行业中，持较低满意水平的消费者或者是不满意的消费者则对这一行业很难有忠诚度。只有当消费者感到高度满意时，他们才会产生相对较强的顾客忠诚。McKinsey（1993）通过进一步研究发现，如果将满意程度区分为不满意、满意和很满意三个区域，则顾客满意落于不满意区域内或者是落于很满意区域内时，其与顾客忠诚之间具有非常明显的相关关系。而当顾客满意落于满意区域内时，其与顾客忠诚之间的相关关系则相对较弱。Mittal 和 Kamakura（2001）就消费者特征对顾客满意和顾客忠诚之间关系强度的影响进行了探究，发现不同的消费者有着不同的忠诚阈值。Balabanis、Reynolds 和 Simintiras（2006）的研究同样表明，网络零售中消费者对网店的总体满意水平并不等同于其对该网店的忠诚程度，顾客满意对于顾客忠诚的显著正向影响是非线性的。

还有一类观点认为两者没有相关关系。他们认为，消费者即使对产品或服务表现出高度的满意，他们仍然会出现转换行为。美国贝恩公司的一项调查显示，有 65%~85%的宣称自己对企业的产品和服务感到满意甚至非常满意的顾客消费者选择转向消费其他企业同类产品和服务，这就表明满意的消费者并不一定就会成为忠诚的顾客。而选择消费转换的消费者中有 90%均表示对这家企业感到满意，甚至非常满意，他们转移的原因是找到了更好的选择。

（三）顾客信任

1. 顾客信任的概念

信任是心理学、社会学、管理学等多学科领域关注的研究命题。不同的学科领域对信任的概念都有着自己的定义，并在认识上不断深化。随着企业对顾客关系的重视，信任在营销学中也得到广泛的探讨和应用。

在营销学领域，信任被定义为对对方的言语和承诺是可信的，并会履行其在交易中的义务的信念（Schuur 和 Ozanne，1985）。Dwyer 等（1987）较早提出了顾客信任的概念，并得到学者们的广泛关注。Dwyer（1987）认为，信任是相信对方所说和所作承诺是可靠的；相信对方会履行其在交易关系中的义务。顾客信任可以带来较高的顾客保留，同时也能为企业带来更多的利润，可以使一个满意的顾客转换成企业忠诚的顾客。顾客信任是在存在风险的情况下，相信从对方所获得的有关不确定状态下的信息及其结果（Hawes 等，1989），它是从消费者长期关系利益出发的一种坚定的信念（Crosby，Evans 和 Cowles，1990）。

Anderson 和 Narus（1990）认为，市场中的信任是指一个企业认为对方企业会做出利于自己企业产生积极效果的行为，而不会做出无法预期且可能产生消极后果的行为的观念。Moorman 等（1992）指出，信任是对有信心的交易伙伴的一种依赖愿望，包括存在依靠对方的愿望和相信交易伙伴两个方面。Morgan 和 Hunt（1994）则认为，信任是指在交易中相信与对方交易的可靠和诚实的存在状态。Anwar 和 Andaleeb（1996）将信任定义为消费者愿意接受销售人员对其进行影响的一种意愿。Doney 和 Cannon（1997）认为信任是消费者感知到其信任对象的善意和可靠。Lau 和 Lee（1999）认为，信任是消费者在面临风险时依旧能够依赖的意愿，以及由此所采取的协同性支持行为，它是消费者对对方可靠性的判断或认同。Sirdeshmukh 等（2002）把信任理解为消费者对产品和服务提供者本身的可靠性及其履行承诺的可靠性的预估。Ribbink 等（2004）提出，网络零售中的消费者信任是指在网络零售交易过程中，消费者根据产品或服务的性能和可靠性所判断和感知的交易对方的可信任程度。刘建新（2006）在全面分析顾客信任内涵的基础上，探讨了顾客信任的演化过程与形成机理。他指出，信任是一方对另一方可靠性的认同或判断，以及由此采取的协同性支持行为。现有文献对信任的定义整理如表 6–2 所示。

表 6–2　部分学者对顾客信任的定义

学者	定义
Schurr 和 Ozanne（1985）	对对方的言语和承诺是可信的，并会履行其在交易中的义务的信念
Dwyer（1987）	相信对方所说和所作承诺是可靠的，对方会履行其在交易关系中的义务
Hawes、Mast 和 Swan（1989）	在有风险情况下，相信从对方所得到的有关不确定环境状态的信息及其结果
Crosby、Evans 和 Cowles（1990）	相信销售人员会从长期利益出发来处事的信念
Anderson 和 Narus（1990）	相信对方会做出利于自己企业产生积极效果的行为，而不会做出无法预期并产生消极后果的行为的观念
Moorman、Deshpande 和 Zaltman（1992）	对交易伙伴的依赖意愿，包括一方对交易伙伴有信心且有依赖对方的意愿
Morgan 和 Hunt（1994）	交易中的一方相信与另一方交易的可靠性和诚实性时的存在状态
Anwar 和 Andaleeb（1996）	消费者愿意接受销售人员影响的一种意愿
Doney 和 Cannon（1997）	消费者感知到其信任对象的善意和可靠
Lau 和 Lee（1999）	顾客信任是消费者在面对风险时仍然依赖品牌的意愿
Garbarino 和 Johnson（1999）	消费者对所提供服务的质量和可靠性的信心
Dyer 和 Chu（2000）	交易关系中对另一方不会利用其脆弱性的信念
Sirdeshmukh、Singh 和 Sabol（2002）	对服务提供者可靠性和履行承诺的可靠性的预估
Ribbink、Van Riel 和 Liljander（2006）	根据产品或服务的性能和可靠性所判断和感知的交易对方的可信任程度
刘建新（2006）	消费者对企业可靠性的认同或判断，以及由此对企业采取的协同性支持行为

资料来源：作者整理。

从文献整理来看，学者们对交易关系中信任的定义虽各不相同，但多数都认为信任是一种信念或者期望，信任来源于交易对方的诚实可靠，并且关心消费者的利益或不会损害消费者的利益。与传统零售业相比，消费者在网络零售环境中面临着更多的不确定因素与更大的风险。网络零售商能否与消费者建立、保持、增强信任关系，是其能否成功的关键因素。

2. 顾客信任的作用

随着关系营销的兴起，越来越多的学者和企业家也开始关注信任的重要性。

Spekman（1985）指出，信任是与消费者建立长期关系的基石。Reichheld 和 Schefter（2000）指出，企业想要赢得消费者的忠诚，就必须先赢得消费者的信任。消费者信任在为企业带来顾客保留的同时，还能够为企业创造出更多的利润（Wong，2002）。此外，对企业的高度信任可以使对企业满意的消费者转换成对企业忠诚的消费者（Ha，2004）。在网络零售市场中，由于信任的存在，可以使双方专注于长期关系所带来的利益，从而减少交易成本，获得竞争优势（Ganesan，1994）。Gefen（2003）论证了消费者信任对维持品牌关系的关键作用。因此，实施以信任为基础的营销战略有助于企业维持与消费者的积极关系，提高消费者终身价值，增加市场份额和利润。

3. 网络零售中的顾客信任

一些学者从体制性信任理论视角研究了网络零售中消费者信任的形成过程（Zucker，1987）。在网络零售环境中，消费者相信自己可以得到法律和法规的保护（体制性信任感），就会对网络零售商产生信任感。在对网络零售商信任的实证研究中，学者们把信任看作消费者对网络零售商总体信任的信念、网络零售商的善意（Jarvenpaa 和 Tractinsky，1999），以及消费者对网络零售商的诚信、善意和能力的信念（Jarvenpaa 等，1998；McKnight 等，2002）。

在网络购物过程中，由于消费者不能直接接触商品实物，买卖双方处于信息不对称状态。消费者的购买决策主要依靠产品展示，以及零售商的承诺。如果消费者不相信零售商的承诺，则不会进行交易。对网络零售店铺的不信任，以及感知的风险是消费者不轻易网购的重要原因。

信任是消费者与零售商之间保持长期业务往来的重要保障（Dasgupta 1988；Gambetta，1988；Ganesan，1994；Gulati，1995）。当消费者在交易中必须依靠企业不采用投机主义行为和不公平竞争手段时，或者是交易中存在不可能完全规范的商务协议时，信任对于消费者和企业都是十分重要的（Deutsch，1958；Williamson，1985）。网络零售本身存在的诸多局限性使消费者难以确保与其交易的网络零售商所采取的是准确呈现商品信息等道德合法行为，而不存在未经许可擅自泄露消费者隐私、不公平定价、未经授权盗用消费者信用卡信息等投机行为。消费者往往更难对网络零售商产生信任感。而且，由于网络零售的转换成本较低，消费者一旦出现不信任感则会选择不进行交易，甚至有可能转而选择其他渠道或零售商购买（Jarvenpa 和 Tractinsky，1999）。因此，信任是消费者愿意与网络零售商进行交易的重要前置变量（Gefen，1997；Kollock，1999），它比在传统面对面实体零售店交易显得更加重要（Gefen，2000）。

4. 顾客信任和顾客价值的关系

从信任形成的过程看，理性消费者的购买行为建立在对价值预期的确信基础上，包括对质量、成本、消费体验等的预估。如果把购买行为的发生视为消费者对结果的信任体现，那么顾客价值就是体现这种信任行为的前因。Doney 和 Cannon（1997）的研究表明，顾客价值作为消费者对购买或使用经历的付出和所得的权衡，它是消费者考虑了各种因素后的综合预估，这种价值预期可以帮助消费者预测企业未来的行为表现。而这种预测能力越强，就越容易建立信任。Sultan（2002）针对网络零售业的研究进一步表明，消费者感知价值增大，将会产生更高的信任。刘建新（2006）指出，顾客价值是顾客信任形成的价值基础。顾客信任是基于企业能够提供满足其需要的核心价值，且需要的满足程度越高，越能够使消费者产生信任感。而当企业不能够有效地满足顾客的价值需要时，消费者不但会因不满而影响其对企业的信任，而且会对企业是否信守承诺产生怀疑。因此，顾客信任是顾客价值实现的结果。

5. 顾客信任与顾客忠诚的关系

在关系营销中，信任可以使双方关系更加巩固，顾客信任与顾客满意作为关系质量的构成变量都会促进顾客忠诚。Crosby 等（1990）认为，如果消费者对服务提供者感到满意及信任，会增加其未来与企业互动，并显著提高营销绩效，促使其继续与企业进行交易，提高对企业忠诚度。Czepiel（1990）指出，关系信任对建立和发展顾客忠诚有重要作用，信任企业的顾客能够容忍企业提供的产品或服务出现失误，并适时地向企业提出建设性的意见。Morgan 和 Hunt（1994）的研究也认为，信任和承诺与顾客忠诚有很强的相关性，信任是重要的中介变量。Doney 和 Cannon（1997）研究结果显示，消费者对企业的信任度越高，就越乐意与该企业保持合作关系，也即保持了顾客忠诚度。Bowen 和 Shoemaker（1998）认为，顾客信任对消费者的态度和行为都会产生影响。信任某企业的消费者在该企业消费时会感到愉悦，他们出于对该企业的了解和信任往往会经常性地选择到该企业而不会轻易地转到其他企业消费。Reichheld 和 Sehefter（2000）指出，顾客信任是顾客忠诚的前提。企业如果要赢得消费者的忠诚，首先就要赢得他们的信任。信任的建立会使消费者倾向于与企业保持更为持久的合作关系。而消费者与企业持久合作关系的形成则会给企业创造长期可得的丰厚利润。Ruyter 和 Moorman 等（2001）对高科技市场的研究发现，顾客忠诚与信任关系之间有着积极的相关性。Sirdeshmukh（2002）指出，信任有助于建立稳固的顾客关系，取得顾客忠诚。Anderson 和 Srinivasan（2003）对信任与忠诚之间关系的实证研究显示，信任是评价消费者与企业关系的重要指标，顾客信任正向影响顾客忠诚。我国学者陈明亮（2003）对 IT 分销行业的实证研究发现，顾客信任是决定顾客忠诚的主要因素之一。刘建新（2006）指出，作为顾客资产形成的基础，顾客信任是顾客满意与顾客忠诚形成的前提条件。

二、 预测模型的构建

基于上述理论背景，本研究提出了一个网络零售中的顾客价值驱动店铺忠诚的研究模型。如图 6-6 所示，在网络零售情境中，顾客价值构成维度中的产品价值、服务价值、情感价值，以及社会价值分别对顾客满意和顾客信任具有积极影响；顾客满意和顾客信任则分别对店铺忠诚具有积极影响。在店铺忠诚构筑过程

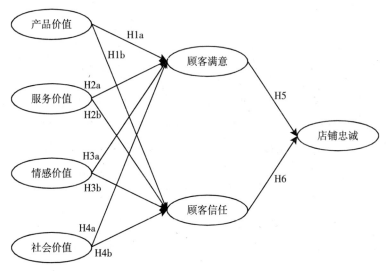

图 6-6 网络零售在线顾客价值驱动店铺忠诚的预测模型

资料来源：作者绘制。

中，顾客价值作为认知性感知，满意作为情感性反应，信任作为未来关系持续的意念，共同构成店铺忠诚的三个连续的阶段。

三、研究假设的导出

（一）产品价值对顾客满意和顾客信任的预测性

消费者关于产品的价值感知是购买特定零售商品的首要决定因素（Darden 和 Lusch，1983）。作为源于产品中利益得失权衡的产品价值，在逻辑上，感知的产品质量越高，将导致感知的价值也越高。所以，本研究预测，在网络零售中，从网店获得的产品价值对顾客的满意和信任感知具有积极的影响。由此，本研究提出如下假设：

H1a：在网络零售中，产品价值对顾客满意具有正向预测性。

H1b：在网络零售中，产品价值对顾客信任具有正向预测性。

（二）服务价值对顾客满意和顾客信任的预测性

在网络零售中，网店既是营销渠道，又是信息系统，为消费者创出卓越的服务价值对于网店的成功至关重要（Jarvenpaa 和 Todd，1997）。一个合意的服务将导致消费者的满意和忠诚（Grewal 等，2004）。在网购交易中，消费者可以通过对网店服务体验来推测其服务质量和服务价值。Gefen（2003）发现，网店提供的服务价值与对该网店的信任具有显著的关系。由于服务价值一般是消费者从与网店的交易过程中感知到的，获得高服务价值被认为是消费者信任该网店的重要前提。因此，本研究预测，网店的服务价值对消费者的满意体验和信任具有积极的影响。由此，提出以下假设：

H2a：在网络零售中，服务价值对顾客满意具有正向预测性。

H2b：在网络零售中，服务价值对顾客信任具有正向预测性。

（三）情感价值对顾客满意和顾客信任的预测性

在情感体验中，消费者积极的或消极的情绪随时存在。情绪是购买体验满意的关键驱动力（Oliver，1999）。零售研究中也有同样的研究结论，即情感对满意具有很强的驱动作用（Machleit 和 Susan，2001）。源于消费者对服务表现和消费过程中体验的情感评价的情感状态，包括有形的属性和与服务体验相联系的愉快感。在网购中，信息探索也可以形成消费者的兴奋状态。

网民和消费者都有追求享受、娱乐的天性。在安全的网络环境中，便利地享受免费的个性化定制内容对消费者来讲也是一种愉悦的网络零售体验过程。同时，消费中体验的愉快感和满足感也导致消费者对交易过程的公平性感知，进而强化对方在未来将继续满足自己需要的信心（Ganesan，1994）。消费者情感价值的满足对顾客的态度忠诚有显著的影响作用（董晓松，2010）。消费者在选择产品时，有时并非单纯理性地追求商品的真实属性与功能，也会关注购买的产品是否能使其在身心上获得愉悦感受。因此，本研究预测，消费者在网店中体验的情感价值对其满意和信任感知具有积极影响。由此，提出以下假设：

H3a：在网络零售中，情感价值对顾客满意具有正向预测性。

H3b：在网络零售中，情感价值对顾客信任具有正向预测性。

（四）社会价值对顾客满意和顾客信任的预测性

社会价值源于消费者的社会形象感知。这里的社会形象是指消费者相信自己将如何被其他重要的人物看待（社会自我形象）和消费者喜欢如何被这些重要的人物所看待（社会理想形象）。社会自我形象和实际的或者理想的自我可能是一致的，也可能是不一致的，它通过"社会一致性动机"或"社会认可动机"施加影响（Johar 和 Sirgy，1991）。一般来说，消费者期望做一些可以保持其他人对自己既有形象的认可或导致其他人高看自己的事情（Sirgy 等，2000）。

网络零售平台使消费者在网上与其他人快速建立一种虚拟关系，并减少了现实社会中由于地位阶层不同导致的社会价值差异。然而，由于购买者与零售商之间的时空距离，网购也具有不确定性和风险性。研究发现，信任影响在线购买的意图（Jarvenpaa 和 Todd，1997；Gefen 等，2003）。面对在线购买的风险和不确定性，网购者倾向于探寻更多的店铺。因此，网店的社会形象或典型主顾的社会形象和购买者自身的社会自我形象越适应，他们就越有可能对该网店产生信任。而且，这种对网店的信任又将因他们在实际的购买体验中感知自己社会身份的强化和自我尊重的唤起而得到强化。因此，本研究预测，从网店获得的社会价值对消费者的满意和信任具有积极影响。由此，提出以下假设：

H4a：在网络零售中，社会价值对顾客满意具有正向预测性。

H4b：在网络零售中，社会价值对顾客信任具有正向预测性。

（五）顾客满意对店铺忠诚的预测性

满意被认为是消费者的期待满足反应，因而满意判断取决于结果产出和比较对象之间差异的最小化（Oliver，1999）。满意是评价一系列服务体验后的情感反应（Cronin，2000）。在消费者行为文献中，满意是消费者行为的基本决定因素。消费者越是满意，他们的保持力就越强（Anderson 和 Sullivan，1993）。有关服务领域的研究也证明了顾客满意与顾客维持和口传之间的关系。这些关联性对于营销是根本性的，它说明满足消费者的需要和欲望是使其重复购买的关键（Kotler 等，2002）。因此，本研究预测，在网络零售中，顾客满意对其店铺忠诚具有积极的影响。由此，提出以下假设：

H5：在网络零售中，顾客满意对店铺忠诚具有正向预测性。

（六）顾客信任对店铺忠诚的预测性

在网络零售，由于缺乏有效的约束规则，消费者只能信任那些不从事有害的机会主义行为的网店，而那些不可抵御的社会复杂性将导致他们回避网购。消费者一般会远离那些不可信的网络零售商（Jarvenpaa 和 Todd，1997；Reiehheld 和 Sehefter，2000）。因此，网络零售商努力建立顾客信任可以减少消费者感知的风险性，并使消费者对其未来行为产生信任的预测（Mayer 等，1995）。而随着关系风险的降低，消费者可能充当合作者，并通过展示他们的忠诚行为来对供应商保持信任（Gassenheimer 等，1998）。因此，本研究预测，消费者对网店的信任将导致其对网店的忠诚。由此，提出以下假设：

H6：在网络零售中，顾客信任对店铺忠诚具有正向预测性。

第七章　研究设计与方法

本章在效标变量确定的基础上，选用既有研究的测量问项对产品价值、服务价值、情感价值、社会价值共四个维度变量和顾客满意、顾客信任和店铺忠诚共三个效标变量进行大样本测量，并对数据的收集和样本的人口统计学特征进行描述性分析。本章的研究技术路线如图 7-1 所示。

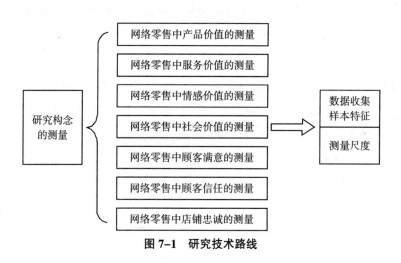

图 7-1　研究技术路线

一、研究构念的测量

（一）测量量表的设计

量表是一种规范化和标准化的测量尺度，可以用于对研究构念特征的定量测评。其中，李克特（Likert）量表因其简单明了且易于编制，被广泛应用于心理学、流行病学、经济学、管理学等社会学科领域的研究之中，用以测量调查对象对研究构念的特征、态度、状况或频度等。

李克特量表是 Likert（1932）开发的一种态度测量等级量表技术。李克特量表最初的应答选项由"非常反对"、"反对"、"不同意也不反对"、"同意"和"非常同意"共 5 级态度语义量词构成，用于对调查对象态度的强度和方向进行测量。

一些学者根据自己的研究需要和问项设置喜好对量表的应答等级进行调整，但究竟设置几级才能使量表具备最佳预测性尚无定论。研究表明，量表的特性会随着量表应答等级的增加而相应地得到改善并传达出更多信息。然而，如果量表的分级过多又会导致调查对象的应答时间过长。且随着量表等级的增加，量表特性的改善也逐渐趋于平缓。如果量表等级划分数超过了调查对象的分辨能力，则容易造成调查对象的疲劳而使其应答效率下降，导致调查结果出现较大的偏差。当然，如果分级过少，那么量表又可能由于敏感度降低而难以辨别不同的特征。

Donald（1972）等学者的研究发现，虽然在量表应答等级增加的过程中调查对象的态度分布会因划分等级的增加而更加精准，从而降低调查结果的测量误差，但调查对象的应答疲劳同样也会随着量表应答等级的增加而加强，这又可能导致调查对象的无应答或者偏倚应答。因此，Donald（1972）认为，5~7 级的等级设置适用于个体的态度和行为的调查。2~3 级的等级设置则适用于测量人群的平均水平。

信度和效度是量表最为重要的特性。Preston 等（2000）在心理学研究中，通过使用 2~11 级不同等级的李克特量表进行重复测量发现，内部一致性和重测信度最好的是 7~10 级量表；效度和辨别度最好的是 6 级以上量表。而当应答等级大于 10 级时，量表的重测信度会趋于减小，但内部一致性变化不大。

Hajebrahimi 等（2004）将艾森克人格问卷（Eysenck Personality Question-naire，EPQ）中的"是"和"否"应答选项转换成 2~9 级李克特应答形式发现，随着量表设置等级的增加，量表的结构效度和内部一致性均得到改善。而当应答等级为 7 级时，量表表现出最优的结构效度和内部一致性。因此，Hajebrahimi 认为 7 级应答等级最适合艾森克人格问卷。

李育辉等（2006）在运用电话访谈和互联网在线两种方法对消费者的商品满

意度调查中使用相同问项的 5 级、6 级、7 级和 10 级四种不同等级版本的量表。结果显示，6 级量表的内部一致性最差，5 级、7 级和 10 级量表的内部一致性更好，且 10 级量表的内部一致性最佳。另外，7 级和 10 级量表具有较高的辨别度，在相同样本数量的情况下可以获得更为准确的结果。因此，李育辉等学者认为，面对面调查或在线调查等能够看到问题选项的调查方式较适合采用 7 级或 10 级的测量量表；而电话访问等不能看到问题选项的调查方式则适合采用 5 级或 10 级的测量量表。

综上所述，应答等级的改变对量表所收集数据的特征影响较小，不同等级量表的数据可用相同的统计方法分析。但是，量表的特性将随应答等级增加而改善，并在 7 级以后改善很小。而等级太多则会造成应答率下降，大于 10 级还会使重测信度降低。因此，比较理想的应答等级可能在 7 级左右。

为确保测量尺度的内容效度，本研究选用既有研究的测量问项对产品价值、服务价值、情感价值、社会价值、顾客满意、顾客信任和店铺忠诚共 7 个研究构念进行了测量。每个研究构念都使用多问项 7 分李克特尺度，从"完全不同意"到"完全同意"测量应答者的判断。

（二）问卷设计的原则和内容

问卷调查法是社会科学研究中普遍采用的数据收集方法。一是问卷调查法可以较快地获得一手数据资料；二是在设计合理，且具有较高信度、效度情况下，大样本问卷调查可以取得可靠的数据；三是问卷调查方式对被试群体的干扰较小，较容易得到被试群体的配合；四是问卷调查方式更为经济，费用成本也相对较低。当然，问卷调查的数据用于统计研究的前提是，被试认真阅读测项，有能力理解测项内容；并如实作答（陈晓萍等，2008）。

1. 问卷设计的原则

问卷设计的科学性可以从理论构思和目的、格式编排、测项的语句及具体用词四个方面进行判断（王重鸣，1990）。在选择测量量表进行问卷设计时，必须遵循以下原则：

（1）概念化和操作化原则。

测项的操作化必须建立在正确的概念化基础之上。Churchill（1979）指出，在设计问卷之前，需要完成测量对象的概念化，即在仔细研究测量对象基础上找出一个合理的理论测量框架。然后，以该框架为依据进行测项的具体设计与操作化。

（2）代表性原则。

有效的测量尺度必须从一般测项库中抽取，才具有一定的代表性（Churchill，1979）。由于自行设计测项的内容复杂、工作量庞大且还需要更为深入的信度、效度检验，大部分研究的变量测量都是选择已经被开发出来并在以往文献中被使用过，进而被证明具有一定信度和效度保证的成熟量表。鉴于本研究有关变量的测量及其信度、效度已被以往的文献所使用和验证，因而本研究各变量的测项将在这些文献中进行选择。

（3）多测项测量原则。

研究变量的测量可以分为单条目测量与多条目测量两种类型。Nunnally 和 Bernstein（1994）指出，在心理测量学和市场营销学的文献中，单测项测量的正确性和有效性已经受到质疑，多测项测量的重要性正在受到越来越多的重视。所以，对于测量变量的具体量表选择，Churchill（1979）认为，一个基本的原则是至少应该通过两个以上的测项来测量某一特定概念。与上述观点一致，本研究不依赖单一测项进行测量，而是运用心理计量学家所推荐的多测项方法对所有变量进行测量。

（4）信度和效度原则。

信度即可靠性，它是指采取同样测量方法对同一测量对象进行重复测量时，所得结果相一致的程度。效度即准确性，它是指测量工具或手段能够准确测出所要测量的对象的程度（王永贵，2009）。在正式的研究中，设计完成的测量量表必须要具备相应的信度和效度，才能得到科学而可信的研究结果。尽管本研究所引用测量量表的信度与效度已经得到证实，但我们在使用这些量表之前，还是会以本研究背景对它们的信度与效度进行再次验证。

（5）客观性原则。

测项的表述要客观，不能使用带有倾向的表述，以避免带来填写人员的误填（王重鸣，1990）。因此，在进行本研究的问卷设计时，要特别注意避免使用复杂语句或带有引导性的语句进行测项描述，注重用语的明确和具体，尽可能做到客观表述，并在表述过程中避免语义出现多重含义或是隐含假设与诱导，对测项的表述应简单明了而不过于抽象。

2. 问卷内容

在问卷调查过程中，问卷内容的设计是关键。在遵循设计基本原则的基础上，不同研究目的和样本特点决定了调查问卷的总体安排、内容和构成（王重鸣，1990）。因此，研究人员需根据研究的目标和调查对象特点确定所需收集的数据与测量量表的问项。就问卷内容而言，通过测项填写所收集的数据不仅要能有效测量相关变量，而且还要满足诸如结构方程模型分析及回归分析等统计分析方法对数据质量的要求。

本研究主要是从消费者视角探讨网络零售中的顾客价值内涵维度及其对消费者店铺忠诚的预测性。即从消费者的视角开发一个基于网络零售的在线顾客价值概念化模型，对该模型的妥当性及其构成维度对消费者店铺忠诚的预测性进行实证检验。围绕本研究主题，我们设计的调查问卷主要包括五方面的内容。一是问卷填写的基本说明，包括本项调查研究的背景、填写要求和回收的时间节点等。二是网络零售在线顾客价值构成维度的测量，包括产品价值、服务价值、情感价值及社会价值的具体测项。三是顾客信任和顾客满意的测量。四是消费者店铺忠诚的测量。五是问卷填写者的人口统计学特征，包括问卷填写者的性别、年龄、学历、工作年限及其网购基本信息（主要包括被调查者访问网店的频度、使用网店购物的时间长短）等。

（三）变量的操作定义与测量尺度

在社会科学研究中，常常需要处理多个变量之间的关系，且所处理的变量往往是抽象而不可直接观测的，即潜变量（Latent Variable）。潜变量是实际工作中无法直接测量判断的变量，包括比较抽象的概念和由于种种原因不能准确判断的变量。例如，管理学研究中的能力、信任、价值、自尊、动机、成功等概念。但是，这些潜变量可以被操作化成更为具体的维度以更为具体可测的指标加以测量。因此，一个潜变量往往对应着多个显变量（Manifest Variable）。潜变量能被视为对其所对应显变量的抽象与概括。而显变量则可以被看作是潜变量的反映指标。

为确保测量的内容妥当性，本研究选用先行研究中已被确认的可信赖的测量问项，并根据网络购物中消费者和商家交易情境进行调整修改使用，使其更适用于网络购物情境。

首先，本研究结合网络零售市场的实际设计调查问卷及具体问项。其次，详细说明本研究在抽样过程中调查对象、抽样及调查方法和样本数量的确定。再次，使用社会科学统计分析软件包（SPSS）对调查问卷所收集的数据进行描述性统计分析，以探究数据信息所蕴含的特点。最后，使用信度和效度分析检验调研数据的可用性，以及对潜变量测量的准确性和有效性。

本研究需要测量的研究构念涉及的测项全部采用李克特 7 分量表进行测量，具体为 1 = 完全不同意，7 = 完全同意。

1. 独立变量：顾客价值的构成维度

（1）产品价值（Product Value）。

根据 Zeithaml（1988）的观点，本研究把产品价值定义为网购消费者对产品购买中"获取"与"付出"的权衡而产生的产品效用性的整体评价。本研究使用品质好感性和金钱节省性两个变量来测量产品价值。

1）品质好感性（Quality Valence）。根据 Brady 和 Cronin（2001）、Sweeney 和 Soutar（2001）等学者的研究，品质好感性是指顾客对在网络购物中最终取得的产品品质的好感程度。本研究选用 Brady 和 Cronin（2001）、Sweeney 和 Soutar（2001）等学者的 5 个测项对品质好感性进行测量。

表 7-1-1　品质好感性的测项

序号	测项	完全不同意	不同意	有点不同意	一般	有点同意	同意	完全同意
1	感觉在该网店购买的产品不错	①	②	③	④	⑤	⑥	⑦
2	在该网店购买的产品与我想要的是一致的	①	②	③	④	⑤	⑥	⑦
3	该网店努力提供优质商品	①	②	③	④	⑤	⑥	⑦
4	对在该网店购买的商品有好感	①	②	③	④	⑤	⑥	⑦
5	该网店的商品质量处于中上水平	①	②	③	④	⑤	⑥	⑦

资料来源：作者绘制。

2）金钱节省性（Monetary Savings）。Chandon 等（2000）认为，金钱节省性是指消费者从网络零售店铺中购买产品所支付金钱的节省程度。本研究使用 Chandon 等（2000）、Petrick（2002）、Rintamäki 等（2006），以及 Sweeney 和 Soutar（2001）等研究中使用的 5 个测项对金钱节省性进行测量。

表7-1-2 金钱节省性的测量

序号	测项	完全不同意	不同意	有点不同意	一般	有点同意	同意	完全同意
1	该网店购买的商品价格是合理的	①	②	③	④	⑤	⑥	⑦
2	从价格上看,在该网店购买物超所值	①	②	③	④	⑤	⑥	⑦
3	在该网店购买商品可以省钱	①	②	③	④	⑤	⑥	⑦
4	在该网店购买可以减价	①	②	③	④	⑤	⑥	⑦
5	与其他网店相比,在该网店购买更节约	①	②	③	④	⑤	⑥	⑦

资料来源:作者绘制。

(2)服务价值(Service Value)。

根据 Zeithaml(2002)的观点,本研究把服务价值定义为消费者对网络零售商依靠自身专业性、执行性和服务承诺而产生的服务效用性的评价。本研究通过购买便利性、个性化服务和交易安全性三个变量来测量服务价值。

1)购买便利性(Convenience)。根据 Rintamäki 等(2006)的研究,本研究把购买便利性定义为消费者在网购中与商家互动所感受到的便利性,并采用 Chen 和 Chan(2003)、Rintamäki 等(2006)、Parasuraman 等(2005)研究中的 5 个测项进行测量。

表7-1-3 购买便利性的测项

序号	测项	完全不同意	不同意	有点不同意	一般	有点同意	同意	完全同意
1	该网店的商品选择范围广泛	①	②	③	④	⑤	⑥	⑦
2	在该网店我能很容易地找到需要的商品	①	②	③	④	⑤	⑥	⑦
3	在该网店能方便地进行多种商品比较	①	②	③	④	⑤	⑥	⑦
4	在该网店能在我方便的时间进行订购	①	②	③	④	⑤	⑥	⑦
5	该网店能迅速完成交易	①	②	③	④	⑤	⑥	⑦

资料来源:作者绘制。

2)个性化服务(Personalization)。根据 Han 等(2001)、Srinivasan 等(2002)、朴哲(2003)的研究,本研究把个性化服务定义为零售网店通过为消费者提供适合其兴趣的产品、信息和交易环境来满足消费者个体的需求，并采用 Han 等（2001）、Srinivasan 等（2002）、朴哲（2003）研究中使用的 5 个测项进行测量。

表 7-1-4　个性化服务的测项

序号	问项	完全不同意	不同意	有点不同意	一般	有点同意	同意	完全同意
1	该网店对买家的个人要求能迅速反应	①	②	③	④	⑤	⑥	⑦
2	该网店提供了适合我的专门服务	①	②	③	④	⑤	⑥	⑦
3	该网店提供了适合我的购物信息	①	②	③	④	⑤	⑥	⑦
4	该网店让我感觉我是他家的特别顾客	①	②	③	④	⑤	⑥	⑦
5	该网店的客服水平高	①	②	③	④	⑤	⑥	⑦

资料来源：作者绘制。

3）交易安全性（Safety）。本研究以 Keeney（1999）、Han 等（2001）、Jarvenpaa 和 Todd（1997）等的研究为依据，把交易安全性定义为消费者对从网店中购买产品而可能遭受的风险最小化程度的感知，并选用 Jarvenpaa 和 Todd（1997）、Miyazaki 和 Fernandez（2001）、Parasuraman 等（2005）文献中的 3 个测项进行测量。

表 7-1-5　交易安全性的测项

序号	问项	完全不同意	不同意	有点不同意	一般	有点同意	同意	完全同意
1	该网店会保护我的网购习惯等个人信息	①	②	③	④	⑤	⑥	⑦
2	该网店不会将我的 ID、E-mail 地址或信用卡账号等信息与其他网站共享	①	②	③	④	⑤	⑥	⑦
3	该网店会对我的 ID、E-mail 地址或信用卡账号等信息给予保护	①	②	③	④	⑤	⑥	⑦

资料来源：作者绘制。

（3）情感价值（Emotion Value）。

根据 Sweeney 和 Soutar（2001）的观点，本研究把情感价值定义为消费者从网购全程体验中感知的情绪性利益，采用界面审美性、信息探索性和过程愉快性 3 个变量进行测量。

1）界面审美性（Aesthetics）。根据 Holbrook（2006）的观点，界面审美性是把消费过程看作艺术的或者愉快的活动而产生的，或者从美丽的视觉背景而产生的情感。本研究采用 Gallarza 和 Saura（2006）、Mathwick 等（2002）研究 5 个测项进行测量。

表 7-1-6 界面审美性的测项

序号	问项	完全不同意	不同意	有点不同意	一般	有点同意	同意	完全同意
1	该网店的商品排列方式很合我意	①	②	③	④	⑤	⑥	⑦
2	该网店的主页很吸引眼球	①	②	③	④	⑤	⑥	⑦
3	我喜欢该网店的背景画面	①	②	③	④	⑤	⑥	⑦
4	在该网店购物的同时能感到美的享受	①	②	③	④	⑤	⑥	⑦
5	在该网店除了购物，还能享受愉快感	①	②	③	④	⑤	⑥	⑦

资料来源：作者绘制。

2）信息探索性（Exploration）。根据 Babin 等（1994）、Chandon 等（2000）、Rintamäki 等（2006）学者的研究，本研究把信息探索性定义为消费者对搜索产品或信息而产生的新奇快感，采用 Chandon 等（2000）、Rintamäki 等（2006）研究 5 个测项进行测量。

表 7-1-7 信息探索性的测项

序号	测项	完全不同意	不同意	有点不同意	一般	有点同意	同意	完全同意
1	在网购时试图找到奇特而有个性的商品	①	②	③	④	⑤	⑥	⑦
2	在网购时找过比自己想象的还好的商品	①	②	③	④	⑤	⑥	⑦
3	在网购时也想过寻找和原本需要不一样的商品	①	②	③	④	⑤	⑥	⑦
4	除想买东西外，还想找到其他重要信息	①	②	③	④	⑤	⑥	⑦
5	在网购时，也同时感受到探寻商品的快感	①	②	③	④	⑤	⑥	⑦

资料来源：作者绘制。

3）过程愉快性（Enjoyment）。Holbrook（2006）、Rintamäki 等（2006）等认为，过程愉快性是消费者在消费过程中体验的由自我满足而产生的快感。本研究采用 Chen 和 Chan（2003）、Rintamäki 等（2006）研究中的 5 个测项来测量过程愉快性。

表 7-1-8　过程愉快性的测项

序号	问项	完全不同意	不同意	有点不同意	一般	有点同意	同意	完全同意
1	比起购物，在该网店购物体验很快乐	①	②	③	④	⑤	⑥	⑦
2	在该网店购物很开心	①	②	③	④	⑤	⑥	⑦
3	该网店总有新商品或我关注的商品上市	①	②	③	④	⑤	⑥	⑦
4	在该网店购物的体验很愉快	①	②	③	④	⑤	⑥	⑦
5	在该网店购物是消磨闲暇时光的好方法	①	②	③	④	⑤	⑦	⑦

资料来源：作者绘制。

（4）社会价值（Social value）。

Holbrook（2006）、Sweeney 和 Soutar（2001）等学者认为，社会价值是消费者从网络零售商强化其通过购买、展示、使用自己的产品而传递象征意义的能力中感知的利益，使用身份强化和自尊唤起两个变量可以对社会价值进行测量。为此，本研究选用身份强化和自尊唤起对社会价值进行测量。

1）身份强化（Status enhancing）。Babin 等（1994）、Richins 和 Dawson（1992）、Eastman 等（1999）、Sirgy 和 Samli（1985）等学者把身份强化定义为通过象征消费者地位的产品消费来改变其社会身份和地位的动机过程。为此，本研究选用 Eastman 等（1999）、Rintamäki 等（2006）研究中的 5 个测项对身份强化进行测量。

表 7-1-9　身份强化的测项

序号	测项	完全不同意	不同意	有点不同意	一般	有点同意	同意	完全同意
1	在该网店购物与我给周围人的印象一致	①	②	③	④	⑤	⑥	⑦
2	在该网店购物使我的社会身份得到提高	①	②	③	④	⑤	⑥	⑦
3	我想把在该网店购物的体验告诉周围人	①	②	③	④	⑤	⑥	⑦
4	我觉得自己是该网店的目标顾客群体	①	②	③	④	⑤	⑥	⑦

续表

序号	测项	完全 不同意	不同意	有点 不同意	一般	有点 同意	同意	完全 同意
5	在该网店购物能提高周围 人对我的认知	①	②	③	④	⑤	⑥	⑦

资料来源：作者绘制。

2）自尊唤起（Self-esteem evoking）。Sirgy（1982）、Rintamäki 等（2006）等学者认为，自尊唤起是指为了表现或维持从商场、产品、职员或其他消费者处获得的自我概念象征属性而感知的利益。本研究选用 Sirgy（1982）、Rintamäki 等（2006）等研究中的 5 个测项对自尊唤起进行测量。

表 7-1-10　自尊唤起的测项

序号	测项	完全 不同意	不同意	有点 不同意	一般	有点 同意	同意	完全 同意
1	在该网店能找到和我风格 一致的商品	①	②	③	④	⑤	⑥	⑦
2	因在该网店成功购买而觉 得自己很明智	①	②	③	④	⑤	⑥	⑦
3	在该网店购物既有个人价 值也有快乐体验	①	②	③	④	⑤	⑥	⑦
4	在该网店购物有自我满 足感	①	②	③	④	⑤	⑥	⑦
5	在该网店购物使我具有 成就感	①	②	③	④	⑤	⑥	⑦

资料来源：作者绘制。

2. 媒介变量：顾客满意，顾客信任

（1）顾客满意（Customer Satisfaction）。

根据 Anderson 等（1994）、Szymanski 和 Hise（2000）等学者的观点，本研究把顾客满意定义为消费者在网购中对商家提供的产品和服务感到与预期一致性程度的整体评价。本研究使用 Anderson 和 Srinivasan（2003）、Gallarza 和 Sauta（2005）、Rai 等（2002）、Yen 和 Gwinner（2003）等研究中的 4 个测项对网络零售中的顾客满意进行测量。

（2）顾客信任（Customer trust）。

根据 Crosby 等（1990）、Garbarino 和 Johnson（1999）、Harris 和 Goode（2004）等的观点，本研究把网络零售中的顾客信任定义为消费者对网店商家所

表 7-1-11　顾客满意的测项

序号	测项	完全 不同意	不同意	有点 不同意	一般	有点 同意	同意	完全 同意
1	在该网店购物是明智的 选择	①	②	③	④	⑤	⑥	⑦
2	在该网店购物是正确的	①	②	③	④	⑤	⑥	⑦
3	在该网店的购物体验正是 我想要的	①	②	③	④	⑤	⑥	⑦
4	该网店提供的购物体验整 体上让我满意	①	②	③	④	⑤	⑥	⑦

资料来源：作者绘制。

提供产品或服务的质量和可靠性的信心，并采用 Crosby 等（1990）、Harris 和 Goode（2004）、Moorman 等（1992）研究中的 5 个测项对顾客信任进行测量。

表 7-1-12　顾客信任的测项

序号	测项	完全 不同意	不同意	有点 不同意	一般	有点 同意	同意	完全 同意
1	该网店是正直的	①	②	③	④	⑤	⑥	⑦
2	该网店真心实意的努力使 我购物满意	①	②	③	④	⑤	⑥	⑦
3	该网店提供的商品和服务 都是真实的	①	②	③	④	⑤	⑥	⑦
4	该网店提供的承诺和主张 是真实的	①	②	③	④	⑤	⑥	⑦
5	整体上看，该网店是值得 信赖的	①	②	③	④	⑤	⑥	⑦

资料来源：作者绘制。

3. 从属变量：店铺忠诚

店铺忠诚（Store loyalty）。根据 Bloemer 和 Ruyter（1998）、Oliver（1997）的观点，本研究把网络零售中的店铺忠诚定义为网购者在一段时期内对特定商铺所保持的偏好与重复购买行为，并选用 Anderson 和 Srinivasan（2003）、Oliver（1997）、Yen 和 Gwinner（2003）等学者研究中的 6 个测项进行测量。

表 7-1-13　店铺忠诚测项

序号	测项	完全 不同意	不同意	有点 不同意	一般	有点 同意	同意	完全 同意
1	下次网购时，我会首先选 择该网店	①	②	③	④	⑤	⑥	⑦

续表

序号	测项	完全不同意	不同意	有点不同意	一般	有点同意	同意	完全同意
2	我以后将继续在该网店购物	①	②	③	④	⑤	⑥	⑦
3	和其他网店相比，我更喜欢使用该网店	①	②	③	④	⑤	⑥	⑦
4	每次购物都觉得该网店比其他网店好	①	②	③	④	⑤	⑥	⑦
5	即使推荐其他网店，我也会继续使用该网店	①	②	③	④	⑤	⑥	⑦
6	我想向周围的朋友推荐该网店	①	②	③	④	⑤	⑥	⑦

资料来源：作者绘制。

表 7–2　操作性定义和测量尺度

研究构念		操作性定义	相关研究	测项	标签
产品价值	品质好感性	网购者对最终获取的产品品质感觉好	Brady 和 Cronin（2001）、Sweeney 和 Soutar（2001）	感觉很好	PROV1
				预期一致	PROV2
				相信很好	PROV3
				有好感性	PROV4
				质量上乘	PROV5
	金钱节省性	网购者对产品购买所支付的金钱节省程度的感知	Chandon 等（2000）、Petrick（2002）、Sweeney 和 Soutar（2001）、Rintamäki 等（2006）	价格合理	MONE1
				物超所值	MONE2
				减少支出	MONE3
				折扣优惠	MONE4
				更加实惠	MONE5
服务价值	购买便利性	网购者在购买过程中感受到的便利程度	Chen 和 Chang（2003）、Parasuraman 等（2005）、Rintamäki 等（2006）	选择面广	CONV1
				容易找到	CONV2
				多样比较	CONV3
				时间方便	CONV4
				交易快捷	CONV5
	个性化服务	网店为顾客提供适合其兴趣的产品或信息以及交易环境来满足顾客特殊需求	Han 等（2001）、Srinivasan 等（2002）、朴哲（2003）	满足要求	PERS1
				迎合偏好	PERS2
				定制信息	PERS3
				优先对待	PERS4
				特殊服务	PERS5
	交易安全性	网购者对从网店购买商品的风险最小化程度的感知	Jarvenpaa 和 Todd（1997）、Keeney（1999）、Miyazaki 和 Fernandez（2001）	信息安全	SAFE1
				隐私安全	SAFE2
				信用安全	SAFE3

研究构念		操作性定义	相关研究	测项	标签
情感价值	界面审美性	网购者把购买过程看作艺术或愉快的活动产生的，或从视觉背景而产生的情感反应	Gallarza 和 Saura (2005)、Mathwick 等 (2002)、Holbrook (2006)	展列合理	AEST1
				网页动人	AEST2
				背景悦人	AEST3
				美感享受	AEST4
				心情愉快	AEST5
	信息探索性	网购者在搜寻产品或信息过程中产生的新奇快感	Babin 等 (1994)、Chandon 等 (2000)、Rintamäki 等 (2006)	新奇感	EXPL1
				喜出望外	EXPL2
				意外收获	EXPL3
				重要发现	EXPL4
				搜寻的快感	EXPL5
	过程愉快性	网购者在购买过程中体验的由自我满足而产生的快感	Chen 和 Chang (2003)、Rintamäki 等 (2006)、Holbrook (2006)	体验的快乐	ENJO1
				购物开心	ENJO2
				新品收获	ENJO3
				体验娱乐	ENJO4
				休闲的方式	ENJO5
社会价值	身份强化	网购者通过网购消费来改变其社会身份地位的动机感知	Babin 等 (1994)、Eastman 等 (1999)、Rintamäki 等 (2006)	形象匹配	STAT1
				形象提升	STAT2
				让人羡慕	STAT3
				热心提倡	STAT4
				归属感	STAT5
	自尊唤起	网购者从商场、产品、职员或其他顾客处获得的自我概念的象征属性体验的利益	Sirgy (1982)、Rintamäki 等 (2006)	风格一致	SELF1
				明智购买	SELR2
				快乐体验	SELF3
				自我满足	SELF4
				成就感	SELF5
顾客满意		网购者对商家提供的产品和服务的预期一致性感知	Szymanski 和 Hise (2000)、Rai 等 (2002)、Gallarza 和 Sauta (2005)、Yen 和 Gwinner (2003)	选择明智	CS1
				选择正确	CS2
				体验一致	CS3
				整体满意	CS4
顾客信任		网购者对商家所提供产品或服务的质量和可靠性的信心	Crosby 等 (1990)、Hess (1995)、Harris 和 Goode (2004)、Moorman 等 (1992)	网店正直性	TRUS1
				网店真诚性	TRUS2
				提供物真实	TRUS3
				承诺真实性	TRUS4
				整体信赖性	TRUS5
店铺忠诚		网购者在一段时期内对特定网店所持有的偏好及行为	Bloemer 和 Ruyter (1998)、Oliver (1997)、Anderson 和 Srinivasan (2003)、Yen 和 Gwinner (2003)	重复首选	LOYA1
				继续选用	LOYA2
				相对更喜欢	LOYA3
				比其他更好	LOYA4
				坚持选用	LOYA5
				主动推荐	LOYA6

资料来源：作者整理。

二、数据收集和样本特征

（一）调查对象

本研究旨在探究网络零售中的顾客价值内涵结构及其各维度对网购者店铺忠诚的预测有效性。为此，本研究将网店购买物质产品的消费者作为普适总体进行抽样调查。

（二）资料收集

本研究的问卷调查采用纸笔填写和邮件填写两种方式进行。纸质问卷方式便于集中发放与回收。如有问题还可以当场解答，回收效率较高。所以，选择纸质问卷效率最高。邮件方式可以让被调查者在比较放松的情绪中填写问卷，使被调查者可能更加真实地反映情况，受外界干扰较小。

为收集数据资料，本研究从具有网络店铺购买物质商品经历的消费者中随机抽取 700 名近六个月内有过网店产品购买体验的应答者进行问卷调查。发出调查问卷 700 份，回收 632 份（回收率为 90%）。问卷中通过网店进行购物未满 6 个月的有 47 份，未完整应答的有 17 份，最终用于本研究实证分析的有效问卷共568 份，有效回收率为 81%。

本研究问卷应答者的人口统计学特征如表 7-3 所示。首先，从应答者性别比例看，女性为 332 名，男性为 236 名，女性稍多于男性，但是性别比例差异可忽略。其次，从年龄分布上看，20~29 岁年龄层（57.2%）及 30~39 岁年龄层（27.3%）的网购者占绝大多数。最后，从受教育程度看，在校大学生为 384（67.6%）名，占比最高。这和网购以中青年消费者居多的现实是一致的。

从人口统计学特征可知，在 568 个样本中有 466 名应答者每月在线购买次数为 1~10 次，占 82.1%。其中，每月在线购买次数为 1~3 次的有 256 人（45.1%），4~10 次的有 210 人（37.0%），说明有 82.1% 的被调查者每月有一次以上的网购经历，频度十分高。在对应答者网购体验持续时间的提问中，1~2 年的有 216 人

表 7-3   应答者人口统计学特征

分类		频度 (n=568)	百分比%
性别	男	236	41.6
	女	332	58.4
年龄	20 岁以下	2	0.4
	20~29 岁	325	57.2
	30~39 岁	155	27.3
	40 岁以上	86	15.1
受教育程度	高中以下	100	17.6
	在校大学生	384	67.6
	大学毕业	64	11.3
	研究生	20	3.5
网购经历	6~12 个月	97	17.1
	1~2 年	216	38.0
	3 年以上	255	44.9
每月网购频度	1~3 次	256	45.1
	4~10 次	210	37.0
	11~20 次	49	8.6
	20 次以上	53	9.3

资料来源：作者绘制。

(38.0%)，3 年以上的有 255 人 (44.9%)，说明有 82.9%的被调查者拥有一年以上的网购体验。这表明大部分应答者对网购具有丰富的体验和认识，他们对问卷提问作出正确理解并合理回答的可能性极高。本次问卷调查的对象男女比例、年龄层次分布状况以及受教育程度状况都较为合理。

(三) 数据分析方法选择

采用科学方法与过程是保证研究结论科学性的前提。为解决研究问题和检验理论假设，本研究除了在假设的提出、模型的建立、数据收集和变量测量方面按照科学的方法处理外，在选择统计方法方面也按照科学研究的方法与规范过程进行。数据分析是从实际观测数据中发现变量的特征、变化规则以及变量关系的过程。数量统计技术是管理学研究中被普遍采用的数据分析方法。数量统计技术在数据分析中的运用主要有两个目的，即描述和推断。描述统计的目的在于探寻出一种简明的数学公式，借助这种公式实现对诸多特定观测数据的表达。而推断统计的目的则是在描述统计的基础上对研究假设进行检验。

根据研究目的，本研究主要采用描述性统计分析、推论性统计分析和结构方程模型等方法来分析数据，检验假设。其中，人口统计分析、测项信度分析及相关关系分析使用 SPSS16.0 软件。模型拟合度和研究假设检验使用 SPSS16.0 和 AMOS7.0 软件进行。首先将有效原始数据输入 SPSS 软件系统内进行编码转换。在完成数据输入之后，由其他研究人员核对录入数据信息的准确性并进行数据清洗（指发现并纠正数据文件中可识别的错误的最后一道程序，包括检查数据一致性，处理无效值和缺失值等）之后，形成本研究所依托的变量数据库。下面就本研究使用到的统计方法进行简要说明。

1. 描述性统计分析

描述性统计分析是指运用科学的语言对样本数据或样本间关系的特征进行描述表达，在此基础上对样本数据进行概括与阐释。观测数据的含义往往很难从单个的观测数据中表现出来，描述性统计分析则将大量的数据融合一体，对这些数据集合形成新的认识。描述性统计分析分为单变量、双变量和多变量三类。其中，单变量描述统计主要描述变量属性值的集中趋势、离散趋势及其分布。在本研究中，人口学变量基本上都属于单变量描述统计。双变量描述统计主要分析两个变量间的关联，分为定类定序和定距定比两类。在自变量和因变量均为定距或定比尺度的情况下，相关分析和回归分析是用来描述二者关联的最常用技术。

（1）相关分析。

相关分析的目的在于考察研究对象之间的相关关系，并对研究对象间相关关系的方向与程度加以明晰。通过相关分析，研究者能够更加清晰地辨识各变量之间是否存在联系以及各变量间相互联系的方向与程度，从而为后续回归分析的开展提供判断基础。在社会科学研究领域，相关分析的意义更为广泛。相关分析泛指对两个任意测量级别的变量之间关联程度的分析。

相关关系指的是一种非确定性的关系，它强调两个变量之间相互依存，但这两个变量之间并不一定是一一对应的关系，且这两个变量之间的对应关系并不一定能通过建立计算公式得到体现。换言之，一个变量在取值范围内选取不同的值，另一个变量虽然跟着变化，但是变化可能不是唯一的，也没有固定的、严格的对应规律。这类互相依存的关系都称为相关关系。两个变量间的线性关系通常用相关系数 r 来描述。r 的值越大，相关性越高。但是，有学者认为，相关性显著与否，还与调查样本的数量有关。一般认为，在各类调查中，样本量一般都较大，常常在相关系数 r = 0.2 左右就是在 1%或者 0.1%的水平下显著正相关。相关分析是多变量数据分析的基础，许多高级统计分析方法都是从考察变量的相关性出发的，如回归分析、因子分析、判别分析等（陈晓萍等，2008）。

（2）回归分析。

相关分析只能用于明晰现象之间的相关关系，以及现象间相关关系的方向和相关程度，而无法对自变量和因变量进行区分。不同于相关分析，作为一种用于明晰现象间相关关系具体形式的分析方法，回归分析能够以数学模型的形式表现出现象之间的具体关系，并明确这一具体关系中的自变量和因变量。线性回归模型是描述变异关联的有力工具，回归直线提供了关联的图形表达方式，回归方程则以回归系数来概括两者的关联程度，并为统计推断提供推测值。

（3）因子分析。

因子分析由 Spearman（1910）、Pearson（1920）等在 20 世纪初提出，其目的是用来描述隐藏在一组测量到的变量中的一些更基本的，但又无法直接测量到的隐性变量（latent variable，latent factor）。这些变量无法直接测量，可以直接测量的可能只是它所反映的一个表面特征，或者是它的一部分。表征与部分是两个不同的概念，表征是由这个隐性变量直接决定的。隐性变量是因，表征是果，而部分性测量则指隐性变量的一个组成部分。一组表征测量是一起变化的，因为它们都由同一个底层变量决定。而关于各个部分的测量则往往没有这种相关性。所以，表征测量被称为反映性测度（Reflective Measures），而部分性测量又被称为构成性测度（Formative Measures）。在因子分析中，我们关注的是表征性测量。

在因子分析中，隐性变量、因子和构念所指的是同一个概念。作为一种测度工具，问卷可能包含了多个研究构念，而因子分析的根本目的就是在最大限度地降低测项信息数据损失的前提下，从问卷中提取出潜在的研究构念，将问卷中所出现的诸多彼此相关的零散变量归整为数个不相关的综合变量。此种分析方法是一种探索性因子分析法（Exploratory Factor Analysis）。

因子分析的主要作用是进行数据简化。研究者经常会设计和收集关于同一构念的很多个不同的、但彼此相关的指标。有些指标可能对估计构念并不是非常有意义。通过因子分析能够缩减变量数目，将变量概念化为数个具有显著独立性的因子；用以分析和解释研究欲解决的现实问题，实现在最少指标和最经济数据基础上精准反映构念内涵的目的。在本研究中，探索性主要有两个方面的作用，一是对网络零售在线顾客价值问卷项目的筛选。如果不能满足在各因子上的得分要求，则删除该测测项，同时在正式测评中对网络零售在线顾客价值的内在结构进行探索。二是对顾客满意、顾客信任和消费者店铺忠诚问卷进行信度、效度检验，验证网络零售情景下成熟量表的适应性和有效性。

2. 推论性统计分析

将样本中的发现作为推论总体的基础，从样本研究中找到的特性是否能真正代表研究者最终关心的研究总体的特性，这是推论性统计（Inferential Statistics）所关注和力图解决的问题。统计推论是一套有清晰逻辑程序的统计计算，对从观测值得出的发现做出是否适用于总体的判断，在数据分析中主要围绕变量间关联的存在性、趋向和形式、强度和统计显著性四方面展开。描述性统计已涉及存在性、趋向和形式的内容，而推论性统计则主要回答统计显著性问题。

在推论性统计分析方法中，主要分为参数估计和假设检验。参数估计是从随机样本的统计量来估计总体的参数值，其逻辑程序是先有样本分布，然后推论。假设检验的逻辑程序则相反。它先是对总体参数做出假设，然后从样本统计量去检验它是否跟假设参数值一致。不同的显著性检验适用于不同类型的数据。从尺度类型角度可以把显著性检验分为参数检验和非参数检验。当数据为定距数据和定比数据时，应采用参数检验的检验方法。而当数据为定类数据和定序数据，以及数据总体偏态分布或分布情况不明时，应采用非参数检验的检验方法。

采用参数检验时必须符合一些前提条件，包括总体的分布类型已知；变量测量系用定距或定比尺度；抽样的随机性，即总体的各个成员都有同等的被选择的机会；所比较的两组样本的总体变异状况（即标准差）相同等。本研究应用的参数检验还包括 T 检验（T-test）。T 检验适用于判断两平均值在选定的显著性条件下是否存在真正差异。所采取的方法是对实际所观测平均数差异和预期随机误差进行比较，依据平均数差异值与随机误差特征值之比（统计量 t）进行差异检验。

3. 结构方程模型

结构方程模型（Structural Equation Modeling，SEM），也有学者称之为潜在变量模型（Latent Variable Models，LVM），是一种多变量高级统计方法。结构方程整合了因子分析和路径分析两种方法。模型中可以检验显变量、潜变量、误差变量之间的相互关系，同时结构方程模型包括结构模型和测量模型两种类型。结构模型能够对各潜变量之间的相互关系进行描述，而测量模型则用于分析和处理潜变量与显变量之间的相互关系。Bollen 和 Long（1993）指出，SEM 是经济计量、社会计量和心理计量发展过程中的合成物。他们认为 SEM 大受欢迎的关键来自于它们本身的普及性。就像在经济计量中，SEM 可允许同时考虑许多内生变量的方程式。不像大多数的经济计量方法，SEM 也允许外生变量与内生变量的测量存在误差或残差项。如在心理计量和相关的社会计量中被发展出来的因子分析，SEM 允许多数潜变量指标存在，并且可评估其信度与效度。

从统计学角度讲，模型以系统方式来描述观察变量（Observed Variables）和潜变量（Latent Variables）间的关系，而结构方程模型是检查多重变量之间显变量和潜变量之间对于假设模型的验证。比如，回归方法一次只能有一个因变量，而结构方程却可以同时处理多个因变量和自变量之间复杂的关系。如果使用传统回归方法对多个因变量进行测量，则需对这些因变量和各自变量间的关系加以分析梳理。但若使用结构方程模型分析，则可同时对多个因变量和自变量间的关系进行分析处理，从而在一定程度上提高研究效率和研究的精准程度。

结构方程模型的优势还体现在，它可以同时进行分析问题和测量，它是一项将分析和测量整合为一的计量技术。结构方程模型分析在用以检验测量误差的同时也能够用以评估测量信度与效度。在社会学领域中，若存在暂无法对某一潜在变量进行测量的情况，为实现对这一潜在变量的准确测量，可运用结构方程模型分析在明确测量误差的基础上通过观测变量对这一潜变量加以测量，从而提高研究的精准度。此外，它使用的测量方法是变量之间的协方差，可以通过协方差矩阵来描述多个变量之间的关联关系。结构方程模型适用于大样本的测量，样本容量越大使用这种算法的稳定性和适用性越好。

三、测量尺度评价

为对研究模型和假设进行验证，本研究首先需要通过对用于问卷调查的测量量表进行信度和效度评价，以检验资料收集的适当性，保证后续检验和过程的规范化。由于本研究使用的测量问项全部来自于已有的研究文献，测项的内容妥当性已经得到充分的确认。但是，由于英文翻译的表意偏差，而可能使应答者不能完全理解调查问卷的所有测项。此外，由于从传统零售市场研究文献中选用的测项对网络零售环境的适用性还有待验证，因此，对调查问卷测项的信度及效度分析是必要的。如图 7-2 所示，本研究中评价测项的操作过程和目的可分为三个部分。首先，本研究通过内在一贯性检验构念因子的测项信度，在此基础上通过探索性因子分析对测项对于构成因子所解析的内容进行分析。其次，为评价多问项尺度测量研究构念的准确性，本研究通过实施验证性因子分析来检验顾客价值构成因子的单一维度性。最后，检验尺度的收敛效度和判别效度，对顾客价值的整体测量模型进行评价和最终分析。

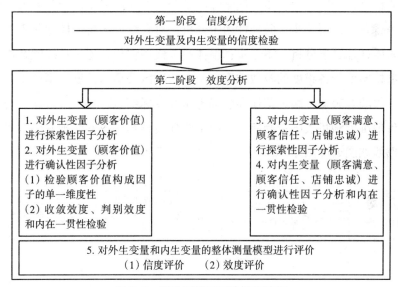

图 7-2 评价测量问项的操作过程

资料来源：作者绘制。

第八章　结果分析

　　本章分四个步骤对使用顾客价值量表收集的数据进行测量评价，进而对研究模型和假设进行检验。第一步：探索性因子分析，对内外生变量测量数据的信度和效度进行分析；第二步：验证性因子分析，对在线顾客价值概念化模型进行一阶、二阶验证性因子分析；第三步：整体测量模型评价，通过在线顾客价值整体测量模型检验评价各维度的收敛效度、判别效度以及概念信度。第四步：预测效度检验，以顾客满意、顾客信任和店铺忠诚为效标变量，进一步考察被开发的在线顾客价值维度和量表的预测能力，以检验在线顾客价值的法理效度。本章的研究技术路线如图 8-1 所示。

图 8-1　研究技术路线

一、测量评价：探索性因子分析

　　为评价多问项尺度测量研究构念的准确性，本研究使用收敛效度、判别效度和内在一贯性检验对外生变量（在线顾客价值维度）和内生变量（顾客满意、顾客信任和店铺忠诚）的测量信度和构念效度进行评价（Anderson 和 Gerbin，1988）。

　　信度（Reliability）指的是所测量数据可靠与否的程度，即测量工具能够稳定测出其所欲测量属性的程度，代表了测验结果与所欲测量属性的一致性、稳定性及可靠性。它是评价测量结果的可靠性、一致性和稳定性的指标，即检验结果是否反映了被测者的稳定的、一贯性的真实特征。和信度相关的概念是效度，信度是效度的前提条件。

效度（Validity）指的是所测量数据正确与否的程度，即所测得的结果能够多大程度地反映出研究构念的真实内涵，是指测量工具能够切实测出其所欲测量属性的程度，代表了测量工具的精准有效性，旨在评价测项与它所测量的构念之间的关系。它是任何科学的测量工具所必须具备的条件。效度分为内容效度和预测效度两种。内容效度（Content Validity）旨在评价量表在内容上是否依靠量表设计的程序和规则足够覆盖测量构念的内容和行为范围的适当程度，即测量内容的适当性和相符性。预测效度（Criterion Validity）也称实证效度，用于考察测量工具的内容是否具有预测或估计能力。

而评价测量工具和结果的质量则通常使用构念效度（Construct Validity），具体包括收敛效度和判别效度。

收敛效度（Convergent Validity）是指运用不同测项测量同一特征时测量结果的相似程度，也即测量相同构念因子的不同测项彼此之间的相关度更高，从而收敛聚集在对应的相同特征构念因子中。通过对同一个构念因子的测项因子载荷进行检验，落在同一个构念内的因子载荷越高说明收敛效度也越高。换言之，一个构念有很多测项，那么这些测项能够从多大程度上反映构念的内涵，它们聚合的程度如何，这就是收敛效度所要说明的问题。

判别效度（Discriminant Validity）是指在运用不同方法测量不同构念时，所观测到的数值之间应该能够加以区分，也即不同构念的测项彼此的相关度低。在测量中，如果可以在统计学上证明那些理应与研究构念不存在相关性的测项确实同构念不相关，那么这个测量便具有判别效度。例如，如果某理论宣称创意性和智力有很大区别，那么相关测量中的创意性得分就应和智力表现出没有关系。

内部一致性（Internal Consistency）是用来考察测量同一个构念的多个测项的一致性程度的指标。即采取同样的方法对同一对象重复进行测量时，其所得结果相一致的程度，旨在检验测量尺度内部测项之间的信度关系，考察测量的各个测项是否测量了相同的内容或特质，也即测量的准确可靠性程度。内部一致性系数愈高表示测量的结果愈一致、稳定和可靠，故而测量的信度愈高。反之，测量信度则低。Cronbach（1951）的 α 系数是社会科学研究中最常用的内部一致性检验方法之一。在社会科学研究中，Cronbach's α 系数在 0.6 以上被认为可信度较高。Nunnally（1978）认为，由于社会科学研究的复杂性，Cronbach's α 系数应该在 0.7 以上更为可靠。

外生变量（Exogenous Variable）指的是在模型或系统中仅仅起到解释性作用的那些变量。某一模型或系统中的外生变量能够对其他变量产生影响但无法被其他变量所影响。从分析路径图的直观显示来看，外生变量的箭头均指向其他变量而没有任何箭头指向它。与外生变量不同，内生变量（Endogenous Variable）指的是被外生变量与其他变量所解释的变量。外生变量是模型或系统建构所依据的外部条件，由模型或系统以外的因素决定。外生变量是一种已知变量，并不能在模型或系统内部得到解释。内生变量则恰恰相反，它可以在模型或系统内部得到解释。

因子分析（Factor Analysis）是一种以数据信息损失最小化为前提的，将诸多零散原始变量聚缩为数个综合性因子变量的多元统计分析方法，旨在从原始变量中提取因子，并使因子具有较强的可解释性。因子分析的基本思想是要寻找公共因子，以达到降维的目的。因子分析主要包括探索性因子分析和验证性因子分析两个不可分割的组成部分。在管理学等社会科学领域，将探索性因子分析与验证性因子分析巧妙结合运用，将使研究更具深度。Anderson 和 Gerbin（1988）建议，在发展理论的过程中，首先应通过探索性因子分析建立模型，其提供的结果为验证性因子分析检验假设提供了重要的基础和保证。两种因子分析缺少任何一个，因子分析都将是不完整的。如果研究者没有坚实的理论基础支撑，有关观测变量内部结构一般先用探索性因子分析，产生一个关于内部结构的理论，再用验证性因子分析，这样做更为科学。

探索性因子分析（Exploratory Factor Analysis，EFA）是测量效度检验的最常用方法之一，旨在找出观测变量的本质结构。即通过验证观测变量的单一维度性确定因子个数，并结合各因子与各观测变量间的相关关系，对观测变量的结构内涵予以揭示。换言之，探索性因子分析能够将具有错综复杂关系的变量综合为少数几个核心因子。探索性因子分析包括以下步骤和方法。

变量间简单相关系数比较（Kaiser-Meyer-Olkin，KMO）统计量是用于比较变量间简单相关系数和偏相关系数的指标，主要用于多元统计的因子分析。KMO 统计量取值在 0 和 1 之间。当所有变量间的简单相关系数平方和远远大于偏相关系数平方和时，KMO 值接近 1。KMO 值越接近 1，意味着变量间的相关性越强，原有变量越适合作因子分析；当所有变量间的简单相关系数平方和接近 0 时，KMO 值接近 0。KMO 值越接近于 0，意味着变量间的相关性越弱，原有变量越不适合作因子分析。Kaiser（1970）给出的常用 KMO 度量标准为，0.9 以上表示非常适合；0.8 表示适合；0.7 表示一般；0.6 表示不太适合；0.5 以下表示极不适合。

巴特利特球形检验（Bartlett's test of sphericity）旨在检验各变量是否各自独立。在因子分析过程中，如果原假设被拒绝，则说明适合进行因子分析；如果原假设被接受，则说明这些变量在一定程度上会独立提供信息，进行因子分析是不妥当的。因子分析前，应该首先进行 KMO 检验和巴特利特球形检验。当 KMO 检验系数 > 0.5，巴特利特球形检验的 χ^2 统计值的显著性概率 p 值 < 0.05 时，问卷数据才有结构效度，才能进行因子分析。

主成分因子分析（Principal Components and Factor Analysis）的根本目的是通过利用线性变换的降维方法，在最小程度地损失分析数据的基础上提取主成分，将多个零散指标转化成数个不相关的综合指标。换言之，各组成分均为原始变量的线性组合，每个组成分之间无显著相关关系，且提取的主成分相较于原始变量更能精简和优化系统结构从而反映出问题的本质。在对调查数据进行分析时，除了把相关测项综合成因子并保留大的因子外，往往还需要对因子与测项之间的关系进行检验，以确保每一个主成分因子对应于一组意义相关的测项。为了更清楚地展现主成分因子与测项之间的关系，需要进行因子旋转。常用的旋转方法是 Varimax 旋转。旋转之后，测项与对应的主成分因子的相关度高（> 0.5）则被认为是可以接受的。当某测项和一个与其不对应的主成分因子的相关度大于 0.4 时，须对这一测项加以修改或予以删除，与不对应的主成分因子过度相关的测项不应被接受。用主成分分析法得到因子，并用因子旋转分析测项与因子关系的过程即为探索性因子分析过程。

（一）测量的初始信度分析

信度是指测量结果的一致性、稳定性及可靠性，一般以内部一致性来检验测量信度的高低。本研究使用 SPSS16.0 对品质好感性（0.86）、金钱节省性（0.87）、购买便利性（0.82）、个性化服务（0.84）、交易安全性（0.81）、界面审美性（0.89）、信息探索性（0.76）、过程愉快性（0.85）、身份强化（0.85）、自尊唤起（0.88）等研究构念进行信任度分析（见表 8–1）。结果，各研究构念的

Cronbach's α 系数介于 0.76~0.89 之间，表明各研究构念的测项具有良好的内在一贯性，其信度得到确认（见表 8-1）。

表 8-1　在线顾客价值构成因子初始信度

研究构念		Cronbach's α
产品价值	品质好感性	0.86
	金钱节省性	0.87
服务价值	购买便利性	0.82
	个性化服务	0.84
	交易安全性	0.81
情感价值	界面审美性	0.89
	信息探索性	0.76
	过程愉快性	0.85
社会价值	身份强化	0.85
	自尊唤起	0.88

资料来源：作者绘制。

（二）测量的效度分析

本研究使用 Varimax 回转主成分因子分析对 10 个在线顾客价值构成因子的单一维度性进行检验。结果，Kalser-Meyer-Olkin 测定值（0.926；> 0.5）显示抽取的样本充分。Bartlett's test of sphericity（p = 0.000；< 0.05）显示各变量间的相关关系矩阵具有统计学意义，因子分析模型是恰当的。

如表 8-2 所示，在线顾客价值构成因子主成分提取结果，10 个构成因子在 0.5 负荷值基准上没有出现构念交叉，显示良好的判别效度（Carmines 和 Zeller，1979）。各测项中，除了金钱节省性的 1 个测项（MONS5）、购买便利性的 1 个测项（CONV5）和信息探索性的 1 个测项（EXPL5）在 0.5 基准值以上出现交叉被删除外，其余测项均显示出良好的收敛效度，10 个构成因子的单一维度性和因子判别性得到确认。

表 8-2　顾客价值构成因子分析结果：主成分提取

构成因子	问项	因子 1	因子 2	因子 3	因子 4	因子 5	因子 6	因子 7	因子 8	因子 9	因子 10
身份强化	STAT1	0.67									
	STAT2	0.80									
	STAT3	0.73									
	STAT4	0.67									
	STAT5	0.85									

续表

构成因子	问项	因子1	因子2	因子3	因子4	因子5	因子6	因子7	因子8	因子9	因子10
个性化服务	PERS1		0.66								
	PERS2		0.82								
	PERS3		0.77								
	PERS4		0.79								
	PERS5		0.73								
过程愉快性	ENJO1			0.78							
	ENJO2			0.81							
	ENJO3			0.69							
	ENJO4			0.73							
	ENJO5			0.68							
品质好感性	QUAV1				0.79						
	QUAV2				0.81						
	QUAV3				0.75						
	QUAV4				0.73						
	QUAV5				0.76						
界面审美性	AEST1					0.73					
	AEST2					0.74					
	AEST3					0.79					
	AEST4					0.73					
	AEST5					0.68					
金钱节省性	MONS1						0.72				
	MONS2						0.85				
	MONS3						0.87				
	MONS4						0.81				
自尊唤起	SELF1							0.56			
	SELF2							0.64			
	SELF3							0.69			
	SELF4							0.67			
	SELF5							0.67			
购买便利性	CONV1								0.76		
	CONV2								0.79		
	CONV3								0.65		
	CONV4								0.55		
信息探索性	EXPL1									0.74	
	EXPL2									0.82	
	EXPL3									0.83	
	EXPL4									0.64	
交易安全性	SAFE1										0.75
	SAFE2										0.86
	SAFE3										0.84

注：抑制绝对值＜0.50；总方差解释（72.4%）。

资料来源：作者整理。

二、测量评价：验证性因子分析

在社会科学研究中，研究者往往要开发调查问卷收集数据对研究构念进行测量。对应于每一个研究者所感兴趣的理论变量（即研究构念），问卷中有多个具体的问题用以对其进行测量（即测项）。验证性因子分析（Confirmatory Factor Analysis，CFA）旨在确定事前定义因子的测量模型拟合实际数据的能力，以检验观测变量的因子个数和因子载荷是否与基于预先建立的理论的预期一致，也即检验测项是否真的可以反映其要测量的理论变量。

验证性因子分析相较于探索性因子分析的长处在于，它允许研究者事先描述一个理论模型中的细节。由于测量总是存在误差，研究者需要使用多个测项对测量对象进行多角度反复测量。当使用多个测项之后，测量的质量问题（即效度）是需要检验的必要环节。效度检验就是评价一个测项是否与其所设计的因子有显著的载荷，并与其不相干的因子没有显著的载荷。同时，还可以进一步检验一个测量尺度中是否存在共同方法偏差，也即测项之间是否存在下位因子。这些检验都要求研究者明确描述测项、因子、残差之间的关系。对这些关系的描述即为测量模型（Measurement Model）。对测量模型的质量检验就是验证性测量模型，它是评价研究模型和假设的结构方程模型（Structural Equation Modeling，SEM）回归系数的依据，因此，也是对研究模型和假设进行检验的必要前提步骤。

对结构模型或测量模型的检验与评价是建立在结构模型或测量模型对数据的总体拟合度基础上的。AMOS 结构方程分析软件为模型拟合优度的判定提供了多种统计量指标，且这些拟合统计量的数值能够在结构方程分析过程中直观显示出来。

拟合优度的卡方检验（χ^2-goodness-of-fit test）统计量是检验拟合优度的最常用的指标，旨在统计样本的实际观测值与理论推断值间的偏离程度，其统计量值的大小取决于实际观测值与理论推断值之间的偏离程度。在最大似然估计 ML、一般最小二乘法 GLS 和广义加权最小二乘法 ADF 下，卡方值 χ^2 等于样本量减 1 乘以拟合函数的最小值。与传统的 χ^2（Chi-square）检验相反，结构方程模型希望得到的是不显著的 χ^2。χ^2 越小，表示观测数据与模型拟合得越好。它的检验与传统的统计研究相反，偏差越大，卡方值则越大，对应的是差的拟合；偏差越小，卡方值就越小，越趋于拟合，也即小的值对应好的拟合。若量值完全相等时，卡方值为 0，表明理论值完全符合。但是，卡方检验统计量与样本量的大小密切相关。样本量越大，卡方值也越大，拒绝一个模型的概率就会随着样本量的增加而增加。为了减少样本量对拟合检验的影响，一般不直接用 χ^2 作为评价模型的指标，而用 χ^2/df 进行拟合优度检验。χ^2/df 值越接近 0，观测数据与模型拟合得越好。$\chi^2/df < 3$，模型较好；$\chi^2/df < 5$，观测数据与模型基本拟合，模型可接受；$\chi^2/df > 5$，表示观测数据与模型拟合不好，模型不好；$\chi^2/df > 10$，表示观测数据与模型不能拟合，模型很差。但由于 χ^2 与样本量密切相关，当样本较大时，χ^2/df 也会受到影响，因而增加采用 RMSEA 等综合性拟合指标对观测数据与构想模型的支持情况进行评价。

统计学中的自由度（degrees of freedom，df）是指当以样本的统计量来估计总体的参数时，样本中独立或能自由变化的自变量的个数，亦称该统计量的自由度。在估计总体的平均数时，由于样本中的 n 个数都是相互独立的，从其中抽出任何一个数都不影响其他数据，所以其自由度为 n。而在估计总体的方差时，使用的是离差平方和。只要 n-1 个数的离差平方和确定了，方差也就确定了。因为在均值确定后，如果知道了其中 n-1 个数的值，第 n 个数的值也就确定了。这里，均值就相当于一个限制条件，由于加了这个限制条件，估计总体方差的自由度为 n-1。所以，通常 df = n - k。其中 n 为样本含量，k 为被限制的条件数或变量个数，或计算统计量时用到其他独立统计量的个数。而统计模型的自由度等于可自由取值的自变量的个数。在回归方程中，如果共有 n 个参数需要估计，则其中包括了 n-1 个自变量（与截距对应的自变量是常量 1），因此回归方程的自由度为 n-1。

p 值（p value）表示当原假设为真时，所得到的样本观察结果或更极端结果出现的概率。如果 p 值很小，说明原假设情况发生的概率很小；即使原假设出现，根据小概率原理，我们也有理由拒绝原假设。p 值越小，拒绝原假设的理由越充分。总之，p 值越小，表明结果越显著。但是检验的结果究竟是"显著的"、"中度显著的"，还是"高度显著的"，这需要根据 p 值的大小和实际问题来解决。一般而言，如果 p < 0.01，说明是较强的判定结果，拒绝假定的参数取值；如果 0.01 < p < 0.05，说明是较弱的判定结果，拒绝假定的参数取值。如果 p > 0.05，说明结果更倾向于接受假定的参数取值。

模型拟合优度（Goodness-of-Fit Index，GFI）检验，由 Jöreskog 和 Sörbom（1993）提出，意即拟合优度检验或者适配度检验。作为一种验证总体数据中部分样本数据分布与某理论分布一致性情况的统计分析方法，拟合优度检验是指在对模型判定系数和回归标准差运算分析的基础上，检验模型分析结果与样本观测值之间的拟合程度。拟合优度体现在假设模型能够解释的协方差比例上。拟合优度指数越大，说明自变量对因变量的解释程度越高，自变量引起的变动占总变动的百分比越高。例如，一个总体可分为 r 类，现从该总体获得了一批分类数据，需要从这些分类数据出发去判断总体各类出现的概率是否与已知的概率相符。比如，要检验一颗骰子是否是均匀的，那么可以将该骰子抛掷若干次，记录每一面出现的次数，从这些数据出发去检验各面出现的概率是否都是 1/6。度量拟合优度的统计量（GFI）是可决系数（亦称确定系数）R^2。R^2 的取值范围是 $[0，1]$。R^2 的值越接近 1，说明回归直线对观测值的拟合程度越好。反之，R^2 的值越接近 0，说明回归直线对观测值的拟合程度越差。当解释变量为多元时，要使用修正的拟合优度（AGFI）以解决变量元素增加对拟合优度的影响。修正的拟合优度指数（Adjusted Goodness-of-Fit Index，AGFI）利用模型中参数估计的总数与模型估计的独立参数——自由度来修正，估计的参数相对于数据点越小，AGFI 越接近 GFI。GFI 和 AGFI 达到 0.9 及以上被认为模型拟合优度较高。

残差均方根（Root of the Mean Square Residual，RMR）和近似误差均方根（Root Mean Square Error of Approximation，RMSEA）指数则是通过测量预测相关和实际观察相关的残差均值的平方根来衡量模型的拟合程度。它们都是评价模型不拟合的指数。RMR 反映了拟合残差的平均值，说明样本方差和协方差在假设模型正确情况下的估计值的差异。如果 RMR 越接近 0 表示拟合优度越好；相反，离 0 越远则表示拟合优度越差；如果 RMR 等于 0，表明模型完美拟合。同样，当 RMSEA = 0，表示模型完全拟合；RMSEA < 0.05，表示模型接近拟合；0.05 ≤ RMSEA ≤ 0.08，表示模型拟合可接受；0.08 < RMSEA < 0.10，表示模型拟合一般；RMSEA ≥ 0.10，表示模型拟合较差。

规范拟合指数（Normed Fit Index，NFI）是通过独立模型（Independence Model）与假设模型之间卡方值的缩小比例来评价假设模型与独立模型在拟合上的改善程度。独立模型是指假设所有变量之间没有相关关系，也即模型中所有的路径系数和外生变量之间都固定为 0，只估计方差。但是，由于 NFI 与卡方指数一样，容易受到样本量的影响。为弥补其缺陷，则应该增加采用增量拟合指数（Incremental Fit Index，IFI）来衡量模型拟合优度。NIF 和 IFI 取值在 0~1 之间，越接近 0 表示拟合越差；越接近 1 表示拟合越好。一般认为，NFI、IFI ≥0.9 时，模型拟合性较好。比较拟合指数（Comparative Fit Index，CFI）在对假设模型和独立模型比较时取得，其值在 0~1 之间，越接近 0 表示拟合越差；越接近 1 表示拟合越好。一般认为，CFI≥0.9 时，模型拟合性较好。

本研究使用 AMOS7.0 先后实施一阶（First-order）和二阶（Second-order）验证性因子分析（CFA）检验在线顾客价值四个维度（产品价值、服务价值、情感价值、社会价值）测量模型的收敛效度。

一阶验证性因子分析结果（见表 8–3），除了品质好感性的 1 个测项（QUAV1）、个性化服务的 2 个测项（PERS1，PERS4）、界面审美性的 2 个测项（AEST1，AEST2）、信息探索性的 1 个测项（EXPL4）、过程愉快性的 2 个测项（ENJO1，ENJO5）、身份强化的 1 个测项（STAT2），还有自尊唤起的 2 个测项（SELF1，SELF2）在修正指数 10 以上出现交叉装载被删除外，其余测项均表现出显著的单一维度性和优越的模型拟合度。

表 8–3　在线顾客价值维度一阶验证性因子分析结果

构成因子	CFA 前测项	CFA 后测项	χ^2	(df)	p	GFI	AGFI	RMR	NFI	CFI	RMSEA
品质好感性	5	4	4.3	2	0.11	0.99	0.98	0.02	0.99	0.99	0.05
金钱节省性	4	4	6.81	2	0.03	0.99	0.97	0.02	0.99	0.99	0.07
购买便利性	4	4	1.4	2	0.51	0.99	0.99	0.01	0.99	—	—
个性化服务	5	3	—	—	—	—	—	—	—	—	—
交易安全性	3	3	—	—	—	—	—	—	—	—	—
界面审美性	5	3	—	—	—	—	—	—	—	—	—
信息探索性	4	3	—	—	—	—	—	—	—	—	—
过程愉快性	5	3	—	—	—	—	—	—	—	—	—
身份强化	5	4	13.89	2	0.00	0.99	0.93	0.03	0.98	0.98	0.68
自尊唤起	5	3	—	—	—	—	—	—	—	—	—

注：栏目中的"—"表示完美拟合指标。

资料来源：作者绘制。

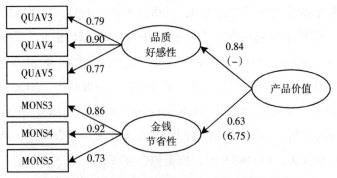

χ^2 (13d.f.) = 32.677, P = 0.002, GFI = 0.99, AGFI = 0.97, RMR = 0.03, NFI = 0.99, TLI = 0.99, CFI = 0.99, RMSEA = 0.05

图 8-2　产品价值测量模型评价

资料来源：作者绘制。

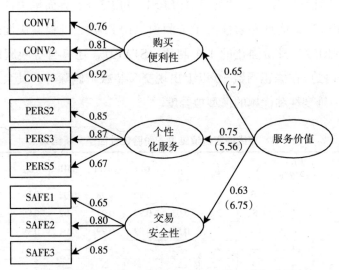

χ^2 (17d.f.) = 32.711, P = 0.012, GFI = 0.99, AGFI = 0.97, RMR = 0.05, NFI = 0.98, TLI = 0.93, CFI = 0.99, RMSEA = 0.04

图 8-3　服务价值测量模型评价

资料来源：作者绘制。

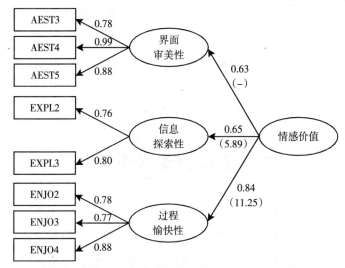

$$\chi^2 \ (17\text{d.f.}) = 53.367, \ P = 0.000, \ \text{GFI} = 0.98, \ \text{AGFI} = 0.95,$$
$$\text{RMR} = 0.05, \ \text{NFI} = 0.98, \ \text{TLI} = 0.97, \ \text{CFI} = 0.98, \ \text{RMSEA} = 0.06$$

图 8-4　情感价值测量模型评价

资料来源：作者绘制。

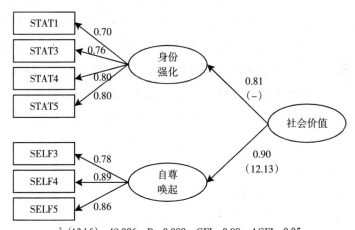

$$\chi^2 \ (13\text{d.f.}) = 48.906, \ P = 0.000, \ \text{GFI} = 0.98, \ \text{AGFI} = 0.95,$$
$$\text{RMR} = 0.04, \ \text{NFI} = 0.98, \ \text{TLI} = 0.97, \ \text{CFI} = 0.98, \ \text{RMSEA} = 0.07$$

图 8-5　社会价值测量模型评价

资料来源：作者绘制。

　　二阶确认性因子分析结果显示，产品价值、服务价值、情感价值和社会价值的测量模型均表现出优越的模型拟合性（见图 8-2 至图 8-5）。测量四个顾客价值维度模型的每个尺度测项装载值从 0.65（SAFE1）到 0.93（AEST4）都大于基于 200 以上样本规模和 0.05 显著水准装载值大于 0.4 的推荐基准值（Hair 等，

1995)，表现出良好的收敛效度。在二阶确认性因子分析过程中，共有 4 个问项被删除。它们分别是测量品质好感性的 1 个问项（QUAV2）和测量金钱节省性的 1 个问项（MONS1），购买便利性的 1 个问项（CONV4）和测量信息探索性的 1 个问项（EXPL1）。

三、整体测量模型评价

为进一步评价测量模型的拟合优度，在进行一阶、二阶测量模型评价之后还有必要通过整体测量模型评价来检验各构念间的相关性，以提高各构念测量模型的信度和效度。在测量的信度评价中，通常使用的信度检验方法是采用 Cronbach's α 系数来衡量。Cronbach's α 系数通常与探索性因子分析（EFA）组合使用。然而，Cronbach's α 系数旨在计算所有信度的下限，当其相对低时则很难判断真正的信度。Campbell（1993）认为，Cronbach's α 系数高并不意味着测量具有稳定性，也不足以表示测项的单一维度性。而且，Cronbach's α 系数的大小受到测项数目多少、测项间相关和被试特质变异大小及测项难度同质性的影响。而且，Cronbach's α 系数无法估计单一测项的信度，无法允许测项间的测量误差具有相关，以及测项从属于两个或以上的因子。由于技术上缺乏对路径系数的精确计算与检验，Cronbach's α 系数一直是测量信度检验的首选。然而，结构方程模型从技术上克服了 Cronbach's α 系数检验的缺陷，并可以准确表达测量的单一维度性和各测项的信度。在结构方程分析中，测量的信度可以用平均提取方差值和构念信度进行检验。构念效度允许误差之间相关且不相等，从而避免了使用 Cronbach's α 系数时要求构念对各测项影响相等的不现实假设。构念信度与 Cronbach's α 信度虽然都是测量信度的下限，但构念效度比 Cronbach's α 系数更为精确。Bagozzi 和 Yi（1988）建议，运用结构方程模型通常以构念信度、平均方差提取量来评价测量信度。

构念信度（construct reliability，CR）旨在评价一个构念所属的各个测项之间的内在一致性，也即一组测项分享构念的程度。信度高表明测项间有高度互为关联存在。Hair 等（1995）认为，构念信度以 0.7 为最低标准。

平均方差提取值（Average Variance Extracted，AVE）旨在考察测项的总变异量有多少是来自于研究构念的变异量，其他的变异量则是由测量误差所导致的。它是统计学中检验研究构念内部一致性的统计量。平均方差提取值越大，来自于测量的误差就越少，即因子对于观察数据的变异解释越大。一般而言，平均方差抽取值（AVE）大于 0.5，表明构念信度和收敛效度理想（Bagozzi 和 Yi，1988）。而不同构念的判别效度则通过 AVE 的平方根均大于任何两个构念因子相关系数来确认（Fornell 和 Larcker，1981）。

本研究使用 AMOS7.0 在修正指数 10 的基准上对在线顾客价值整体测量模型评价来检验各维度的判别效度及其概念信度。结果如表 8-4 所示，整体测量模型显示出良好的拟合优度。各构成因子的概念信度（CR）均高于 Hair 等（1995）推荐的 0.7 的基准；平均变异抽取值（AVE）也高于其推荐的 0.5 基准，表明测项具有较高的收敛效度。在线顾客价值构成维度的判别效度通过 AVE 的平方根均大于任意两个因子相关系数而得到检验确认。同时，各测量尺度的 Cronbach's

表 8-4　在线顾客价值整体测量模型评价结果

	相关关系矩阵									
	1	2	3	4	5	6	7	8	9	10
品质好感性	1									
金钱节省性	0.72	1								
购买便利性	0.31	0.41	1							
个性化服务	0.45	0.22	0.75	1						
交易安全性	0.35	0.33	0.57	0.71	1					
界面审美性	0.40	0.17	0.18	0.50	0.26	1				
信息探索性	0.19	0.16	0.24	0.17	0.23	0.53	1			
过程愉快性	0.45	0.21	0.27	0.44	0.28	0.68	0.79	1		
身份强化	0.43	0.15	0.16	0.49	0.25	0.43	0.17	0.58	1	
自尊唤起	0.51	0.30	0.27	0.43	0.36	0.43	0.24	0.54	0.74	1
均值	4.71	4.90	5.06	4.16	4.79	3.95	4.95	4.51	3.85	4.41
标准差	1.06	1.12	1.10	1.16	1.01	1.19	1.13	1.04	1.07	1.13
概念信度	0.80	0.83	0.75	0.74	0.78	0.82	0.69	0.82	0.81	0.85
Cronbach's α	0.86	0.87	0.82	0.84	0.81	0.89	0.76	0.85	0.85	0.88
平均变异抽取值	0.58	0.59	0.58	0.53	0.53	0.65	0.56	0.59	0.51	0.64
模型拟合度	χ^2 (332d.f.) = 669.675，p = 0.000，GFI = 0.94，AGFI = 0.92，RMR = 0.06，NFI = 0.95，TLI = 0.96，CFI = 0.98，RMSEA = 0.04.									

资料来源：作者绘制。

α 系数从 0.76 至 0.89 全部高于 Nunnally（1978）推荐的社会科学研究中 α 信度必须大于 0.6 的基准值，在线顾客价值各构成维度的测量信度再次得到确认。

为检验本研究在线顾客价值概念化模型的合理性，并为后续研究模型和假设检验提供条件，本研究使用 AMOS7.0 对该模型进行结构方程分析。结果如图 8-6 所示，各评价指标均优于 Arbuckle 和 Wothke（2000）推荐的基准，显示良好的模型拟合优度，说明把网络零售在线顾客价值概念化为产品价值、服务价值、情感价值和社会价值四维度多位阶结构在统计学上具有合理性。

四、预测效度检验

为进一步考察网络零售在线顾客价值维度和量表的预测能力，本研究将在线顾客价值的产品价值、服务价值、情感价值和服务价值作为自变量，对顾客满意、顾客信任以及店铺忠诚构建关系模型。

选择顾客满意作为效标变量是因为在有关顾客价值的探讨中，它是一个重要的概念。按照 Woodruff 的观点，顾客满意是衡量企业价值创造活动对消费者的价值需求满足状况的指标。通过增加产品或服务的价值，无疑能够提高消费者的满意度，增强企业与客户之间的联系，赢得顾客忠诚（Christopher、Payne 和 Ballantyne，1992）。

选择顾客信任作为效标变量是因为顾客价值作为消费者对购买或使用经历的所得和付出的一种权衡，它是消费者考虑各种因素后的综合评价。这种感知价值可以帮助消费者预测企业未来的行为表现。而且，这种预测能力越强，就越容易建立信任（Doney 和 Cannon，1997）。因此，将顾客信任作为效标变量具有合理性。

选择店铺忠诚作为效标变量是因为顾客价值总是和顾客忠诚相关联。例如，Sirdeshmukh 等（2002）认为，消费者从一个店铺中获得的价值如果比其竞争对手多，就会对这个店铺保持忠诚。在现有研究中，诸多因素会影响到店铺忠诚。例如，王海群（2006）认为商店氛围、地理位置、便利设施、商品价格、提供服务等均会影响店铺忠诚。在诸多影响因素中，顾客满意和顾客信任又是比较重要

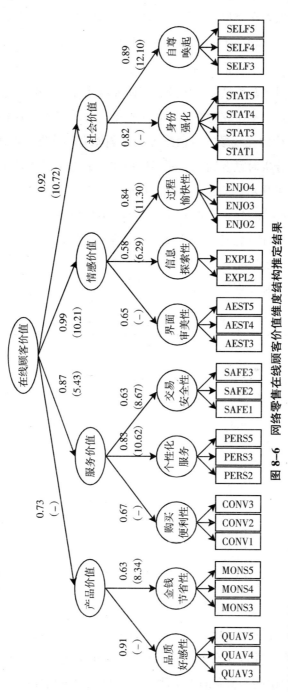

图 8-6 网络零售在线顾客价值维度结构推定结果

资料来源：作者绘制。

的影响因素。比如，在 Sawmong 和 Omar（2004）创建的店铺忠诚影响因素模型中，顾客满意作为中介变量，促使产品特征、顾客服务、可靠信息等影响店铺忠诚。Crosby、Evans 和 Cowles（1990）则认为，假如消费者对服务人员感到满意及信任，会增加其未来与企业的互动，并显著提高营销绩效，促使消费者继续与企业进行交易，提高其忠诚度。因此，本研究将店铺忠诚确定为效标变量。

　　基于上述观点，本研究对在线顾客价值维度驱动店铺忠诚的研究模型进行结构方程分析，以检验在线顾客价值维度的预测能力。首先，本研究通过 Varimax 回转主成分因子分析对顾客满意、顾客信任和店铺忠诚三个研究构念的单一维度性进行检验。结果显示，Kaiser-Meyer-Olkin 测定值（0.937；> 0.5）显示抽取的样本是充分的。Bartlett's test of sphericity（p = 0.000；< 0.05）显示各变量间的相关关系矩阵具有统计学意义，因子分析模型恰当。如表 8-5 所示，三个研究构念的测项在 0.5 负荷值基准上没有出现交叉装载，具有显著的单一维度性和因子判别性，其收敛效度和判别效度得到确认。

表 8-5　内生变量主成分因子分析结果

研究概念	问项	因子 1	因子 2	因子 3
顾客满意	CS1	0.78		
	CS2	0.84		
	CS3	0.77		
	CS4	0.77		
顾客信任	TRUS1		0.76	
	TRUS2		0.77	
	TRUS3		0.81	
	TRUS4		0.82	
	TRUS5		0.76	
店铺忠诚	LOYA1			0.79
	LOYA2			0.81
	LOYA3			0.83
	LOYA4			0.77
	LOYA5			0.74
	LOYA6			0.70

资料来源：作者绘制。

　　其次，本研究使用 AMOS7.0 对顾客满意、顾客信任和店铺忠诚三个研究构念分别实施确认性因子分析（CFA），以删除影响单一维度性的测项。结果如表 8-6 所示，除顾客满意的 1 个测项（CS1）、顾客信任的 1 个测项（TRUS2）和店铺忠诚的 2 个测项（LOYA4、LOYA5）在修正指数 10 以上出现交叉装载被删除外，其余测项均表现出显著的单一维度性和模型拟合优度。同时，通过对剩余测项的 Cronbach's α 系数检验，三个研究构念的测量信度也得到确认。

表 8-6　内生变量确认性因子分析结果

研究概念	CFA前测项	CFA后测项	χ^2	(df)	p	GFI	AGFI	RMR	NFI	CFI	RMSEA	Cronbach's α
顾客满意	4	3	—	—	—	—	—	—	—	—	—	0.89
顾客信任	5	4	—	—	—	—	—	—	—	—	—	0.90
店铺忠诚	6	4	3.1	2	0.22	0.99	0.98	0.01	0.99	0.99	0.03	0.92

注：栏目中的"—"表示完美拟合指标。
资料来源：作者绘制。

为进一步检验测项的收敛效度和判别效度，本研究对七个研究构念进行整体测量模型分析，结果如表 8-7 所示，所有评价指标在修正指数 10 的基准上确认了其整体测量模型的优越性和简明性。各研究构念测项的标准装载量均具显著性，其收敛效度得到确认。各研究构念的信度均高于 Hair 等（1995）推荐的 0.7 基准，平均变异抽取值（AVE）也高于其推荐的 0.5 基准。各研究构念的平均变异抽取值（AVE）平方根均大于任意两个概念的相关系数，其判别效度得到确认。

表 8-7　内外生变量整体测量模型评价结果

	相关关系矩阵						
	1	2	3	4	5	6	7
产品价值	1						
服务价值	0.56	1					
情感价值	0.39	0.53	1				
社会价值	0.43	0.47	0.66	1			
顾客满意	0.61	0.54	0.54	0.65	1		
顾客信任	0.51	0.61	0.55	0.56	0.64	1	
店铺忠诚	0.50	0.51	0.51	0.57	0.62	0.61	1
均值	4.81	4.61	4.41	4.08	4.61	4.50	4.65
标准差	0.89	0.79	1.10	0.98	1.03	0.96	1.08
概念信度	0.74	0.77	0.81	0.72	0.83	0.84	0.84
平均变异抽取值	0.59	0.53	0.58	0.56	0.72	0.61	0.65
模型拟合度	χ^2 (714d.f.) = 1653.61，p = 0.000，GFI = 0.86，AGFI = 0.84，RMR = 0.06，NFI = 0.93，TLI = 0.93，CFI = 0.94，RMSEA = 0.05。						

资料来源：作者绘制。

最后，为检验开发的在线顾客价值维度对店铺忠诚的预测假设，本研究采用AMOS7.0对预测模型实施结构方程分析，并使用最大似然法对研究模型的拟合优度和路径系数进行测量。结果如图8-7和图8-8所示，各模型评价指标均显示出良好的拟合优度，预测假设也同时得到了检验（见表8-8）。

五、结果讨论

（一）网络零售在线顾客价值的结构维度推定结果

实证数据显示，网络零售在线顾客价值结构维度是一个由四维度十因子构成的多维度位阶结构。这四个维度包括产品价值、服务价值、情感价值和社会价值。其中，产品价值由品质好感性和金钱节省性产生；服务价值源于购买便利性、个性化服务和交易安全性；情感价值由界面审美性、信息探索性和过程愉快性生成；社会价值源自社会身份强化和自尊唤起。

在产品价值中，品质好感性对产品价值的贡献度为0.91，金钱节省性对产品价值的贡献度为0.63。其中，品质好感性对产品价值的贡献大于金钱节省性，这说明消费者对产品价值的感知首要关注的是产品品质，而不是产品的价格。因此，网络零售商在产品价值管理上应该把提高产品品质放在首位，而不是跟竞争对手打价格战。

在服务价值中，购买便利性对服务价值的贡献度为0.67，个性化服务对服务价值的贡献度为0.83，交易安全性对服务价值的贡献度为0.63。其中，个性化服务的贡献度最大，其次分别是购买便利性和交易安全性。这说明消费者在网购中更希望商家提供个性化服务，其次是让购买更加便利，以及提供安全的交易环境。

在情感价值中，界面审美性对情感价值的贡献度为0.65，信息探索性对情感价值的贡献度为0.58，过程愉快性对情感价值的贡献度为0.84。其中，过程愉快性的贡献度最大，其次是界面审美性和信息探索性。这说明消费者在网购中更希望零售商营造愉快的购物环境，同时也能够设计好符合消费者审美取向的背景画

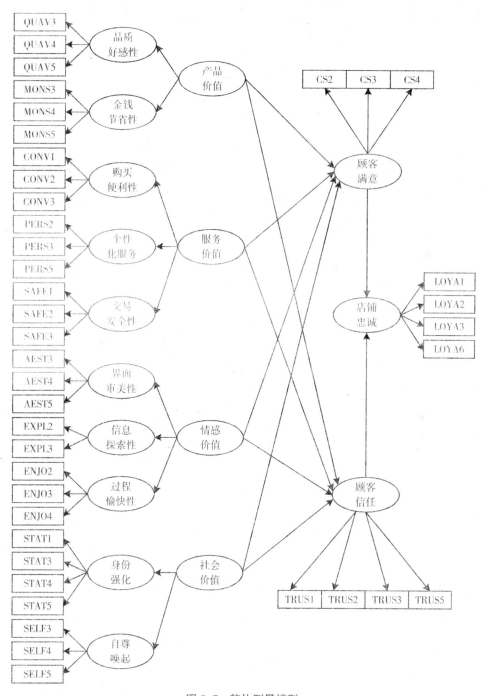

图 8-7　整体测量模型

资料来源：作者绘制。

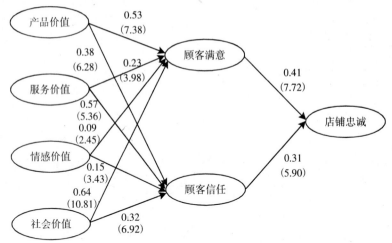

χ^2 (714d.f.) = 1653.61，p = 0.000，GFI = 0.86，AGFI = 0.84，RMR = 0.06，
NFI = 0.93，TLI = 0.93，CFI = 0.94，RMSEA = 0.05，n = 568

图 8-8　预测模型评价结果

资料来源：作者绘制。

表 8-8　假设验证结果及路径系数

假设	路径系数	C.R.	验证结果
H1a：产品价值→顾客满意	0.53	7.38***	支持
H1b：产品价值→顾客信任	0.38	6.28***	支持
H2a：服务价值→顾客满意	0.23	3.98***	支持
H2b：服务价值→顾客信任	0.57	5.36***	支持
H3a：情感价值→顾客满意	0.09	2.45*	支持
H3b：情感价值→顾客信任	0.15	3.43***	支持
H4a：社会价值→顾客满意	0.61	10.81***	支持
H4b：社会价值→顾客信任	0.32	6.92***	支持
H5：顾客满意→店铺忠诚	0.41	7.72***	支持
H6：顾客信任→店铺忠诚	0.31	5.90***	支持
品质好感性←产品价值	0.77	—	支持
金钱节省性←产品价值	0.49	6.88***	支持
购买便利性←服务价值	0.49	—	支持
个性化服务←服务价值	0.63	5.41***	支持
交易安全性←服务价值	0.60	—	支持
界面审美性←情感价值	0.51	5.21***	支持
信息探索性←情感价值	0.35	—	支持
过程愉快性←情感价值	0.99	10.47***	支持
社会身份强化←社会价值	0.73	—	支持
自尊唤起←社会价值	0.99	13.36***	支持
模型拟合度	χ^2 (714d.f.) = 1653.61，p = 0.000，GFI = 0.86，AGFI = 0.84，RMR = 0.06，NFI = 0.93，TLI = 0.93，CFI = 0.94，RMSEA = 0.05。		

注：* 表示 p<0.05；** 表示 p<0.01；*** 表示 p<0.001。
资料来源：作者绘制。

面，提供有益于目标消费者需求的丰富信息。

在社会价值中，身份强化对社会价值的贡献度为 0.82，自尊唤起对社会价值的贡献度为 0.89。其中，自尊唤起对社会价值的贡献大于身份强化的影响。这说明网络零售商要尊重顾客，激发网购者的自尊唤起，使消费者在网购中得到社会身份强化的感知。

以上顾客价值各构成维度对顾客价值整体感知的相对贡献度从大到小依次分别为情感价值、社会价值、服务价值和产品价值。因此，网络零售商的顾客价值战略在优化服务价值和产品价值的同时，更要努力激发消费者的情感价值和社会价值感知，从而使消费者感知价值最大化。

（二）假设检验结果

1. 产品价值对顾客满意和顾客信任的预测性

实证数据显示，在网络零售中，产品价值对顾客满意具有正向预测性，其路径系数为 0.53（T = 7.38），假设 H1a 在统计学上得到确认。该结果和 Christopher（1992）、Cronin 等（2000）学者认为通过增加核心产品或服务的价值能够提高顾客满意度，赢得顾客忠诚的主张是一致的。同样，网络零售中的产品价值对顾客信任具有正向预测性，影响系数为 0.38（T = 6.28），假设 H1b 在统计学上得到确认。该结果与 Grewal 等（1994）和 Sweeney 等（1999）等学者认为产品价值是顾客信任的前置变量的主张是一致的。

从产品价值对顾客满意和顾客信任的相对预测能力看，产品价值对顾客满意的预测性（路径系数 0.53）比对顾客信任的预测性（0.38）要强。这说明相对于顾客信任的预测，网络零售商通过为网购者提供产品价值可以更强地预测顾客满意。因此，为创出消费者网购满意，开发产品品质管理战略至关重要。

2. 服务价值对顾客满意和顾客信任的预测性

实证数据显示，在网络零售中，服务价值对顾客满意具有正向预测性，其路径系数为 0.23（T = 3.98），假设 H2a 在统计学上得到确认。这和 Christopher（1992）、Grewal 等（2004）认为通过增加核心服务的价值能够提高顾客满意度，增强企业与客户之间的联结，赢得顾客忠诚的观点是一致的。同样，网络零售中的服务价值对顾客信任具有正向预测性，其路径系数为 0.57（T=5.36），假设 H2b 在统计学上得到确认。正如 Gefen（2000）和 Hoffman 等（1999）所认为的，顾客信任是基于企业能够提供满足顾客需要的核心价值或服务价值，其需要的满足程度越高，越能使顾客产生信任感。

从服务价值对顾客满意和顾客信任的相对预测能力看，服务价值对顾客信任的预测性（0.57）比对顾客满意的预测性（0.23）明显要强，说明在网络零售中，相对于创出顾客满意，为网购者提供服务价值将更多地创出顾客信任。因此，为构建消费者的网购信任，开发服务价值战略特别重要。特别是网购环境中，网购者对网络零售商信任不足的情况下，通过服务价值创出可以有效构建顾客信任。

3. 情感价值对顾客满意和顾客信任的预测性

实证数据显示，在网络零售中，情感价值对顾客满意具有正向预测性，其路径系数为 0.09（T = 2.45），假设 H3a 在统计学上得到确认。这和 Westbrook 和 Reilly（1983）等认为顾客满意是一种建立在消费体验基础上的情感反应，商铺、特定产品或服务、商家和消费者的行为，以及市场环境都与顾客的消费体验密切相关的观点一致。同样，网络零售中的情感价值对顾客信任具有正向预测性，其路径系数为 0.15（T = 3.43），假设 H3b 在统计学上得到确认。这也和 Lau 和 Lee（1999）等学者认为信任是在双方交往的过程中建立起来的，它给双方提供了相互了解的机会，有助于信任的建立与提高的观点是一致的。

从情感价值对顾客满意和顾客信任的相对预测能力看，情感价值对顾客信任的预测性（0.15）比对顾客满意的预测性（0.09）要强，说明在网络零售中，相对于创出顾客满意，为网购者提供情感价值将更多地创出顾客信任。因此，开发情感价值战略也更有助于构建消费者的网购信任。

4. 社会价值对顾客满意和顾客信任的预测性

实证数据显示，社会价值对顾客满意具有正向预测性，其路径系数为 0.61（T=10.81），假设 H4a 在统计学上得到确认。在网络零售中，社会价值作为顾客价值的重要维度，对顾客满意具有正向预测性。该结果与 Sirgy（2000）和 Kressmann 等（2006）的观点是一致的。同样，网络零售中的社会价值对顾客信任具有正向预测性，其路径系数为 0.32（T = 6.92），假设 H4b 在统计学上得到确认。该结果与 Chaudhuri 和 Holbrook（2001）认为社会价值作为顾客信任的前置变量对其具有正向影响的观点是一致的。

从社会价值对顾客满意和顾客信任的相对预测能力看，社会价值对顾客满意的预测性（0.61）比对顾客信任的预测性（0.32）明显要强，说明在网络零售中，相对于创出顾客信任、为网购者提供社会价值将更多地创出顾客满意。因此，为使消费者增加网购满意，开发社会价值创出战略特别重要。

5. 在线顾客价值维度对顾客满意和顾客信任的相对预测性

从以上四个顾客价值维度对顾客满意的相对预测性看，如表8-7所示，四维度路径系数值由大到小分别为社会价值（0.61）、产品价值（0.53）、服务价值（0.23）和情感价值（0.09），t值由大到小分别为社会价值（10.81）、产品价值（7.38）、服务价值（3.98）和情感价值（2.45），对顾客满意的相对预测力由大而小分别为社会价值＞产品价值＞服务价值＞情感价值。从网络零售中的消费者行为看，网购者通过网络零售购买获得社会地位的强化和自我尊重的唤起可以产生非常大的满足感，这与Maslow（1943）的需求层次理论是一致的。

而且，从以上四个顾客价值维度对顾客信任的相对预测性看，如表8-8所示，四维度路径系数值由大到小分别为服务价值（0.57）、产品价值（0.38）、社会价值（0.32）和情感价值（0.15），t值由大到小分别为服务价值（5.36）、产品价值（6.28）、社会价值（6.92）和情感价值（3.43），对顾客信任的相对预测力由大而小分别为服务价值＞产品价值＞社会价值＞情感价值。该结果显示，和顾客的店铺忠诚一样，为确保顾客关系的长期维持，网络零售商不但要提供产品价值、通过个人服务、交易安全、便利性来创出高价值服务更为重要。

6. 顾客满意和顾客信任对店铺忠诚的影响

实证数据显示，在网络零售中，顾客满意对店铺忠诚具有积极的影响，其路径系数为0.41（T = 7.72），假设H5在统计学上得到确认。这和Newman等（1973）、Cronin和Taylor（1992）、Reichheld和Sasser（1990）等学者认为随着顾客满意的提高，顾客忠诚度将会相应地增加的观点相一致。同样，实证数据显示，在网络零售价中，顾客信任对店铺忠诚有积极的影响，其路径系数为0.31（T = 5.9），假设H6在统计学上得到确认。该结果与Crosby、Evans和Cowles（1990）认为顾客对服务感到满意及信任会增加其未来与企业的互动并显著提高营销绩效、提高顾客忠诚度的观点相一致；这与Morgan和Hunt（1994）认为信任和承诺与顾客忠诚有显著相关性等观点是一致的。假设5和假设6的检验结果说明，顾客满意与顾客信任是店铺忠诚的重要前置变量，满意的顾客将维持店铺忠诚。网络零售商应该把顾客满意作为营销战略开发的优先考虑因素。这些研究结果为开发通过顾客价值创出和顾客满意来构筑店铺忠诚的战略提供了管理学启示。同时，网络零售店铺作为虚拟店铺，具有与传统店铺不同的特点。其中，顾客信任在消费决策中具有至关重要的影响作用。因此，如何构建网购者的信任也是网络零售商开发店铺忠诚战略需要优先考虑的课题。

第九章 研究结论与管理策略

本章将对研究过程和取得的成果进行归纳总结，并根据研究结论对网络零售在线顾客价值的维度结构及其对顾客满意、顾客信任和顾客忠诚的预测性进行诠释。同时，本章还将对本研究的理论贡献，以及为网络零售商开发基于在线顾客价值的竞争优势战略所提供的管理策略启示进行讨论。

一、研究结论

在竞争激烈的网络零售市场，深刻认识顾客价值及其对消费者店铺忠诚的预测性至关重要。本研究从消费者网购全程体验视角，开发了一个网络零售在线顾客价值多维度位阶概念化模型，并对概念化模型的妥当性及其对消费者店铺忠诚的预测进行了实证检验，取得了富有价值的成果。

(一) 网络零售在线顾客价值的维度结构

其一，网络零售在线顾客价值是一个由产品价值、服务价值、情感价值和社会价值构成的多维度位阶结构。其中，产品价值源于品质好感性和金钱节省性；服务价值源于购买便利性、个性化服务和交易安全性；情感价值源于界面审美性、信息探索性和过程愉快性；社会价值源自社会身份强化和自尊唤起。

其二，顾客价值各构成维度对顾客价值感知的相对贡献从大到小依次为情感价值、社会价值、服务价值和产品价值。这说明消费者在追求网购价值最大化过程中开始由追求功利主义价值向追求享乐主义价值转变。网购者更加重视情感价值和社会价值的体验，其次是服务价值和产品价值的获取。

其三，网络零售在线顾客价值构成维度对顾客满意和顾客信任具有不同的预测性。其中，对顾客满意的相对预测力由强而弱依次为社会价值、产品价值、服务价值和情感价值；对顾客信任的相对预测力由强而弱依次为服务价值、产品价值、社会价值和情感价值。

（二）在线顾客价值对消费者店铺忠诚的预测性

本研究通过对网络零售在线顾客价值构成维度与顾客满意、顾客信任和店铺忠诚之间因果关系的实证检验，探明了网络零售在线顾客价值在消费者店铺忠诚构筑中的作用机理和预测效能，揭示了网络零售中消费者的店铺忠诚经过价值感知、购买满意和店铺信任得以构筑的发展过程。

1. 网络零售中店铺忠诚的前提条件

在网络零售中，店铺忠诚以顾客价值、顾客满意和顾客信任为前提。其中，顾客价值构成维度对顾客满意和顾客信任具有积极的预测性，顾客满意和顾客信任对店铺忠诚具有积极的预测性。顾客价值构成维度在消费者购买决策中作为认知变量通过顾客满意和信任间接预测消费者店铺忠诚的形成。消费者对店铺的忠诚不仅取决于其在网店购买的价值感知，同时还取决于其由价值感知形成的店铺满意和信任。

2. 网络零售在线顾客价值构成维度对顾客满意和信任的预测

研究表明，网络零售中的顾客价值构成维度对顾客满意和顾客信任具有不同程度的预测性。其中，顾客价值构成维度对顾客满意的相对预测力由强而弱依次为社会价值、产品价值、服务价值和情感价值；顾客价值构成维度对顾客信任的相对预测力由强而弱依次为服务价值、产品价值、社会价值和情感价值。

二、理论贡献

其一，本书根据 Woodruff（1997）顾客价值位阶框架和 Holbrook（2006）顾客价值类型对网络零售在线顾客价值维度及其构成因子进行了开发，实证探明了网络零售中的顾客价值是一个由四维度十因子构成的多维度位阶结构，科学揭示了网络零售在线顾客价值的核心内涵和测量方法，为认识网络零售在线顾客价值提供了科学依据，为零售商把握和测量在线顾客价值提供了实用的操作工具，具有奠基性意义。

其二，本书通过对网络零售在线顾客价值构成维度对顾客满意、顾客信任和店铺忠诚的预测性研究，探明了网络零售在线顾客价值在消费者店铺忠诚构筑中的作用机理和预测效力，科学揭示了网购消费者的店铺忠诚经过价值感知、购买满意和店铺信任得以构筑的发展过程，从而推进了顾客价值理论和顾客忠诚理论的发展。

其三，网络零售商除了在网站特色、订购优化和快速配送上下功夫外，更要努力在购买体验全过程为消费者创出高于竞争对手的价值，使消费者在感知满足和信任中形成对店铺的忠诚。网络零售商只有不断创出顾客价值、不断培育消费者的满意和信任，才能留住消费者，并防止消费者转向竞争对手。本研究开发的在线顾客价值概念化模型可以帮助网络零售商具体测量消费者对店铺的价值认知、发掘消费者的价值需求，有效开发基于顾客价值创出的店铺忠诚战略。

三、管理策略启示

虽然网络零售的出现给消费者带来了更多的价值体验，但由于受到诸多因素的影响，网络零售给消费者提供价值还受到一定的制约。如何提升网络零售在线顾客价值将关系到零售商的成败。网络零售商应该通过市场细分，明确消费者想从网购中获得哪些价值满足。网络技术的普及运用促使传统的交易营销向关系营销转变。基于传统的人口统计学资料和地理区域的市场细分正在转向关系范式下的顾客价值的细分、顾客行为的细分和顾客需求的细分。

（一）网络零售在线顾客价值提升策略

顾客价值的创出与提升是一个动态的过程，从价值过程出发有助于营销者更好地理解和捕捉顾客价值的精髓。Woodruff（1997）的价值交付战略认为，价值过程包括价值识别、价值选择、价值提供、价值沟通和价值评估五个过程。麦肯锡公司在让渡价值分析过程中指出，选择价值、提供价值和传播价值构成了价值创造的全过程。一切价值创造的目的和依据都源于消费者需求。张明立与胡运权（2004）将企业向消费者提供价值的过程划分为设计价值、产出价值、传递价值和回收价值四个阶段，认为企业应当根据消费者需求进行价值设计与产出，在市场中传递价值并获得收入，完成价值的回收。

在网络零售环境下，企业以顾客需求为导向，与消费者建立持续的关系，并以网络零售模式将企业与消费者相连接，紧紧围绕顾客价值，围绕网络零售价值的动态循环实现过程（价值定位、价值创出、价值传递和价值评估）展开。网络零售在线顾客价值的创出与提升策略必须保证这四个过程是消费者导向，与消费者偏好一致，各要素之间相互促进，以实现网络零售在线顾客价值的最大化。

在价值定位方面，从大规模生产时代到定制营销，乃至互联网营销时代，定义好的企业已经不再是以产品为中心，而是以消费者为中心。在网络零售中，企业要最大限度地发挥自己的优势和特长，首先必须选择好目标消费群体，针对目标消费群的需求开发具有竞争力的顾客价值创出策略。价值定位的本质是企业依据目标顾客群的需求偏好而提供的产品和服务定位。企业按照市场特征逻辑性地将消费者细分为具有特定价值诉求的群体，明确目标消费群体真正想获得哪些价值满足，从而提供符合目标消费群体价值需求的产品和服务。网络零售商可以将网购者分成若干由价值需求大体一致的群体。同一细分市场中的消费者具有相似的价值需求，而不同细分市场之间消费者的价值需求则存在显著差异性。因此，网络零售商应该明白，并不是所有网购者都是价格偏好型消费者。相较于对产品和服务价格的关注，越来越多的网购者是出于对购买便利性的偏好而选择网购。也有不少网购者则更在意产品或零售商的品牌形象。在网络零售环境下，消费者的个性化和多样化需求是市场细分的突出特点。零售商要对不同细分市场中消费者的需求偏好，尤其是对自己将要进入的目标市场消费者的需求偏好进行明确的识别与评估，并结合自身的资源基础和能力选择目标市场，开发顾客价值营销方案。

在价值创出方面，如何为目标消费者提供价值需求满足是企业开发价值创出战略的关键。为创出富有竞争力的在线顾客价值，网络零售商可以采用本研究构筑的顾客价值多维度位阶模型来调查和评估目标市场消费者对本企业的价值认知，从而指导企业资源的合理配置和顾客价值战略的开发实施。网络零售商可以通过提供更好的产品质量和更具竞争力的价格战略来创造产品价值；借助网络技术所提供的便利性、个性化，以及安全的交易系统为消费者提供卓越的服务价值；通过网店网页优化、消费者参与产品开发、为消费者提供丰富的产品信息，以及新产品上市等策略使消费者在网购过程中产生卓越的全程消费体验；通过提升零售商自身的社会名声、开发高名望目标消费群体等策略强化消费者的社会满足感。

1. 产品价值提升

开发富有价值竞争力的产品是满足消费者需求的核心和基础。在网络零售中，零售商的产品要体现网络零售自身的特点。根据本研究成果，网络零售中的产品价值由品质好感性和金钱节省性生成。产品品质主要体现在质量、功能和品牌三个方面。对于品质好感性的提升，可以采用分类管理的方法，依据不同的类别采取不同的策略。

（1）品质好感性提升。

在质量和功能方面，首先通过对消费者需求的调查，发掘满足消费者潜在价值需求的产品质量和功能属性，将产品属性按重要程度和需求量分类管理，有针对性地开发产品价值提升策略。其中，高度重要且需求大的产品属性对顾客价值的贡献最大，是顾客价值提升和企业竞争优势的主要来源。如果能够有效地开发这类要素的附加价值，那么它将构成网络零售商的产品价值优势，这也是产品的核心竞争力所在。

零售商应该努力加强重要度高且需求量大的属性价值开发，努力把该类价值属性提高到行业标准之上。对于那些尚没有竞争企业提供，甚至同行业均未出现的价值属性，企业要进行战略性开发，适时投放市场，以保持产品价值的创新领先地位。高度重要而需求量少的产品属性对顾客价值也具有重要贡献。如果提供某类重要度高而需求人数少的产品属性具有较强的市场吸引力且利润较高，则网络零售商可以考虑加入这类属性要素。已具备这类属性要素的网络零售商则应当对这类要素加以保留和开发。反之，如果某类重要度高而需求人数少的产品价值要素不仅不会提高网络零售商的经济效益，而且可能会削弱他们的其他业务，则应当考虑削弱甚至取消这类产品，或者采取个性化和定制化营销战略，争取在网络零售交易中为少数消费者提供个性化的产品。

重要度低但需求人数多的产品属性往往属于消费者最基本的需求要素，通常也是产品所必备的要素，但它们并不构成网络零售产品的竞争优势，不是消费者进行价值评判和决策的关键因素。因此，对于重要度低但需求人数多的产品价值要素，网络零售企业应当将这类要素保持在行业标准水平，使消费者对企业的价值感知不低于大多数消费者的价值标准。重要度低且需求人数少的价值要素其所具作用与意义也相对较低。它们的存在往往是由于网络零售企业向网络零售市场所提供的产品不具备市场竞争力，或者是企业产品更新换代速度过慢致使产品属性已经被市场淘汰所造成的。因此，网络零售企业应当果断减少甚至取消对消费者而言重要度低且需求人数少的产品价值要素。

此外，零售商可以通过提升消费者的价值感知，促进消费者产品购买。网络零售商在传递产品价值时要针对重要的价值属性展开。例如，食品要强调口味品质、化妆品要强调驻容养颜、时装要强调风尚时髦、数码产品则要强调功能独特、便携耐久等特点。网络零售商应该向消费者传递企业自身优势指标的意义和作用，通过文化理念的宣传让消费者认识到企业所具有的优势指标的重要性，从而改变消费者对企业价值创出能力的认知，提高这些指标在消费者心中的权重。例如，早期人们对饮料中的保健或补充能量等价值要素的感知权重并不高，喝饮料的主要目的是为了解渴和美味。后来众多保健型和功能型饮料厂商在进行产品宣传时开始强调提神养颜、维生素和能量补充等的重要性，潜移默化地向消费者灌输注重保健的理念，使这类功能价值要素在消费者感知中所占权重日渐得到提升。

在品牌方面，产品价值的提升需要注重品牌化。相较于有形产品，品牌能够更加频繁地、更为清晰地、更具持久影响力地融入消费者的日常生活。当消费者在网购过程中选购或者使用某一产品时，必然会把对产品品质的观念转移到品牌上，而使品牌成为评价的实际客体，从而增加了产品的附加值。因而，品牌往往被划分为产品价值的独立维度。当然，品牌也具有客观的双面放大效应。一个好的品牌能向网络零售市场传递诸如核心产品与服务、附加产品与服务、交流联络方式等有关网络零售商产品与服务的正面信息。网络零售商可以通过提升品牌功能价值优势和品牌联想价值优势实现产品的品牌价值提升，具体包括品牌产品在质量、性能规格、外观设计、包装样式等自身特性或者个性方面相较于其他品牌产品的可靠性、耐用性、便捷性等差异化优势。网络零售商在提升产品品牌价值时，要以技术为先导，借助先进的网络平台和技术手段使网络零售商形成优势。品牌不仅会对消费者行为产生影响，也会对消费者心理产生影响。因此，网络零售商在构建品牌联想价值优势过程中首先应当考虑的是对企业品牌个性的强化以及对企业品牌内涵的塑造。消费者在网购时由于无法身临其境地接触商品，他们更愿意选购值得信任且熟悉的网络零售商或品牌。因而，信任对于网络零售中的产品品牌和企业品牌的建立尤为重要。网络零售商应当通过品牌效应实现可信度的提升，鼓励消费者主动访问店铺网站，为零售商创造更多传递产品的机会。店铺网站则是企业向消费者提供信息（包括产品和服务）的重要平台，也是宣传企业形象的重要窗口。网络零售商应加强线上和线下广告宣传，唤起消费者对企业的注意。此外，网络零售商在进行品牌价值提升的过程中还必须关注品牌价值属性的发展与继承。盲目的品牌价值提升将使企业面临风险。网络零售商在提升品牌价值时，要保证品牌能作为附加于产品的无形资产而使其产生溢价能力，让品牌成为消费者购买决策的重要影响因素。

（2）金钱节省性提升。

金钱成本是顾客价值的重要组成部分。万瑞数据显示，七成以上的消费者因"价格便宜"而选择网购。根据 IDC（互联网数据中心）调查数据，消费者选择网购是由于价格低廉划算的所占比例最大（60.44%），这符合大部分消费者追求物美价廉的心理需求。由于地区差异等原因，商品一般都需要经过多重流通环节，从而成本也被不断抬高，价格也相对变高。网络零售则拥有实体零售所不具备的渠道和价格优势。这是因为网络零售多为制造商直销，加上网络平台的竞争优势，其总体成本相较于实体零售商要低。网络零售商可以通过免费或低价策略来赢得消费者份额的增加。该策略对互联网初期的发展起到了促进作用，但同时也导致了网络零售竞争的加剧，使网络零售商的盈利能力降低，最终导致消费者的所得价值减少。然而，当消费者偏好于亲自体验产品或者购买具有象征意义的产品时，他们往往并不认可高效为其带来的低成本价值，因为他们并不是在任何时候都倾向于追求低价格。另外，由于消费者对价格的敏感程度不同，不同价格的同一商品对不同消费者产生的认知价值也存在差异。消费者内心的价值标准更容易偏向对自己有利的方面改变。零售商一旦进行产品降价，就很难再度回升价格。降价只能是促销活动或是迫不得已情况下的最后选择。因此，提升金钱节省性的最好途径是依靠非价格策略来实现。零售商可以根据消费者对价格的认知和敏感程度，以及议价能力差异，采取认知价值定价、拍卖竞价、捆绑定价等差别化的动态定价策略。此外，零售业还可以通过售后服务来降低消费者的使用成本；通过赠品或附加服务等进行隐性降价；通过增加或改变产品的属性功能，或降低其他金钱成本达到金钱节省目的。

格式纸就是网络零售过程中企业通过金钱节省实现顾客价值最大化的典型案例。从 20 世纪 90 年代初期开始，银行、医院、保险公司等先前格式纸消耗大户发现，虽然购买单张格式纸只需 1 美元，但每张格式纸在填写修改、复印传送、存放报废等方面的花费却高达 20 美元，便日渐缩减了在格式纸上的花费。于是，一些有远见的格式纸供应商开始投身于网络零售，借助其独有的电子网络优势，设计出电子格式纸系统，通过实现金钱的节省去适应消费者需求的变化，从而为企业和消费者创出巨大的价值。

2. 服务价值提升

随着消费观念的变化，网购者的价值追求开始从价格敏感转向服务体验敏感。网络零售业的竞争焦点也由"价格战"向"服务战"升级。从网购体验角度出发，网络零售商根据网购全程轨迹对消费者需求进行可视化节点分析，准确地将消费者需求反馈给制造商进行个性化研发生产，从而打造一种需求驱动的商业模式，这就是互联网催生的网络零售经济新模式。然而，中国消费者协会数据显示，2012 年互联网服务投诉量较 2011 年增加 1.85%。其中，网购服务投诉量位列服务大类投诉量第 4 位，且网络零售体验的投诉量占互联网服务投诉的最大比例。另据中国电子商务研究中心监测数据，淘宝网以 26.2% 的投诉量成为网购投诉最多的电商，京东商城、苏宁易购分列二、三位。可见，网络零售在线服务价值的提升已成为当前零售业亟待解决的问题，也是网络零售商取得竞争优势的角逐领域。

零售业服务价值的提升可以从服务形式、服务内容和服务手段三个方面进行。其中，服务形式是零售商为顾客提供服务的具体方式方法，是零售商服务理念的体现，其主要内容包括服务质量、服务效率、服务环境、服务态度以及服务意识等。尽管服务形式不是服务的根本，但良好的服务形式却可以使服务价值属性得到更为满意的回报。从消费者角度考虑的服务形式可以成为重要的顾客价值优势。反之，从零售商自身出发考虑的服务形式往往会使消费者感到不满。服务内容主要是指零售商能够为消费者提供什么样的服务产品。在竞争不断加剧的零售行业，服务内容日益成为竞争战略的主要领域。服务手段一般指有形的服务设施和服务工具。提升服务手段要求零售商不断更新服务设施、服务工具和服务网络。为此，提升网络零售中消费者所感知的服务价值可以从购买便利性、个性化服务和交易安全性三个方面进行。

（1）购买便利性提升。

网络零售的便利性是消费者的主要购买动力。调查显示，网络零售诸如不受时空限制等优势吸引了相当数量的网民参与网络零售，这类优势的效用不亚于价格便宜的效用，反映了网购者开始认识到网络零售的其他优势。降低消费者的非金钱成本是提高网络零售在线顾客价值的有效途径之一，主要包括网购的时间成本、精力成本、体力成本。这些成本的降低主要依靠消费者购买便利性的提高。网络零售的购买便利性体现在两个方面。一方面，在网络零售过程中，消费者可以随时购物，省时省力。网购免去了消费者在商场之间奔波的时间、体力和精神成本。网购者可以随时在网店中选购自己想要的商品，随时了解产品的相关信息。经过选择比较，将选购的商品放入"手推车"后，网购者通过网上支付方式只需耗费较短的时间便能完成交易，并经由物流快递获得商品。另一方面，网购更为快捷和自由。网络零售打破了通常购物必须前往商场的局限，能够让消费者足不出户即可找寻自己感兴趣的商品，并通过对比不同网店的价格与质量实现货比三家。此外，网购者每选购一项商品都可以看到详尽的资料说明，如同得到服务人员的现场讲解。

因此，网络零售商可以从七个方面开发运营策略以提升消费者的购买便利性。其一，通过媒体、网络和移动客户端等途径为消费者搜寻产品或企业信息提供便利性；其二，通过提供高效搜索引擎、智能代理程序和开发优质品牌等策略，有效简化消费者的购买决策过程，降低消费者搜寻信息、选择比较的成本，以提升消费者信息搜寻的便利性；其三，整合线上和线下渠道，以降低消费者在线上和线下获取和比较产品、信息和服务的转换成本，从而提升购买选择的便利性；其四，通过拓宽销售渠道（如银行商城、门户商城、运营商等），减少购买程序，以提升消费者订单处理的便捷性；其五，利用网络平台的联通及时性和反应迅速性保证消费者的要求和投诉得到及时回应，以提升联络的便利性；其六，要努力提高网店的页面响应速度，以提高消费者网购过程的快捷性。网店的加载时间过长和响应时间过慢，将使消费者失去耐心并转到其他网店购买；其七，要在物流配送服务质量上下功夫，积极探索有效的物流配送模式，努力提高物流配送效率和质量的控制水平，以提高消费者获取商品的便利性。

（2）个性化服务提升。

由于目标信息各不相同，消费者关注的信息空间也不尽相同。然而，现有的网络零售服务模式大多没有充分考虑到这种差异性，而使得消费者基本面对的是同样的信息空间。因此，个性化服务已成为提升服务价值的重要来源。有调查研究表明，消费者偏好能提供个性化产品和信息的网站，这种大规模定制在培养网络顾客忠诚中起重要作用。互联网的出现为网络零售中一对一营销的实施开展提供了可能，借助互联网平台和相关技术，网络零售商能够更好地辨识出不同消费者的个性化需求，从而针对性地向特定消费群体提供与其需求相匹配的产品和服务，因而具备实施大规模定制的优势。同时，互联网可以存储海量信息、进行高效互动和快速交易，为依据个性化需要提供产品和服务的能力大大增强。

在实务上，网店实施个性化服务的前提就是在消费者浏览网店后要适时地留下个人资料及交易资料，利用技术对顾客资料的撷取与深化，进行顾客资料分析及比较路径追踪、交叉点选行为等，才能依据消费者偏好提供个性化的商品服务。购物网店的个性化服务一般应做到：可提供个人化的建议，尤其服务对象涵盖多个市场区隔，或多样化商品或服务；将对客户的建议、客户管理以及交叉销售等业务予以自动化；依据使用者个人资料采用个人化广告；提供使用者独特的网络经验；采取会员制，甚至可以是消费者付费的较高等级服务；一旦消费者对使用该网店的产品或服务产生疑虑或是遇到困难时，能够通过线上讨论或线上专家咨询等途径得到一对一的帮助，解决其所遇到的问题。

在网络零售过程中，零售商通过提供个性化产品和服务可以使消费者获得个人独特需求满足的价值体验。为此，网络零售商可以通过提供具备站内搜索、自助平台、定制搭配等功能的技术支持和基础设施，采用定制化服务、自助式服务等方式，让消费者根据自己的需求偏好自主提交修改方案或完成商品选购，并通过网页浏览反馈分析对网店功能加以完善，使消费者产生称心愉悦的网购体验和口碑效应，以提升服务感知价值。

（3）交易安全性提升。

在网络零售的环境中，购物过程改变了传统的面对面交易、一手交钱一手交货及面谈等购物方式。网购者普遍担心电子交易信息安全问题，如交易双方身份的鉴定、交易信息的存储等。由于信息安全环境缺乏所造成的消费者个人信息和交易信息外泄甚至被窃取、信息欺诈、数据篡改等恶意行为始终威胁着网络零售市场的健康发展。为提升网络零售交易的安全性，降低消费者的风险成本，网络零售商应加强产品质量监控，在产品和服务质量保障上下功夫，对消费者在购买、使用、处置产品或服务过程中存在的问题进行追踪排查，为消费者提供合理的解决方案。另外，零售商要迅速而妥善地做好退换货等售后服务，以降低消费者网购的机会成本。例如，京东商城为持续提升消费者的安全消费体验，削弱消费者在网络交易过程中的风险感知，为消费者提供安全高效的一站式购物体验，与40余家电脑和手机厂商达成合作协议，共同推出"售后到家"服务。这一举措使但凡在京东商城选购数码产品的消费者在产品保修期内足不出户便能享受到全程无忧的售后服务，真正意义上地体验到网购的便利快捷与安全可靠。

消费者对网店的信任是其采用网购模式的前提。网络零售商应该公布其网店的详细地址，明确网上交易和隐私保护的政策，减轻消费者对隐私等方面的安全顾虑。网络零售商应该建立有效的客服中心，利用网络零售不受时间限制的优势，24小时为消费者提供所订商品的信息；充分利用微信、QQ、电邮等网络平台及时提供消费者确认订单、商品配送状态信息，以降低消费者感知的网购风险。此外，网络零售商还可以利用电子商务保密服务系统来提升网络零售的交易安全性。

安全良好的网络交易环境的建立需要网络零售商对以下五点加以关注：一是网络零售商信誉的建立。良好的商家信誉能够削减消费者在网购过程中对网店交易诚信的顾虑，增进其对网店的信任。二是网店安全认证。通过对网店进行第三方安全交易网站认证或加入安全网络交易平台会员，能够削减消费者在网购过程中的安全顾虑。三是网店所售商品描述属实。网络零售商应切实展示和描述所售商品的图文信息，依据商品存货和如期交货能力在网页进行在售产品展示，并尽可能地向消费者披露网店前端成本，而不是一味地隐藏或虚高商品真实价格。四是支付系统的建构。网络零售商应建立多渠道的安全货款支付系统，为消费者提供多重开放且稳定安全的付款途径。五是对消费者隐私的保护。网络零售商在稳固网络交易环境安全的同时，也要注重对网店顾客个人隐私的保护，并在网络平台发布必要的客户隐私保护声明，从而削弱消费者在网购过程中对个人隐私泄露的顾虑。

3. 情感价值提升

互联网给消费者提供了丰富的信息内容，但消费者只对自己需要的内容感兴趣。在网络零售过程中，零售商向消费者传递的内容应体现增长见闻、激发兴趣、引人入胜、易于查找、内容新颖等特点，应强化时间节省、富有情趣的体验。本研究表明，网络零售商可以从界面审美性、信息探索性和过程愉快性三个方面来提升消费者的情感价值。

（1）界面审美性提升。

消费者与网络零售商的接触首先是通过网店页面实现的。对网店页面的审美性感知是消费者实施交易初始动机的关键因素。网店页面设计是否具有吸引力决定了其能否吸引足够多的消费者光顾。同时，网店页面本身也体现了其流程设计，它应该适合大部分消费者的感知。网店的风格和界面设计影响着消费者的网上购物倾向。色彩、分类、明细等方面是否有序合理，将直接影响到消费者在网店的停留时间和参与网购体验的可能性。

为了增加界面审美给消费者带来的价值，首先，网络零售商应该利用网络技术增强消费者对网络零售内容的体验，利用文字、图像、动画、多媒体等手段全方位刺激消费者的感官，激发消费者的好奇心和消费欲望；其次，网络零售商要根据消费者的阅读习惯和偏好对网页内容进行合理编排，为消费者提供即时更新且有价值的界面内容；再次，为缩短消费者的购买决策时间和精力，网络零售商应当高度重视网店搜索引擎高效性和精准性功能的设计和提升，确保界面内容的加载展示的快捷性能够在消费者忍受的限度内；最后，网络零售商可以与提供相近或互补信息内容的网店形成战略联盟和互惠链接，从而为消费者提供超越期望的价值。

就网店界面的设计而言，零售店铺网页界面的主页栏目要体现网店的外观风格，并即时更新网页内容，完善品类栏目，让消费者产生易于搜寻、服务周到、时尚大方的心理响应。界面图片的风格要与网店所售商品的风格相一致，图片信息要与商品实际品质外观、规格特征等保持一致。网店所出售的商品除了需要配备清晰美观且符合商品真实情况的图片之外，还应该配备详细真实的商品描述信息，这样才能提高消费者对网店的信任程度。此外，网店界面设计必须围绕目标顾客，要基于对顾客群体文化特征的深入理解来设计网站。由于文化差异，不同地区的消费者对网站设计颜色和网站点击导航机制有不同的偏好。比如，中国的消费者一般喜欢淡雅、明了、简单和主题鲜明的网店界面。因此，网店界面的设计应很好地体现不同地区消费者的审美标准和价值观念。

（2）信息探索性提升。

信息的丰富性与可探索性是影响消费者网店转换率的重要因素。网店的信息容量如果偏少，消费者在网购过程中的可选择性就相对少，对商品的对比性也不强，必然会导致网店缺乏吸引力。消费者出于比较获取更便宜的价格、对比品牌优劣等原因会在购买前进行信息搜索，而为寻找相关配套资源以便更好地使用所购商品，或是对自己所选品牌的正确性加以证实，在自主选择品牌的自信力之外，寻求品牌选择的他信力，会在购买后再度进行信息搜索。

因此，网络零售商应当适时适机地在网店社区推送相关的讨论，以增强消费者的品牌选择信心。消费者在购买前频繁进行信息探索的最重要目的是比较商品价格和品牌。因此，网店需要开发有效的搜索营销和口碑营销策略，把信息搜索性渗透到顾客价值创造的全过程。为增强信息的可探索性，网络零售商应尽可能地在网页展示产品实拍图片，结合产品实际多角度客观地为消费者提供全面详述的产品信息，让消费者能够对产品有全面的了解。网络零售商也可以根据其对产品的了解提供购买该产品的一些比较专业、详细的参考信息，减少消费者对产品及决策的不确定感，提高其对产品及网店的信任。为提升网络零售的信息探索性，站内搜索、综合搜索和垂直搜索（包括搜索联盟等）都是需要投入的重要渠道，这些信息渠道将为网店和网络零售商带来更实际的效果。

网络零售商应该根据其经营的商品类型选择合适的营销策略。不同于标准化商品，非标准化商品（如化妆品和个人护理类）因为不能仅凭专业术语表述商品，需要线下体验以获取商品信息（如气味、质感等），该类网店和零售商可以采用社区营销和垂直网站营销的方式来提升信息的可探索性。网店内部的搜索也是信息探索性提升的重要方面，它可以帮助消费者快捷准确地找到所需商品，甚至能在消费者以往消费习惯的基础上推荐相关商品的搜索结果。这些策略都能有效提升消费者的价值感知。此外，在网购过程中，由于没有实际的销售人员以及实际信息的相互沟通，没有网络零售企业声誉的保证，消费者只能依靠网络信息的搜寻、比较以及评价，因此，网店和零售商可以通过展现信息的对称性和网络口碑信息（诸如购后网评信息）影响消费者的价值感知和购买决策。

（3）过程愉快性提升。

实体零售体验过程中，消费者能够直接感知商品和服务的质量。消费情绪的产生及消费者的介入行为伴随于选购全过程。因此，网络零售体验的过程愉快性在一定程度上决定着消费者对其所获价值的判断。随着网络零售的迅速普及，网购中出现商品质量、售后服务等问题开始凸显，而这都造成了顾客参与网络零售的过程不愉快。与传统购物挑选、购买、结算的简单流程相比，网购环境下，卖家商户与消费者产生直接互动的环节数量多且持续。为提升消费者在网络交易过程中的愉快性，网络零售商在重视产品内在属性的同时应尽可能地在售前咨询、商品包装、物流选择、售后保障等各个环节上采取营销方法及活动来增强消费者正面情绪，避免消费者产生不愉快的负面情绪。

具体来说，网络零售商可通过增强购物网站的互动性来提升消费者在交易过程中的愉悦感。网店在收集顾客相关资料时，要让全公司相关决策人员都可快速回应消费者需求。如果消费者确实喜欢一件商品而该商品又没有折扣或者折扣力度很小，消费者往往会表现得犹豫不决。如果商家坚持这个价格，消费者多半最后也会购买，但是没有那种占到便宜而愉悦的感觉。但此时商家如果能根据客户的需求提供一些与产品相关的赠品，则会大大强化消费者的愉悦感，增加对品牌的好感。网店也可以建立虚拟社区，让消费者发表心得或群组讨论，网上举办各种新商品说明会，并赠送购物券等方式来建立双方更紧密的"社交关系"，让消费者在购物过程中有愉快的体验。购物网站还可以通过 BBS、E-mail、因特网等自动化系统，对顾客所提供的信息和所咨询的问题等信息数据加以收集，并将所收集到的数据信息和相关问题高效及时地传递给相关业务人员，从而对消费者在网络交易过程中所遇见的诸多问题给予快速响应。此外，网络零售商也可针对特定目标消费群体开设个性化专属网站，为特定消费群体提供其所偏好和需要的特定类型的信息，从而让消费者感觉到自己并非单纯地在进行商品购买，感受到在该网店选购商品本身就是一种快乐。

4. 社会价值提升

在强调成功、财富和地位的市场经济环境中，消费者对生活环境的过度敏感已成为消费者面对的社会现实。人们对消费所带来的社会名望诉求日益强烈，对产品或品牌的属性或利益更加敏感。消费活动也不再是一种缓解压力或解决问题的路径，而成为一种体现消费者自身社会价值的方式。显然，网络零售兴起之初，这种购物方式本身就具有满足消费者好奇、享乐需要的功能。而当越来越多的消费者习惯于网购时，大部分通过参与网购体验到的享乐、象征等方面的边际效应也出现递减。这种情形类似于星巴克在中国市场的遭遇。通过满足其目标消费群体彰显身份地位的社会需求，一度使星巴克在中国市场备受推崇。然而，当消费者寻得新的社会诉求时，星巴克则变成单纯满足消费者功能型需求的品牌。对于网络零售商而言，当他们只能满足消费者的功能需求，而无法给予消费者心理归属时，其竞争力也将随之衰减。

随着消费者被尊重、被关怀需求的日益增强，通过强化网购消费者的社会价值满足感来促使网购者的价值感知最大化将有助于零售商的竞争力提升。而且，社会价值的提升有助于提高顾客的终身价值，进而提升网络零售商的获利能力。本研究表明，网络零售中消费者的社会价值提升可以从社会身份强化和自尊唤起两方面进行。

（1）社会身份强化。

社会文化是消费者工作和生活的外在文化环境，主要是民族文化传统、价值观念等。消费者的身份不同，其消费的价值观也就不同。社会文化、家庭、参照群体和社会阶层等的相互影响，共同构成了消费者的社会身份。

消费者往往会赋予自己特定的社会身份，并在与其社会身份相关联评估内容的基础上形成特定的态度，做出特定的购买决策。因此，网络零售商要吸引消费者并使之产生利益共鸣，关键在于发现其内在的价值诉求，并向消费者传递本网店所提供的产品能够保持和提升其社会地位的理念，让消费者获得社会地位提升和社会身份强化的感知。例如，福特汽车没有像其他汽车一样将汽车性能作为卖点，而是向消费者灌输福特汽车能够改变生活，提高购买者的社会地位这一理念。很多消费者并不是真的需要汽车，而是因为拥有一辆合适的汽车是社会身份的象征。因此，在广大消费者心中，网购也是达成目的的时尚手段。要想促使消费者购买产品，就必须向目标消费者树立和传递其产品能够使其受到他人的关注，帮助其提升社会地位、强化社会身份的理念。

为强化消费者在网购中的社会身份感知，网络零售商可以从四个方面入手。首先，通过高品质定位来开发高名望的目标消费群体，在消费市场产生身份强化效应。例如，购买手表体现了消费者对准确知道时间的需要。如果消费者只想购买特定品牌的手表，那么该消费行为表达的则是消费者对地位和身份的潜在需要。其次，产品和服务的选择不仅为消费者提供了表达意念的机会，还可作为与他人沟通的手段。以选赠礼品为例，所选赠的礼品一定程度上是送礼人自我的体现。当受礼人在送礼人看来较为重要时，送礼人往往会耗费相对较多的金钱、时间、精力去选购合适的礼品，甚至在送礼时紧张激动，表明送礼人会通过选赠礼品向受礼人进行自我展现。一旦选择不当就会造成彼此的尴尬，因为品位差的礼物可能表明了送礼人和收礼人之间不和谐的关系。再次，网络零售过程中，消费者在选择箱包、服饰、化妆品、手机等具有自我表现力的产品时，同样也传递了消费者的品位、性格，甚至是对生活方式的理解等能够展示其身份意涵的信息。因此，高端产品的网络零售商应针对特定目标消费群体塑造高端品牌形象，传递其品牌满足消费者社会地位和身份诉求的独特价值。同时，零售商可以针对不同的产品进行诸如适用场合、适用人群、产品品质等附加信息的标注解说，在节省消费者选购决策时间、满足消费者对社会身份强化诉求的同时，引导消费者购买合适的产品。最后，网络零售商还应该重视对网店虚拟社区交流平台的维护。通过虚拟社区构建目标消费群体，引导社区成员以真正平等的身份进行交流，分享新思想和新感悟；让消费者有机会把在该网店购物的体验告诉周围的人，从而提高周围人对其的认知，为消费者带来更大的社会、心理和经济价值。

（2）自尊唤起。

自尊需要反映了消费者展示自我价值和自我能力的欲望。消费者对自我价值和自我能力的评价决定了其从外界获得他人评价的欲望和动机。消费者在购买体验中往往渴望自己有名望和威信，能够受到零售商的重视，以及希望能够得到服务场景和服务人员的积极回应与恰当评价。

为实现消费者的自尊唤起，首先，网络零售商网店应确保消费者能在网店找到与其风格一致的商品。一方面，网络零售商应在网店页面展示所售商品的整体风格、适用人群、价值诉求等信息，在商品信息中标注商品的风格等信息，使消费者在浏览网店商品之前能够对所售商品的整体风格有所了解。当商品风格与消费者偏好风格相一致时，消费者的自尊将被唤起，从而选择是否继续选购。另一方面，在线服务人员应与进店顾客进行交流，通过了解其风格偏好，为其推荐适宜的商品。在使消费者能快速找到所需商品的同时，使其感到被尊重。其次，网络零售商应让消费者感到购买本店的商品是明智的，要让消费者觉得其所购商品是值得的，让其认为自己是一个聪明的购买者。因此，网络零售商应设法提高消费者对产品价值的认知，或者降低其对成本付出的感知。一方面，在线服务人员应引导消费者购买，精简其购物流程，并结合实际使用情况向消费者介绍本店产品能为其带来的利益，引导消费者对产品使用场景加以联想，使消费者切实感觉到购买产品的可获利益，增进其所感知到的产品价值。此外，由于网络的虚拟性，消费者根本无法从商品图文信息准确判断商品的好坏。在这种情况下，网络零售商可以通过展示相关品质证书、原材料截面图等信息，让消费者增加对产品的价值认知。另一方面，当消费者在商品选购中产生矛盾心理时，网络零售商应给消费者以信心。消费者在网购时经常遇到产品功能之间的冲突和产品喜好与自我形象之间的冲突。比如，商务休闲装偏正式还是偏休闲的矛盾，或是喜欢某一产品但觉得自己不适合该产品。当消费者面对这样的矛盾时往往陷入纠结，无所适从。在线服务人员应以合适的理由消除消费者矛盾的心理，从而让消费者觉得购买该商品是明智的。再次，网络零售商在关注和尊重消费者的同时，还应使消费者通过购买获得自我体现和炫耀的满足，进而唤起消费者的自尊满足感。一方面，在线服务人员可以通过对低自尊意识的消费者给予积极的关怀和尊重，唤起他们的自尊心满足，进而驱动他们的网购主动性。具体而言，由于消费者在网购过程中直接接触的对象是在线服务人员，他们的诚心诚意倾听和响应，并站在消费者的立场对其诉求给予关切，甚至夸赞，将使消费者在内心产生受到尊重的满足感。另一方面，与其说消费者在购买产品的过程中贪图便宜，不如说消费者追求的是一种占便宜的感觉。网络零售商应为其营造一种相对的"便宜感觉"，告知顾客同品质商品在本店价格最实惠，或者购买后商品短时间内价格不会大幅下降，从而使消费者在网购过程中获得自我满足和自我成就感。

（二）基于在线顾客价值的店铺忠诚构建策略

企业生存的前提在于拥有消费者，市场竞争的本质也在于对消费者的争夺。不少企业倾力于新市场的开拓、新顾客的获得，但往往忽略老顾客的关系维持，结果在艰难赢得新顾客的同时，却流失了原有的顾客。互联网的发展和价值观的个性化使消费者由信息接收者变成了信息搜寻者，在海量的产品选择中享有更多的主动权。同时，消费者行为的个性化和多元化也促使企业必须将营销战略的重心转移到消费者的开发与维系上来。忠诚顾客的重复购买和良好口碑能够为零售商带来财务收益和竞争优势。因此，投资顾客的店铺忠诚，培育忠诚的消费群体是网络零售商获取财务收益和竞争优势的战略核心。

企业竞争的核心在于为消费者创造和传递价值的竞争。而顾客价值的动态性、层次性和可分析性也为企业的多维度竞争提供了基础。在网络零售中，消费者总是以其所感知的价值是否实现为满意的判断标准。他们在不同的网络零售店铺之间选择，获取最大化价值是其购买决策的目标指向。忠诚的顾客能为网络零售企业带来丰厚的利润，帮助企业获得竞争优势。本研究表明，顾客价值通过顾客满意和顾客信任对网购者的店铺忠诚具有正向影响。为赢得消费者的店铺忠诚、获取市场竞争优势，网络零售商应采取在线顾客价值驱动的店铺忠诚战略。

1. 提高消费者对网络零售企业的感知价值

企业在创出顾客价值的竞争中，首先表现为产品和服务的竞争。网络零售商可以从产品和服务质量入手，努力提升消费者对产品和服务质量的感知价值。消费者只有在价值需求得到不断满足时，才愿意选择并忠诚于企业。

首先，随着消费者主权意识的增强，与过去局限于对产品功能和品质的关注不同，消费者在作出购买选择时也日渐考虑产品和服务的个性化、设计的人性化，越发注重产品和服务的体验价值。因此，网络零售企业除了提供质量合格的产品外，还应提供个性化、品种齐全的产品以满足消费者需求。比如，为消费者提供与网站描述相符的产品，完善网站商品种类，使消费者能够买到自己想要的产品。网络零售商需保证所售产品与网店所展示产品品质信息相符，使消费者在网店购买的产品与其购买时想要的是一致的。网络零售商可将自身产品报价与其他企业产品报价进行比对，结合产品实际合理设定产品价格，若价格相对偏高应强调产品价高的理据支撑。网店应适时进行产品促销，让消费者觉得物超所值。

其次，服务质量对企业提高消费者的感知价值具有重要的作用。随着技术的普及引用，市场产品同质化日益严重，商品极大地丰富，企业之间的产品价格差异也不明显。但是，不同企业在服务质量上的表现却是千差万别，且远不能满足消费者对服务质量的要求。低品质的产品虽不会因为好的服务而受到欢迎，但好的产品却会因为差的服务而不受欢迎。因此，网络零售商应通过优质服务来吸引更多的顾客。比如，采取 24 小时无时间限制营业模式，精简购物流程，按价格、适应群体、款式等科学归类网店商品，使消费者能快速找到所需商品，为其带来更多的便利。在网购过程中，消费者直接沟通对象是在线服务人员，网络零售企业应保证高效的服务响应，根据顾客的需求为其推介适宜的信息，提供个人化服务。网络零售商需为消费者创造安全的交易环境，健全安全保障体系，对顾客的 ID、E-mail 地址或信用卡账号等信息给予保护，为消费者在虚拟网络交易中提供安全的服务。

再次，网络零售商在进行交易活动时大都考虑消费者对产品或服务的质量和价格的需求，较少关注消费者在购物过程中的情感价值需求。研究表明，消费者已进入情感满足时代，购买商品更多的是为了情感的需要，网络购物在某种程度上已成为一种解压的方式。网络零售商应为消费者提供轻松愉悦的购物体验，使消费者在购物过程中放松心情，缓减生活工作中的压力，为其带来情感上的愉悦，从而使消费者产生情感认同，形成对网店的归属感。比如，通过美观的商品排列、精美的背景画面等优化网店界面，使消费者在网店购物的同时能感到美的享受；提供丰富的商品图文、视频信息，在网页设置个性化信息搜索模块，使消费者在网店购物的同时感受到探索商品的快感；建立网络讨论社群，定期在网络社群发布产品更新信息，搜集答复消费者的意见和建议，设置奖励性的小游戏，使消费者获得愉快的购物体验。

最后，网络零售商要关注消费者的社会价值需求。随着消费水平的不断提高，消费的社会价值属性也日益凸显和强化。不同于功利性价值对消费者物质层面和生理层面需求的满足，网络零售的社会价值能够给消费者带来精神心理层面和社会层面需求的满足。网购活动可以作为一种缓解压力的情感路径，同时也是一种体现消费者自身社会价值的消费方式。部分消费者往往会期望通过网络消费彰显出自己的独特个性，在网络零售交易过程中使自己的身份和品味得到体现与肯定。网络零售商应当强化网购消费者的社会价值满足感，促使网购消费者的价值感知最大化，构筑顾客的成就感。比如，通过高品质定位来开发高名望的目标消费群体，在消费市场产生身份强化效应。在线服务人员应根据消费者表达的诸如个人使用、送礼等购物意念，推介适宜产品，避免因选择不当造成消费者品位差的尴尬。当产品喜好与消费者自我形象发生冲突时，服务人员应引导购物并给消费者以信心。通过虚拟社区构建目标消费群体，为消费者提供炫耀、成就分享的平台。

2. 提升消费者对网络零售企业的满意度

满意是衡量企业价值创造活动对消费者价值需要满足状况的预测指标。消费者对网络零售交易的满意度直接影响其对网络店铺的忠诚度。根据本研究的结论，网络零售商可以根据顾客价值构成维度对网购者满意的相对贡献度指引，通过社会价值、产品价值、服务价值、情感价值的创出，让消费者感受到企业为其带来的卓越价值，从而促进消费者满意程度的提升，增强企业与消费者之间的关系联结，最终赢得消费者的店铺忠诚。具体而言，网络零售商可以从以下几个方面提升消费者的满意度。

社会价值方面。网络的虚拟社会性使网络零售交易社会价值的重要性更加突出。研究表明，在网络零售中，社会价值对顾客满意的相对预测力最强。网络零售商应该明确地认识到零售网站、商家、顾客之间不是一般的买卖关系，而是一种相互依存、各有所需的社会关系。这就要求网络零售商能为消费者提供一切社会人需要的产品和服务，使其感觉在购物过程中受到尊重，能彰显其身份地位。通过强化消费者的社会身份，唤起消费者的自尊，可以使消费者的满意度得到提高。为提升消费者的社会价值感知，网络零售商可实行会员等级制度，根据顾客的消费次数、金额、好评率等对不同等级的会员进行程度不等的优质服务；站在消费者立场对其诉求给予关切，对其明智的购物决定加以夸赞，使消费者尤其是购买能力和满意度较高的消费者在内心产生受到尊重的满足感和成就感。

产品价值方面。消费者对于产品的价值感知是选购特定零售商的重要因素。研究表明，消费者从网店获得的产品价值对其满意感知具有显著的积极影响。网络零售商应在保证产品品质的基础上让消费者感觉到购买该网店的产品能够在品质上获得好感，在金钱上得到节省，从而提升消费者的满意水平。为确保产品品质，网络零售商应做自己熟悉的商品。做网络零售企业自己熟悉的商品可以最大限度地减少其在网络零售过程中出错的概率。凭借对商品的性能、适用群体信息的熟知掌握，网络零售商可以极大地提高其商品销售的"精准度"，从而提升网购消费者的满意度。网络零售商还应尽可能地通过各种增加价值感行为提高消费者对产品价值的认知，创出"物美价廉"的感觉，使消费者产生购买行为并形成金钱节省感觉而感到满意。

服务价值方面。不同于以往聚焦于企业产品的竞争，日益加剧的网络零售市场竞争和不断变化的消费者购物习惯，要求网络零售企业采取差异化战略，通过为消费者提供便利的个性化和定制化服务，增进其在网络零售过程中的超值服务感受和体验。除了高效的在线服务、售后和物流配送等基础性服务，网络零售商还应通过为消费者提供个性化服务来提升其购物满意度。消费者的需求多种多样，"量体裁衣"是网络零售服务的理性境界。网络零售商可以利用网络技术并根据浏览和购买记录为消费者推荐合适的产品，或者为消费者提供定制化的页面服务；根据消费者的需求定制消费者专属化的产品，使消费者感受到服务是独一无二的，从而提升消费者的满意水平。

情感价值方面。当消费者对某一企业或品牌在情感上产生依赖时，其对该企业产品或服务所出现失误的心理容忍程度将有所提升，同时也会将企业的优势放大，从而增进消费者对企业的满意度。因此，企业应该加大对消费者的情感投资。网络零售商应满足消费者对网店精美界面、多样化信息搜索的愉快购物体验诉求。具体而言，网络零售商可以通过为消费者提供多样化的信息搜索渠道、简洁的网站操作、精美的网页设计、丰富的产品信息搜索、快捷的链接和多样的支付方式来提升消费者满意度。不同的消费者，其知识水平、网购经验、信息诉求都会不同，对网络交易的操作能力也不尽相同。精美和信息丰富的网页设计虽能带给消费者一种舒服的浏览体验，但网络零售商在设计网站时也要考虑网页的简便操作性，以避免消费者因操作不佳产生负面情绪而降低购物满意度。

3. 增强消费者对网络零售企业的信任感

互联网空间虚拟性、风险性和不确定性使消费者与网络零售企业之间的关系更难建立，已建立起的关系也很脆弱。消费者对企业的信任度越高，就越乐意与该企业保持合作关系，也即保持了顾客忠诚度。从信任形成的过程看，理性消费者的购买行为建立在对价值预期的确信基础上。如果把购买行为的发生视为消费者对结果的信任体现，那么顾客价值就是体现这种信任的前因。根据本研究的结论，网络零售商可以根据顾客价值构成维度对网购者信任的相对贡献度指引，通过服务价值、产品价值、社会价值和情感价值的创出提升消费者的信任水平。具体而言，网络零售商可以从以下几个方面提升消费者对网络店铺的信任感。

服务价值方面。服务价值对网购顾客信任的相对预测力最强。网络环境的不规范以及消费者隐私保护意识的提高，使交易安全性成为消费者与网络零售商建立信任的主要保障。网络零售商应该给予消费者安全无忧的购物环境和隐私保护承诺。网络零售商应加大对网站的投入和研发，提升软件和硬件的抗入侵能力。在对安保技术加以强化的同时，网络零售商也应注重第三方安全认证机制的引入。信任是建立在消费者与企业沟通、交流和熟悉的长期关系基础上的。而第三方安全认证则是一种制度式信任建立方式，它以法制化、正规化的认证，让消费者在短时间内形成对购物网站的初始信任。

产品价值方面。在实体零售环境中，"质量是企业的生命"已被当成"至高无上"的企业信条，这同样适用于网络零售。网络零售企业应从产品品质好感性的提升来增进消费者对企业产品的信任。品牌暗示着产品的高质量、高性能和高附加值，能够向消费者传递品质好感，网络零售商应做有品牌的企业和产品。消费者一般具有购买品牌产品的偏好，品牌的本质就是消费者对产品的信任和联想。因此，网络零售商在条件和能力具备的情况下应首先考虑售卖品牌商品。为消除消费者对产品品质的顾虑，网络零售商可以通过制定并公布产品质量保证承诺从而提升消费者对产品品质的信任。比如，承诺保证产品质量，消费者对所购产品可以无条件退换货。而当企业不能有效满足消费者的产品价值需要时，企业的产品品质承诺将受到质疑。

社会价值方面。消费者进行购买决策会受到社会潮流及周边人的影响，从而在购物过程中追求社会身份的强化和自我成就感。为提升消费者的信任，网络零售商应该展现自身具备实现消费者社会价值的能力。从店铺声誉方面来看，良好的店铺形象和网站口碑将增加消费者的信任感。而在形象和口碑俱佳的网店购物也会让消费者感到不失身份和品位，可以让周边人高看自己。网络零售商应在开发高名望目标顾客群的同时，利用论坛或网络社区营造企业为消费者竭诚服务，与消费者一同公益奉献并具有社会责任的舆论氛围，使消费者感知到企业是正直的。

情感价值方面。建立情感信任是网络零售商长远发展的根基。网络零售商应畅通沟通渠道，重视消费者的信息反馈，处理好消费者的抱怨，保证消费者网购过程的愉快性，进而增进消费者的情感信任。网络零售商可以利用电话、电子邮件、QQ 等技术适时与消费者沟通，通过沟通与售后跟进，使顾客感知到企业愿意了解其对商品的满意程度和真实想法，从而与网络零售商建立情感信任关系。此外，通过设计商家信誉评价信息搜索窗口可以帮助消费者提高产生初始信任。信誉评价机制可以有效规范商家行为，改变消费者在遭遇不满消费体验后申诉困难的现象，还能使顾客在搜索相关信息时得到警示，避免遭受损失，从而增进消费者的情感信任。

（三）在线顾客价值驱动店铺忠诚的支撑体系

1. 建立网络零售企业的学习型组织结构

学习型组织是一种依托于组织学习氛围而形成的，建立在组织成员创新性思维能力之上的组织，它具有扁平化、人性化、柔性化等特点。学习型组织的主要价值观是以顾客价值为中心，满足消费者的需求。面对信息化和全球化发展，网络零售商应保持弹性和灵活性来应对复杂的市场变化，尤其需要建立以在线顾客价值为核心内容的学习型组织结构。

首先，网络零售商需要借助网络零售的低廉成本优势尽可能地缩减直线职能制结构的中间管理层次，扁平化企业自身的组织结构，在网络零售企业内部形成互相学习、互相理解、协调合作，以及整体思考互动的群体，从而为企业带来持久的创造力。其次，企业的学习型组织要以团队的建设为基础。构建团队学习型组织有助于企业在面对消费者个性化需求时灵活地安排作业，从而提升网络零售商团队组织的工作效率、创新及知识共享。最后，网络零售商应该构建以在线顾客价值最大化为导向的企业愿景，以愿景为灵魂，指导企业的产品技术革新、薪酬体系、经营策略乃至网页设计等所有细节。

2. 建设基于在线顾客价值的企业文化

网络零售企业应当树立以在线顾客价值最大化为核心的企业文化理念，使追求在线顾客价值最大化成为网络零售企业文化的根基。而要使在线顾客价值理念真正成为网络零售企业的文化价值理念，则需要网络零售商将其所倡导的在线顾客价值文化理念转化为员工的岗位信念，有效传递给消费者。因此，为实现自身的战略目标，网络零售商必须将在线顾客价值的文化理念深植到每个网络平台服务人员的思想观念中，通过开发基于在线顾客价值的企业文化去激励企业员工的创新行为。借助网络的广域性和及时性，网络零售商可以将其文化理念便捷高效地传递给企业成员。此外，网络零售企业的高层应当言行一致、以身作则，通过自上而下的文化理念运作模式在企业日常经营中不断向企业成员灌输在线顾客价值的文化理念。与此同时，网络零售商要将企业成员视为企业的"内部顾客"，通过建立有利于激发企业成员潜能以及实现个人价值的有效激励机制，对网络零售企业成员之间的关系加以改善，使企业成员感到满意并降低对企业及个人文化理念转变的抵制。

3. 推进网络零售企业信息化建设

信息时代的竞争实质上是对信息资源的竞争，网络零售经济的日益壮大和信息技术的普及应用使信息系统对于网络零售企业的重要性日益凸显。快速反应的信息系统可以使网络零售商在快速流动更新的信息中及时掌握和了解消费者、竞争对手以及供应商信息，便于其在经营活动中对各流程及时协调配合，并使管理层能够依据网络零售市场的信息迅速高效地做出决策判断。因此，对网络信息的有效控制是提升基于在线顾客价值的网络零售企业竞争优势的先决条件。来自竞争对手的信息、来自消费者的信息、来自企业外部环境与内部能力动态变化的信息都是网络零售商所要关注的重点信息。网络零售企业信息化建设的推进将会使企业获取、处理和共享信息的能力得到提升，从而提高企业对顾客价值的理解把握以及对顾客需求的响应速度，进而提升基于在线顾客价值的网络零售企业动态竞争力。此外，作为网络零售信息化建设的微观主体，网络零售商应当提高企业管理层乃至企业全体成员的信息化意识，注重对既善于经营管理又熟知现代信息技术的复合型人才的引进和培养，从而为网络零售企业的信息化建设创造适宜的内部环境。

四、研究局限与未来研究方向

本研究基于文献研究，从网购者视角将网络零售在线顾客价值概念化为包括产品价值、服务价值、情感价值和社会价值四维度位阶结构，并以顾客满意、顾客信任和顾客忠诚三个效标变量，对顾客价值构成维度的预测性进行了实证检验，取得了具有丰富内涵的研究成果，但研究过程中也存在一些不足。

其一，本研究开发的网络零售在线顾客价值维度结构模型虽然得到了实证数据的支撑，但其妥当性还有待更为广泛的调查。尤其是，被试在网购中对享乐主义价值属性的体验程度将影响其对测项的准确应答。

其二，本研究构念测量选用的测项均为现有文献所采用的测项，其信度和效度虽然在现有文献中得到了检验，但在本研究中还是有不少测项被删除，造成相当数据信息的丢失。这可能会影响到本研究成果的提升。而且，所选用的测项均为英文测项，其含义是否准确地转换为中文测项，也将影响本研究结论的可靠性。

其三，本研究把各种类型的网购者作为普适总体，而没有对网络零售类型进行分类研究。在 C2C、B2B、B2C 等不同模式中，消费者的价值感知维度和构成要素存在差异性。本研究开发的顾客价值多维度位阶模型并不能具体反映不同类型网络零售模式下的消费者价值需求。

在未来研究中，本研究将在优化测量量表的基础上，进一步扩大样本范围，对本研究开发的网络零售在线顾客价值模型进行更广泛的调查。而把本研究开发的网络零售在线顾客价值模型放到 C2C、B2B、B2C 等不同情境中进行比较研究将会是一个富有成果的研究方向。由于消费者对网店使用的熟练程度不同和对使用新型零售渠道的挑战意识不同，顾客价值在不同类型的消费者群体中对店铺忠诚具有怎样的作用效果也是值得探讨的领域。

附录：关于网络零售在线顾客价值及满意度的问卷调查

您好！首先非常感谢您百忙之中抽空参与此调查。

本问卷调查旨在对网店使用中的顾客价值及满意度进行调查。请您如实回答平时使用网店购物的感受。您在本次调查中的诚实回答对本研究特别重要。尽管需要花费您的一些时间，但还是请您能够一题不落地完成本问卷。

本问卷调查是匿名进行的,,您的个人信息安全将得到保证，数据结果纯粹用于学术研究。

再一次感谢您抽出宝贵时间协助本次调查！

一、关于网店购物经历的问题。

1. 您在过去的六个月中有过在网店购买商品或服务的经历吗？

①有⇒如果有，那么在过去的六个月中的购买次数是（　　）次？

②没有⇒请停止作答，谢谢！

2. 写出一个您最常使用的网店名称。

　（　　　　　　　　　　　　　　）

二、以下是关于网店商品价值的问题。 请仔细阅读各问项，并对照您平时使用最多的网店进行回答，在最能表达您想法的数字上标记（√）。

1. 关于网店提供的商品质量问题

序号	问项	完全 不同意	不同意	有点 不同意	一般	有点 同意	同意	完全 同意
1	感觉在该网店购买的产品 不错	①	②	③	④	⑤	⑥	⑦
2	在该网店购买的产品与我 购买时想要的是一致的	①	②	③	④	⑤	⑥	⑦
3	该网店努力提供优质商品	①	②	③	④	⑤	⑥	⑦
4	对在该网店购买的商品有 好感	①	②	③	④	⑤	⑥	⑦
5	该网店的商品质量处于中 上水平	①	②	③	④	⑤	⑥	⑦

2. 关于网店提供的商品的购买费用问题

序号	问项	完全 不同意	不同意	有点 不同意	一般	有点 同意	同意	完全 同意
1	该网店购买的商品价格 是合理的	①	②	③	④	⑤	⑥	⑦
2	从价格上看，在该网店购 买物超所值	①	②	③	④	⑤	⑥	⑦
3	在该网店购买商品可以 省钱	①	②	③	④	⑤	⑥	⑦
4	在该网店购买可以减价	①	②	③	④	⑤	⑥	⑦
5	与其他网店相比，在该网 店购买更节约	①	②	③	④	⑤	⑥	⑦

三、关于网店服务价值的问题。 请仔细阅读各问项，并对照您平时使用最多的网店进行回答，在最能表达出您的想法的数字上标记（√）。

1. 有关网店提供服务的便利性问题

序号	问项	完全 不同意	不同意	有点 不同意	一般	有点 同意	同意	完全 同意
1	该网店的商品选择范围 广泛	①	②	③	④	⑤	⑥	⑦
2	在该网店我能很容易地找 到需要的商品	①	②	③	④	⑤	⑥	⑦
3	在该网店能方便地进行多 种商品比较	①	②	③	④	⑤	⑥	⑦
4	在该网店能在我方便的时 间进行订购	①	②	③	④	⑤	⑥	⑦
5	该网店能迅速完成交易	①	②	③	④	⑤	⑥	⑦

2. 关于网店提供的个性化服务问题

序号	问项	完全不同意	不同意	有点不同意	一般	有点同意	同意	完全同意
1	该网店对买家的个人要求能迅速反应	①	②	③	④	⑤	⑥	⑦
2	该网店提供了适合我的专门服务	①	②	③	④	⑤	⑥	⑦
3	该网店提供了适合我的购物信息	①	②	③	④	⑤	⑥	⑦
4	该网店让我感觉我是他家的特别顾客	①	②	③	④	⑤	⑥	⑦
5	该网店的客服水平高	①	②	③	④	⑤	⑥	⑦

3. 关于网店提供的安全性问题

序号	问项	完全不同意	不同意	有点不同意	一般	有点同意	同意	完全同意
1	该网店会保护我的网购习惯等个人信息	①	②	③	④	⑤	⑥	⑦
2	该网店不会将我的 ID、E-mail 地址或信用卡账号等信息与其他网站共享	①	②	③	④	⑤	⑥	⑦
3	该网店会对我的 ID、E-mail 地址或信用卡账号等信息给予保护	①	②	③	④	⑤	⑥	⑦

四、关于网店情感价值的问题。请仔细阅读各问项，并对照您平时使用最多的网店进行回答，在最能表达出您的想法的数字上标记（√）。

1. 关于网店的设计装潢问题

序号	问项	完全不同意	不同意	有点不同意	一般	有点同意	同意	完全同意
1	该网店的商品排列方式很合我意	①	②	③	④	⑤	⑥	⑦
2	该网店的主页很吸引眼球	①	②	③	④	⑤	⑥	⑦
3	我喜欢该网店的背景画面	①	②	③	④	⑤	⑥	⑦
4	在该网店购物的同时能感到美的享受	①	②	③	④	⑤	⑥	⑦
5	在该网店除了购物，还能享受美的愉快感	①	②	③	④	⑤	⑥	⑦

2. 关于网店的信息探索性问题

序号	问项	完全不同意	不同意	有点不同意	一般	有点同意	同意	完全同意
1	在该网店购物的同时，试图找过奇特而有个性的商品	①	②	③	④	⑤	⑥	⑦
2	在该网店购物的同时，试图找过比自己想象的还好的商品	①	②	③	④	⑤	⑥	⑦
3	在该网店购物的同时，也曾想过寻找和我原本需要的不一样的商品	①	②	③	④	⑤	⑥	⑦
4	在该网店除了想买东西外，还想找到其他重要信息	①	②	③	④	⑤	⑥	⑦
5	在该网店购物的同时，感受到探索商品的快感	①	②	③	④	⑤	⑥	⑦

3. 关于网店愉悦感的问题

序号	问项	完全不同意	不同意	有点不同意	一般	有点同意	同意	完全同意
1	比起购买商品，在该网店购物本身很快乐	①	②	③	④	⑤		⑦
2	在该网店购物很开心	①	②	③	④	⑤	⑥	⑦
3	该网店总有新商品或我关注的商品上市	①	②	③	④	⑤	⑥	⑦
4	在该网店购物的体验很愉快	①	②	③	④	⑤	⑥	⑦
5	觉得在该网店购物是消磨闲暇时光的好方法	①	②	③	④	⑤	⑥	⑦

五、关于网店的社会价值问题。请仔细阅读各问项，并对照您平时使用最多的网店进行回答，在最能表达出您的想法的数字上标记（√）。

1. 对您自己的个人认知的问题

序号	问项	完全不同意	不同意	有点不同意	一般	有点同意	同意	完全同意
1	在该网店购物与我想给周围人看的印象一致	①	②	③	④	⑤	⑥	⑦
2	在该网店购物能使我的社会身份得到提高	①	②	③	④	⑤	⑥	⑦

续表

序号	问项	完全 不同意	不同意	有点 不同意	一般	有点 同意	同意	完全 同意
3	我想把在该网店购物的体验告诉周围的人	①	②	③	④	⑤	⑥	⑦
4	我认为我是该网店的目标顾客群体	①	②	③	④	⑤	⑥	⑦
5	在该网店购物能提高周围人对我的认知	①	②	③	④	⑤	⑥	⑦

2. 对您的自我尊重感的问题

序号	问项	完全 不同意	不同意	有点 不同意	一般	有点 同意	同意	完全 同意
1	在该网店能找到和我风格一致的商品	①	②	③	④	⑤	⑥	⑦
2	因在该网店成功购买而认为自己是明智的购买者	①	②	③	④	⑤	⑥	⑦
3	在该网店购物既有个人价值也有快乐的体验	①	②	③	④	⑤	⑥	⑦
4	在该网店购物给我自我满足感	①	②	③	④	⑤	⑥	⑦
5	在该网店购物给我成就感	①	②	③	④	⑤	⑥	⑦

六、 关于网购满意度的问题。请仔细阅读各问项，并对照您平时使用最多的网店进行回答，在最能表达出您的想法的数字上标记（√）。

序号	问项	完全 不同意	不同意	有点 不同意	一般	有点 同意	同意	完全 同意
1	在该网店购物是明智的选择	①	②	③	④	⑤	⑥	⑦
2	在该网店购物是正确的	①	②	③	④	⑤	⑥	⑦
3	在该网店的购物体验正是我想要的	①	②	③	④	⑤	⑥	⑦
4	该网店提供的购物体验整体上让我满意	①	②	③	④	⑤	⑥	⑦

七、关于网店信任的问题，请仔细阅读各问项，并对照您平时使用最多的网店进行回答，在最能表达出您的想法的数字上标记（√）。

序号	问项	完全不同意	不同意	有点不同意	一般	有点同意	同意	完全同意
1	该网店是正直的	①	②	③	④	⑤	⑥	⑦
2	该网店真心实意的努力使我满意	①	②	③	④	⑤	⑥	⑦
3	该网店提供的商品或服务都是真实的	①	②	③	④	⑤	⑥	⑦
4	该网店提供的商品或服务的承诺或主张是真实的	①	②	③	④	⑤	⑥	⑦
5	整体上看，该网店是值得信赖的	①	②	③	④	⑤	⑥	⑦

八、关于网店忠诚度的问题，请仔细阅读各问项，并对照您平时使用最多的网店进行回答，在最能表达出您的想法的数字上标记（√）。

序号	问项	完全不同意	不同意	有点不同意	一般	有点同意	同意	完全同意
1	下次网购时，我会最先选择该网店	①	②	③	④	⑤	⑥	⑦
2	我以后将继续在该网店购物	①	②	③	④	⑤	⑥	⑦
3	和其他网店相比，我更喜欢使用该网店	①	②	③	④	⑤	⑥	⑦
4	每次购物都能觉得该网店比其他网店好	①	②	③	④	⑤	⑥	⑦
5	即使朋友们推荐其他网店，我也会继续使用该网店	①	②	③	④	⑤	⑥	⑦
6	我想向周围的朋友推荐该网店	①	②	③	④	⑤	⑥	⑦

九、 下面是关于您的基本情况，请在合适的编号上标记（√）。

1. 您的性别	①男	②女	
2. 您的年龄	①10~20 岁 ④41~50 岁	②21~30 岁 ⑤50 岁以上	③31~40 岁
3. 您的学历	①高中毕业 ④研究生在读	②大学在读 ⑤研究生毕业	③大学毕业

4. 您的职业	①大学（研究）生	②个体	③职员	④主妇	⑤其他
5. 您的月平均收入	①低于 2000 元 ③在 3000~5000 元之间 ⑤在 6000 元以上		②在 2000~3000 元之间 ④在 5000~6000 元之间		
6. 访问该网店的频度	①一个月一次左右 ④一周 2~4 次	②一个月 2~3 次 ⑤每周 5~7 次	③一周一次 ⑥每天一次以上		
7. 使用该网店进行购物的时间长短	①不到 6 个月 ④3~5 年	②6~12 个月 ⑤5~7 年	③1~3 年 ⑥7 年以上		

※ 非常感谢您对此次调查的回答 ※

参考文献

[1] Aaker D A, Equity M B. Capitalizing on the value of a brand name [M]. New York, 1991.

[2] Abbott L. Quality and competition [D]. New York, Columbia University Press, 1955.

[3] Anderson J C, Gerbing D W. Structural equation modeling in practice: A review and recommended two-step approach [J]. Psychological Bulletin, 1988, 103 (3): 411.

[4] Anderson J C, Narus J A. A model of distributor firm and manufacturer firm working partnerships [J]. the Journal of Marketing, 1990: 42-58.

[5] Anderson J C, Jain D C, Chintagunta P K. Customer value assessment in business markets: A state-of-practice study [J]. Journal of Business-to-Business Marketing, 1992, 1 (1): 3-29.

[6] Anderson E W, Sullivan M W. The antecedents and consequences of customer satisfaction for firms [J]. Marketing Science, 1993, 12 (2): 125-143.

[7] Anderson J C, Jain D, Chintagunta P K. Understanding customer value in business markets: Methods of customer value assessment [J]. Journal of Business-to-Business Marketing, 1993, 1 (1): 3-30.

[8] Anderson E W, Fornell C, Lehmann D R. Customer satisfaction, market share, and profitability: Findings from Sweden [J]. The Journal of Marketing, 1994: 53-66.

[9] Andaleeb S S, Anwar S F. Factors influencing customer trust in salespersons in a developing country [J]. Journal of International Marketing, 1996: 35-52.

[10] Anderson J C, Narus J A. Business marketing: Understand what customers

value [J]. Harvard Business Review, 1998, 76: 53-67.

[11] Anderson J C, Narus J A. Business market management: Teaching business market management [M]. Prentice Hall, 1999.

[12] Anderson E W, Mittal V. Strengthening the satisfaction-profit chain [J]. Journal of Service Research, 2000, 3 (2): 107-120.

[13] Anderson R, Ponnavolu K, Srinivasan S S. Customer loyalty in e-commerce: An exploration of its antecedents and consequences [J]. Journal of Retailing, 2002, 78 (1): 41-50.

[14] Anderson R E, Srinivasan S S. E-satisfaction and e-loyalty: A contingency framework [J]. Psychology & Marketing, 2003, 20 (2): 123-138.

[15] Arbuckle J L, Wothke W. AMOS 4.0 programming reference guide [M]. Chicago: Small Waters Corporation, 1999.

[16] Amit R, Zott C. Value creation in e-business [J]. Strategic Management Journal, 2001, 22 (6-7): 493-520.

[17] Anderson E W, Fornell C, Mazvancheryl S K. Customer satisfaction and shareholder value [J]. Journal of Marketing, 2004, 68 (4): 172-185.

[18] Babin B J, Darden W R, Griffin M. Work and/or fun: Measuring hedonic and utilitarian shopping value [J]. Journal of Consumer Research, 1994, 20 (4): 644-656.

[19] Babin B J, Griffin M. The nature of satisfaction: An updated examination and analysis [J]. Journal of Business Research, 1998, 41 (2): 127-136.

[20] Bagozzi R P, Yi Y. On the evaluation of structural equation models [J]. Journal of the Academy of Marketing Science, 1988, 16 (1): 74-94.

[21] Baker T. Customer-focused organisations: Challenges for managers, workers and HR practitioners [J]. Journal of Management Development, 2002, 21 (4): 306-314.

[22] Bakos J Y. Reducing buyer search costs: Implications for electronic marketplaces [J]. Management Science, 1997, 43 (12): 1676-1692.

[23] Balabanis G, Reynolds N, Simintiras A. Bases of e-store loyalty: Perceived switching barriers and satisfaction [J]. Journal of Business Research, 2006, 59 (2): 214-224.

[24] Baldinger A L, Rubinson J. Brand loyalty: The link between attitude and behavior [J]. Journal of Advertising Research, 1996, 36: 22-36.

[25] Barnes A E. Attributes for automating seismic facies analysis [C]. 2000 SEG Annual Meeting. Society of Exploration Geophysicists, 2000.

[26] Beatty S E, Kahle L R, Homer P. Personal values and gift-giving behaviors: A study across cultures [J]. Journal of Business Research, 1991, 22 (2): 149-157.

[27] Beckerman W. Distance and the pattern of intra-European trade [J]. The Review of Economics and Statistics, 1956 (38): 31-40.

[28] Bloemer J, De Ruyter K. On the relationship between store image, store satisfaction and store loyalty [J]. European Journal of Marketing, 1998, 32 (5/6): 499-513.

[29] Bolton R N, Drew J H. A multistage model of customers' assessments of service quality and value [J]. Journal of Consumer Research, 1991: 375-384.

[30] Bolton R N, Kannan P K, Bramlett M D. Implications of loyalty program membership and service experiences for customer retention and value [J]. Journal of the Academy of Marketing Science, 2000, 28 (1): 95-108.

[31] Bourdeau L, Chebat J C, Couturier C. Internet consumer value of university students: E-mail-vs.-Web users [J]. Journal of Retailing and Consumer Services, 2002, 9 (2): 61-69.

[32] Bowen J T, Shoemaker S. Loyalty: A strategic commitment [J]. Cornell Hotel and Restaurant Administration Quarterly, 1998, 39 (1): 12-25.

[33] Brady M K, Cronin J J. Customer orientation effects on customer service perceptions and outcome behaviors [J]. Journal of Service Research, 2001, 3 (3): 241-251.

[34] Brynjolfsson E, Smith M D. Frictionless commerce? A comparison of Internet and conventional retailers [J]. Management Science, 2000, 46 (4): 563-585.

[35] Campbell J Y. Understanding risk and return [R]. National Bureau of Economic Research, 1993.

[36] Cardozo R N. An experimental study of customer effort, expectation, and

satisfaction [J]. Journal of Marketing Research, 1965: 244-249.

[37] Carmines E G, Zeller R A. Reliability and validity assessment [M]. Sage Publications, 1979.

[38] Carver C S, Scheier M. Principles of self-regulation: Action and emotion [M]. Guilford Press, 1990.

[39] Chandon P, Wansink B, Laurent G. A benefit congruency framework of sales promotion effectiveness [J]. Journal of Marketing, 2000, 64 (4): 65-81.

[40] Chaudhuri A, Holbrook M B. The chain of effects from brand trust and brand affect to brand performance: the role of brand loyalty [J]. Journal of Marketing, 2001, 65 (2): 81-93.

[41] Chen Z S. Consumers' value perception of an e-store and its impact on e-store loyalty intention [D]. Purdue University, 2003.

[42] Chen Z, Dubinsky A J. A conceptual model of perceived customer value in e-commerce: A preliminary investigation [J]. Psychology & Marketing, 2003, 20 (4): 323-347.

[43] Chen P T, Hu H H. How determinant attributes of service quality influence customer-perceived value: An empirical investigation of the Australian coffee outlet industry [J]. International Journal of Contemporary Hospitality Management, 2010, 22 (4): 535-551.

[44] Chocarro R, Cortiñas M, Villanueva M L. Situational variables in online versus offline channel choice [J]. Electronic Commerce Research and Applications, 2013, 12 (5): 347-361.

[45] Chernatony L, Christodoulides G. Taking the brand promise online: Challenges and opportunities [J]. Interactive Marketing, 2004, 5 (3): 238-251.

[46] Christopher M. Value-in-use pricing [J]. European Journal of Marketing, 1982, 16 (5): 35-46.

[47] Christopher M. The customer service planner [M]. Butterworth-Heinemann, 1992.

[48] Churchill Jr G A. A paradigm for developing better measures of marketing constructs [J]. Journal of Marketing Research, 1979, 16 (1): 64-73.

[49] Claeys C, Swinnen A, Abeele P V. Consumer's means-end chains for "think" and "feel" products [J]. International Journal of Research in Marketing, 1995, 12 (3): 193-208.

[50] Cooil B, Keiningham T L, Aksoy L, et al. A longitudinal analysis of customer satisfaction and share of wallet: Investigating the moderating effect of customer characteristics [J]. Journal of Marketing, 2007, 71 (1): 67-83.

[51] Coyne K. Beyond service fads-meaningful strategies for the real world [J]. Sloan Management Review, 1989, 30 (4): 69-76.

[52] Coye R W. Managing customer expectations in the service encounter [J]. International Journal of Service Industry Management, 2004, 15 (1): 54-71.

[53] Crisp C B, Jarvenpaa S L, Todd P A. Individual differences and internet shopping attitudes and intentions [D]. Graduate School of Business Working Paper, University of Texas, 1997.

[54] Cronin J J, Brady M K, Hult G T M. Assessing the effects of quality, value, and customer satisfaction on consumer behavioral intentions in service environments [J]. Journal of Retailing, 2000, 76: 193-218.

[55] Cronin J J, Taylor S A. Measuring service quality: A reexamination and extension [J]. Journal of Marketing, 1992, 56: 55-68.

[56] Crosby L A, Evans K R, Cowles D. Relationship quality in services selling: An interpersonal influence perspective [J]. Journal of Marketing, 1990, 54 (3): 68-81.

[57] Cunningham R M. Brand loyalty-what, where, how much [J]. Harvard Business Review, 1956, 34 (1): 116-128.

[58] Cunningham R M. Customer loyalty to store and brand [J]. Harvard Business Review, 1961, 39 (6): 127-137.

[59] Czepiel J A. Service encounters and service relationships: Implications for research [J]. Journal of Business Research, 1990, 20 (1): 13-21.

[60] Dabholkar P A. Consumer evaluations of new technology-based self-service options: An investigation of alternative models of service quality [J]. International Journal of Research in Marketing, 1996, 13 (1): 29-51.

[61] Dasgupta P, Stiglitz J E. Potential competition, actual competition, and economic welfare [J]. European Economic Review, 1988, 32 (2): 569-577.

[62] Day G S. A two-dimentional concept of brand loyalty working papter [J]. State University of New York at Buffalo, 1969, 9 (3): 25-29.

[63] David, French T D, Moguire T I, et al. Marketing in 3-D [J]. Mckinsey Quarterly, 1999.

[64] Deutsch M. Trust and suspicion [J]. Journal of Conflict Resolution, 1958, 2 (4): 265-279.

[65] Dick A S, Basu K. Customer loyalty: Toward an integrated conceptual framework [J]. Journal of the Academy of Marketing Science, 1994, 22 (2): 99-113.

[66] Diesing P. Reason in society: Five types of decisions and their social conditions [M]. University of Illinois Press, 1962.

[67] Dodds W B, Monroe K B, Grewal D. Effects of price, brand, and store information on buyers' product evaluations [J]. Journal of Marketing Research, 1991, 28 (3): 307-319.

[68] Donald C, Whiting G C. An approach to communication theory: Toward consensus on rules [J]. Journal of Communication, 1972, 22 (3): 217-238.

[69] Doney P M, Cannon J P. An examination of the nature of trust in buyer-seller relationships [J]. the Journal of Marketing, 1997, 61 (2): 35-51.

[70] Drucker P F. The practice of marketing [M]. New York: Harper and Row, 1954.

[71] Dwyer F R, Schurr P H, Oh S. Developing buyer-seller relationships [J]. The Journal of Marketing, 1987, 51 (2): 11-27.

[72] Dyer J H, Chu W. The determinants of trust in supplier-automaker relationships in the US, Japan, and Korea [J]. Journal of International Business Studies, 2000, 42 (1): 259-285.

[73] Eastman C M. Building product models: Computer environments supporting design and construction [M]. CRC Press, 1999.

[74] Eggert A, Ulaga W. Customer perceived value: A substitute for satisfaction in business markets? [J]. Journal of Business & Industrial Marketing, 2002, 17 (2/3):

107-118.

[75] Eighmey J. Profiling user responses to commercial websites [J]. Journal of Advertising Research, 1997, 37: 59-66.

[76] Flint D J, Woodruff R B, Gardial S F. Customer value change in industrial marketing relationships: A call for new strategies and research [J]. Industrial Marketing Management, 1997, 26 (2): 163-175.

[77] Flint D J, Woodruff R B. The initiators of changes in customers' desired value: Results from a theory building study [J]. Industrial Marketing Management, 2001, 30 (4): 321-337.

[78] Folkes V S. Consumer reactions to product failure: An attributional approach [J]. Journal of Consumer Research, 1984, 10 (4): 398-409.

[79] Forbis J L, Mehta N T. Value-based strategies for industrial products [J]. Business Horizons, 1981, 24 (3): 32-42.

[80] Fornell C, Larcker D F. Evaluating structural equation models with unobservable variables and measurement error [J]. Journal of Marketing Research, 1981, 18 (1): 39-50.

[81] Fornell C. A national customer satisfaction barometer: The Swedish experience [J]. the Journal of Marketing, 1992, 56 (1): 6-21.

[82] Fornell C, Johnson M D, Anderson E W, et al. The American customer satisfaction index: Nature, purpose, and findings [J]. The Journal of Marketing, 1996, 60 (4): 7-18.

[83] Fredericks J O, Salter J M. Beyond customer satisfaction [J]. Management Review, 1995, 84 (5): 29-32.

[84] Frondizi R. What is Value? —An introduction to axiology [M]. La Salle: Open Court Publishing Company, 1971.

[85] Gale B T. Managing customer value [M]. New York: The Free Press, 1994.

[86] Gale B, Wood R C. Managing customer value: Creating quality and service that customers can see [M]. Simon and Schuster, 1994.

[87] Gallarza M G, Gil Saura I. Value dimensions, perceived value, satisfac-

tion and loyalty: An investigation of university students´ travel behaviour [J]. Tourism Management, 2006, 27 (3): 437–452.

[88] Gambetta D. Trust: Making and breaking cooperative relations [M]. Oxford: Basil Blackwell, 1988.

[89] Ganesan S. Determinants of long–term orientation in buyer–seller relationships [J]. the Journal of Marketing, 1994, 58 (2): 1–19.

[90] Garbarino E, Johnson M S. The different roles of satisfaction, trust, and commitment in customer relationships [J]. The Journal of Marketing, 1999, 63 (2): 70–87.

[91] Garicano L, Kaplan S N. The effects of business–to–business e–commerce on transaction costs [J]. The Journal of Industrial Economics, 2001, 49 (4): 463–485.

[92] Garver M S, Williams Z. Examining a model of understanding customer value and satisfaction data [J]. Marketing Management Journal, 2009, 19 (1): 113–132.

[93] Gassenheimer J B, Houston F S, Davis J C. The role of economic value, social value, and perceptions of fairness in interorganizational relationship retention decisions [J]. Journal of the Academy of Marketing Science, 1998, 26 (4): 322–337.

[94] Gefen D. Building users "trust in freeware providers and the effects of this trust on users" perceptions of usefulness, ease of use and intended use of freeware [M]. Georgia State University, 1997.

[95] Gefen D. E –commerce: The role of familiarity and trust [J]. Omega, 2000, 28 (6): 725–737.

[96] Gefen D. Reflections on the dimensions of trust and trustworthiness among online consumers [J]. ACM Sigmis Database, 2002, 33 (3): 38–53.

[97] Gefen D, Karahanna E, Straub D W. Trust and TAM in online shopping: an integrated model [J]. MIS Quarterly, 2003, 27 (1): 51–90.

[98] Gentile C, Spiller N, Noci G. How to sustain the customer experience: : An overview of experience components that co–create value with the customer [J]. European Management Journal, 2007, 25 (5): 395–410.

[99] Geoffrion A M, Krishnan R. Prospects for operations research in the e–

business era [J]. Interfaces, 2001, 31 (2): 6-36.

[100] Ghosh R A. Cooking pot markets: An economic model for the trade in free goods and services on the Internet [J]. First Monday, 1998, 3 (1): 2-3.

[101] Giese J L, Cote J A. Defining consumer satisfaction [J]. Academy of Marketing Science Review, 2000, 1 (1): 1-22.

[102] Goodstein L D, Butz H E. Measuring customer value: Gaining the strategic advantage [J]. Organizational Dynamics, 1997, 24 (3): 63-77.

[103] Grayson K, Ambler T. The dark side of long-term relationships in marketing services [J]. Journal of Marketing Research, 1999, 36 (1): 132-141.

[104] Gremler D D, Brown S W. Service loyalty: Its nature, importance, and implications [J]. Advancing Service Quality: A Global Perspective, 1996: 171-80.

[105] Grewal D, Marmorstein H. Market price variation, perceived price variation, and consumers' price search decisions for durable goods [J]. Journal of Consumer Research, 1994, 21 (3): 453-60.

[106] Grewal D, Iyer G R, Krishnan R, et al. The Internet and the price-value-loyalty chain [J]. Journal of Business Research, 2003, 56 (5): 391-398.

[107] Grewal D, Levy M, Lehmann D R. Retail branding and customer loyalty: an overview [J]. Journal of Retailing, 2004, 80 (4): ix-xii.

[108] Grönroos C. From marketing mix to relationship marketing: Towards a paradigm shift in marketing [J]. Management Decision, 1994, 32 (2): 4-20.

[109] Grönroos C. Keynote paper From marketing mix to relationship marketing-towards a paradigm shift in marketing [J]. Management Decision, 1997, 35 (4): 322-339.

[110] Grönroos C. Creating a relationship dialogue: Communication, interaction and value [J]. The Marketing Review, 2000, 1 (1): 5-14.

[111] Grönroos C, Ravald A. The value concept and relationship marketing [J]. European Journal of Marketing, 1996, 30 (2): 19-30.

[112] Grunert K G, Valli C. Designer-made meat and dairy products: Consumer-led product development [J]. Livestock Production Science, 2001, 72 (1): 83-98.

［113］ Gulati R. Does familiarity breed trust? The implications of repeated ties for contractual choice in alliances ［J］. Academy of Management Journal, 1995, 38 (1): 85-112.

［114］ Gutman J. Physicians' exposure to health topics through mass media: An avenue for improving the dietitian's image. ［J］. Journal of the American Dietetic Association, 1977, 71 (5): 505-509.

［115］ Gutman J. A means-end chain model based on consumer categorization processes ［J］. The Journal of Marketing, 1982, 46 (2): 60-72.

［116］ Gutman J. Means-end chains as goal hierarchies ［J］. Psychology & Marketing, 1997, 14 (6): 545-560.

［117］ Ha H Y. Factors influencing consumer perceptions of brand trust online ［J］. Journal of Product & Brand Management, 2004, 13 (5): 329-342.

［118］ Haar J W V D, Kemp R G M, Omta O. Creating value that cannot be copied ［J］. Industrial Marketing Management, 2001, 30 (8): 627-636.

［119］ Hair J F, Anderson R E, Tatham R L, et al. Multivariate data analyses with readings ［M］. Prentice-Hall International, Englewood Chiffs, NJ, 1995.

［120］ Hallowell R. The relationships of customer satisfaction, customer loyalty, and profitability: An empirical study ［J］. International Journal of Service Industry Management, 1996, 7 (4): 27-42.

［121］ Han J, Han D. A framework for analyzing customer value of internet business ［J］. Journal of Information Technology Theory and Application (JITTA), 2001, 3 (5): 4.

［122］ Harris L C, Reynolds K L. The consequences of dysfunctional customer behavior. ［J］. Journal of Service Research, 2003, 6: 144-161.

［123］ Harris L C, Goode M M H. The four levels of loyalty and the pivotal role of trust: A study of online service dynamics ［J］. Journal of Retailing, 2004, 80 (2): 139-158.

［124］ Hawes J M, Mast K E, Swan J E. Trust earning perceptions of sellers and buyers ［J］. Journal of Personal Selling & Sales Management, 1989, 9 (1): 1-8.

［125］ Heim G R, Sinha K K. A product-Process matrix for electronic B2C operations implications for the delivery of customer value [J]. Journal of Service Research, 2001, 3 (4): 286–299.

[126] Hellier P K, Geursen G M, Carr R A, et al. Customer repurchase intention: A general structural equation model [J]. European Journal of Marketing, 2003, 37 (11/12): 1762–1800.

[127] Hempel D J. Consumer satisfaction with the home buying process: Conceptualization and measurement [J]. The Conceptualization of Consumer Satisfaction and Dissatisfaction, 1977 (6): 7–21.

[128] Higgins M. Quality assurance and utilization management in managed care contracting [J]. Journal of Quality Assurance, 1988, 10 (3): 8–13.

[129] Higgins K T. The value of customer value analysis [J]. Marketing Research, 1998, 10 (4): 38–44.

[130] Hoffman D L, Novak T P, Peralta M. Building consumer trust online [J]. Communications of the ACM, 1999, 42 (4): 80–85.

[131] Holbrook M B, Hirschman E C. The experiential aspects of consumption: Consumer fantasies, feelings, and fun [J]. Journal of Consumer Research, 1982, 9 (2): 132–140.

[132] Holbrook M B. The nature of customer value: An axiology of services in the consumption experience[J]. Service quality: New Directions in Theory and Practice, 1994, 21: 21–71.

[133] Holbrook M B. Special session summary. Customer value–A framework for analysis and research [J]. Advances in Consumer Research, 1996, 23 (2): 138–142.

[134] Holbrook Morris B. Consumer value: A framework for analysis and research [M]. Psychology Press, 1999.

[135] Holbrook M B. Consumption experience, customer value, and subjective personal introspection: An illustrative photographic essay [J]. Journal of Business Research, 2006, 59 (6): 714–725.

[136] Howard J A. Consumer behavior: Application of theory [M]. McGraw-Hill, 1977.

[137] Howard J A, Sheth J N. The theory of buyer behavior [M]. New York: Wiley, 1969.

[138] Huber F, Herrmann A, Henneberg S C. Measuring customer value and satisfaction in services transactions, scale development, validation and cross-cultural comparison [J]. International Journal of Consumer Studies, 2007, 31 (6): 554-564.

[139] Hunt H K. Customer satisfaction/dissatisfaction: Overview and future research direction [J]. Cambridge, MA: Marketing Science Institute, 1977 (1977): 445-48.

[140] Isen A M. Some ways in which affect influences cognitive processes: Implications for advertising and consumer behavior [J]. Cognitive and Affective Responses to Advertising, 1989 (1989): 3-37.

[141] Jackson B B. Build customer relationships that last [M]. Harvard Business Review, 1985.

[142] Jacoby J, Chestnut R W. Brand loyalty: Measurement and management [M]. Whiley: New York, 1978.

[143] Jarvenpaa S L, Knoll K, Leidner D E. Is anybody out there? Antecedents of trust in global virtual teams [J]. Journal of Management Information Systems, 1998, 14 (4): 29-64.

[144] Jarvenpaa S L, Staples D S. The use of collaborative electronic media for information sharing: An exploratory study of determinants [J]. The Journal of Strategic Information Systems, 2000, 9 (2): 129-154.

[145] Jarvenpaa S L, Todd P A. Is there a future for retailing on the Internet [J]. Electronic Marketing and the Consumer, 1997, 1 (12): 139-154.

[146] Jarvenpaa S L, Tractinsky N, Saarinen L. Consumer trust in an internet store: A cross-cultural validation [J]. Journal of Computer-Mediated Communication, 1999, 5 (2): 2-33.

[147] Johar J S, Sirgy M J. Value-expressive versus utilitarian advertising appeals: when and why to use which appeal [J]. Journal of Advertising, 1991, 20 (3): 23-33.

[148] John Duignan. Placement and adding value to the academic performance

of undergraduates: Reconfiguring the architecture—An empirical investigation. [J]. Journal of Vocational Education & Training, 2003, 55 (3): 335-350.

[149] Jones T O, Sasser W E. Why satisfied customers defect [J]. Harvard Business Review, 1995, 73 (6): 88.

[150] Joo J. An empirical study on the relationship between customer value and repurchase intention in Korean Internet shopping malls [J]. Journal of Computer Information Systems, 2007, 48 (1).

[151] Josee Bloemer, Ko de Ruyter. Customer loyalty in high and low involvement service settings: The moderating impact of positive emotions [J]. Journal of Marketing Management, 1999, 15 (4): 315-330.

[152] Hajebrahimi S, Corcos J, Lemieux M C. International consultation on incontinence questionnaire short form: Comparison of physician versus patient completion and immediate and delayed self-administration [J]. Urology, 2004, 63 (6): 1076-1078.

[153] Kahle L R, Beatty S E, Homer P. Alternative measurement approaches to consumer values: The list of values (LOV) and values and life style (VALS) [J]. Journal of Consumer Research, 1986: 405-409.

[154] Kantamneni S P, Coulson K R. Measuring perceived value: Findings from preliminary Research [J]. Journal of Marketing Management, 1996, 6 (2): 72-86.

[155] Keeney R L. The value of Internet commerce to the customer [J]. Management Science, 1999, 45 (4): 533-542.

[156] Khalifa A S. Customer value: A review of recent literature and an integrative configuration [J]. Management Decision, 2004, 42 (5): 645-666.

[157] Kim Y K. Consumer value: An application to mall and Internet shopping [J]. International Journal of Retail & Distribution Management, 2002, 30 (12): 595-602.

[158] Kim K J, Jeong I J, Park J C, et al. The impact of network service performance on customer satisfaction and loyalty: High-speed internet service case in Korea [J]. Expert Systems with Applications, 2007, 32 (3): 822-831.

[159] Kim H W, Gupta S, Koh J. Investigating the intention to purchase digital items in social networking communities: A customer value perspective [J]. Information & Management, 2011, 48 (6): 228-234.

[160] Kim C, Galliers R D, Shin N, et al. Factors influencing Internet shopping value and customer repurchase intention [J]. Electronic Commerce Research and Applications, 2012, 11 (4): 374-387.

[161] Kin W. C. and R. Mauborgne. Value Innovation: The strategic logic of high growth [J]. Harvard Business Review, 1997, 75 (1): 102-112.

[162] Klenosky D B, Gengler C E, Mulvey M S. Understanding the factors influencing ski destination choice: A means-end analytic approach. [J]. Journal of Leisure Research, 1993, 25 (4): 362-379.

[163] Kollock P. The production of trust in online markets [J]. Advances in Group Processes, 1999, 16: 99-123.

[164] Koo D M. Inter-relationships among store images, store satisfaction, and store loyalty among Korea discount retail patrons [J]. Asia Pacific Journal of Marketing and Logistics, 2003, 15 (4): 42-71.

[165] Koo D M. The fundamental reasons of e-consumers' loyalty to an online store [J]. Electronic Commerce Research and Applications, 2006, 5 (2): 117-130.

[166] Korgaonkar P K, Wolin L D. A multivariate analysis of web usage [J]. Journal of Advertising Research, 1999, 39: 53-68.

[167] Korgaonkar P, Silverblatt R, Girard T. Online retailing, product classifications, and consumer preferences [J]. Internet Research, 2006, 16 (3): 267-288.

[168] Kotler P. Winning through value-oriented marketing [M]. Marketing Association of Thailand, 1994.

[169] Kotler P. Marketing management: Analysis, planning, implementation & control [J]. The Prentice-Hall Series in Marketing, 1997, 8 (11): 297-320.

[170] Kotler P, Ang S H, Leong S M, Tan C T. Marketing management: An Asian perspective [M]. Singapore: Prentice Hall, 1999.

[171] Kotler P. Principles of marketing, 3rd european edition [J]. Harlow Financial Times Prentice Hall Tabani Ndlovu Page of Mba Csr, 2001, 26 (19): 14.

[172] Kotler P. Marketing management [M]. Pearson Education Canada, 2001.

[173] Kotler P, Armstrong G, P G Cunningham. Principles of marketing [M]. Prentice-Hall, Englewood Cliffs, NJ, 2002.

[174] Koufaris M, Hampton-Sosa W. The development of initial trust in an online company by new customers [J]. Information & Management, 2004, 41 (3): 377-397.

[175] Kressmann F, Sirgy M J, Herrmann A, et al. Direct and indirect effects of self-image congruence on brand loyalty [J]. Journal of Business Research, 2006, 59 (9): 955-964.

[176] Laitamäki J, Kordupleski R. Building and deploying profitable growth strategies based on the waterfall of customer value added [J]. European Management Journal, 1997, 15 (2): 158-166.

[177] Lancaster S, Yen D C, Ku C Y. E-supply chain management: An evaluation of current web initiatives [J]. Information Management & Computer Security, 2006, 14 (2): 167-184.

[178] Landroguez S M, Castro C B, Cepeda-Carrión G. Developing an integrated vision of customer value [J]. Journal of Services Marketing, 2013, 27 (3): 234-244.

[179] Lapierre J. Customer-perceived value in industrial contexts [J]. Journal of Business & Industrial Marketing, 2000, 15 (2/3): 122-145.

[180] Lauterborn B. New marketing litany [J]. Advertising Age, 1990, 61 (41): 26-26.

[181] Lau G T, Lee S H. Consumers'trust in a brand and the link to brand loyalty [J]. Journal of Market-Focused Management, 1999, 4 (4): 341-370.

[182] Lee J N, Pi S M, Kwok C W, et al. The Contribution of commitment value in internet commerce: An empirical investigation [J]. Journal of the Association for Information Systems, 2003, 4 (1): 2-4.

[183] Lee E J, Overby J W. Creating value for online shoppers: Implications for satisfaction and loyalty [C]. Journal of Consumer Satisfaction, Dissatisfaction and Complaining Behavior. 2004.

［184］Lemon K N, Rust R T, Zeithaml V A. What drives customer equity? ［J］. Marketing Management, 2001, 10（1）: 20–25.

［185］Likert R. A technique for the measurement of attitudes ［J］. Archives of Psychology, 1932, 22（140）: 1–55.

［186］Lovelock C. Competing on service: Technology and teamwork in supplementary services ［J］. Strategy & Leadership, 1995, 23（4）: 32–47.

［187］Lynch C A. When documents deceive: Trust and provenance as new factors for information retrieval in a tangled web ［J］. Jasist, 2001, 52（1）: 12–17.

［188］Machleit K A, Mantel S P. Emotional response and shopping satisfaction: Moderating effects of shopper attributions ［J］. Journal of Business Research, 2001, 54（99）: 97–106.

［189］Margherio L, Henry D, Cooke S, Montes S, Hughes S. The emerging digital economy ［M］. Washington, DC: Department of commerce, 1999.

［190］Maslow A H. A theory of human motivation ［J］. Psychological Review, 1943, 50（4）: 370.

［191］Mathwick C A. A model of contextual antecedents and exchange outcomes of customer value: An empirical investigation into the catalog and internet shopping context ［J］. Georgia Institute of Technology, 1997, 2: 86–95.

［192］Mathwick C, Malhotra N, Rigdon E. Experiential value: Conceptualization, measurement and application in the catalog and Internet shopping environment ［J］. Journal of Retailing, 2001, 77（1）: 39–56.

［193］Mathwick C, Malhotra N K, Rigdon E. The effect of dynamic retail experiences on experiential perceptions of value: An Internet and catalog comparison ［J］. Journal of Retailing, 2002, 78（1）: 51–60.

［194］May P. The business of ecommerce: From corporate strategy to technology ［M］. Cambridge University Press, 2000.

［195］Mayer R C, Davis J H, Schoorman F D. An integrative model of organizational trust ［J］. Academy of Management Review, 1995, 20（3）: 709–734.

［196］McKinsey M. Curing folk psychology of "arthritis" ［J］. Philosophical Studies, 1993, 70（3）: 323–336.

[197] McKnight D H, Choudhury V, Kacmar C. Developing and validating trust measures for e-commerce: An integrative typology [J]. Information Systems Research, 2002, 13 (3): 334-359.

[198] Medberg G, Heinonen K. Invisible value formation: A netnography in retail banking [J]. International Journal of Bank Marketing, 2014, 32 (6): 590-607 (18).

[199] Mellens M, Dekimpe M, Steenkamp J. A review of brand loyalty measures in marketing [J]. Open Access Publications from Tilburg University, 1995: 1-27.

[200] Milgrom P, Roberts J. The economics of modern manufacturing: Reply [J]. The American Economic Review, 2004, 86 (4): 307-312.

[201] Miller R, Mizerski R. Investigating the relationship between ad recall, affect toward the producer and the purchase of three number lotto tickets (work in progress) [D]. School of Marketing, Griffith University, Brisbane (Australia), 1998.

[202] Mitchell A. Regional and other distributions of the VALS types [M]. SRI International, Values and Lifestyles Program, 1983.

[203] Mittal V, Kamakura W A. Satisfaction, repurchase intent, and repurchase behavior: investigating the moderating effect of customer characteristics [J]. Journal of Marketing Research, 2001, 38 (1): 131-142.

[204] Miyazaki A D, Fernandez A. Consumer perceptions of privacy and security risks for online shopping [J]. Journal of Consumer Affairs, 2001, 35 (1): 27-44.

[205] Montoya-Weiss M M, Voss G B, Grewal D. Determinants of online channel use and overall satisfaction with a relational, multichannel service provider [J]. Journal of the Academy of Marketing Science, 2003, 31 (4): 448-458.

[206] Moorman C, Zaltman G, Deshpande R. Relationships between providers and users of market research: The dynamics of trust [J]. Journal of Marketing Research, 1992, 29 (3): 314-328.

[207] Morgan R M, Hunt S D. The commitment-trust theory of relationship marketing [J]. the Journal of Marketing, 1994, 58 (3): 20-38.

[208] Morris B. The service profit chain: How leading companies link profit and

growth to loyalty, satisfaction, and value [J]. Free Press, 1997, 9 (3): 312–313.

[209] Neal W D. Satisfaction is nice, but value drives loyalty [J]. Marketing Research, 1999, 11 (1): 20–23.

[210] Newman J W, Werbel R A. Multivariate analysis of brand loyalty for major household appliances [J]. Journal of Marketing Research, 1973, 10 (4): 404–409.

[211] Noble S M, Phillips J. Relationship hindrance: Why would consumers not want a relationship with a retailer? [J]. Journal of Retailing, 2004, 80 (4): 289–303.

[211] Nunnally J. Psychometric methods [M]. New York: McGraw, 1978.

[213] Nunnally J C, Bernstein I H. The assessment of reliability [J]. Psychometric Theory, 1994, 3: 248–292.

[214] Oh H. The effect of brand class, brand awareness, and price on customer value and behavioral intentions [J]. Journal of Hospitality & Tourism Re search, 2000, 24: 136–162.

[215] Oliver R L. A cognitive model of the antecedents and consequences of satisfaction decisions [C]. Journal of Marketing Research. 1980: 460–469.

[216] Oliver R L. Measurement and evaluation of satisfaction process in retail settings [J]. Journal of Retailing, 1981, 57 (3): 25–48.

[217] Oliver R L. Cognitive, affective, and attribute bases of the satisfaction response [J]. Journal of Consumer Research, 1993, 20 (3): 418–430.

[218] Oliver R L. Satisfaction: A Behavioral perceptive on the consumer [J]. Asia Pacific Journal of Management, 1997, (2): 285–286.

[219] Oliver R L. New directions in the study of the consumer satisfaction response: anticipated evaluation [J]. Internal Cognitive–Affective Processes, and Trust Influences on Loyalty, 1998, 25: 1–14.

[220] Oliver R L, Burke R R. Expectation processes in satisfaction formation a field study [J]. Journal of Service Research, 1999, 1 (3): 196–214.

[221] Oliver R L, Rust R T. Should we delight the customer? [J]. Journal of the Academy of Marketing Science, 2000, 28 (1): 86–94.

[222] Overby J W, Lee E J. The effects of utilitarian and hedonic online shopping value on consumer preference and intentions [J]. Journal of Business Research,

2006, 59 (10): 1160-1166.

[223] Parasuraman A, Zeithaml V A, Berry L L. Reassessment of expectations as a comparison standard in measuring service quality: Implications for further research [J]. The Journal of Marketing, 1994, 58 (1): 111-124.

[224] Parasuraman A, Zeithaml V A, Berry L L. Alternative scales for measuring service quality: A comparative assessment based on psychometric and diagnostic criteria [J]. Journal of Retailing, 1994, 70 (3): 201-230.

[225] Parasuraman A. Reflections on gaining competitive advantage through customer value [J]. Journal of the Academy of Marketing Science, 1997, 25 (2): 154-161.

[226] Parasuraman A, Grewal D. The impact of technology on the quality-value-loyalty chain: A research agenda [J]. Journal of the Academy of Marketing Science, 2000, 28 (1): 168-174.

[227] Parasuraman A, Zeithaml V A, Malhotra A. ES-QUAL a multiple-item scale for assessing electronic service quality [J]. Journal of Service Research, 2005, 7 (3): 213-233.

[228] Parker A E. Consensus on religion in the schools [J]. Phi Delta Kappan, 1957, 38 (4): 145-147.

[229] Patterson P G, Spreng R A. Modelling the relationship between perceived value, satisfaction and repurchase intentions in a business-to-business, services context: an empirical examination [J]. International Journal of Service Industry Management, 1997, 8 (5): 414-434.

[230] Pearson K. The fundamental problem of practical statistics [J]. Biometrika, 1920, 13 (13): 1-16.

[231] Perry R B. General theory of value [M]. Cambridge, Massachusetts Harvard University Press, 1954.

[232] Peter J P, Olson J C. Understanding consumer behaviour [M]. Irwin Professional Publishing, 1996.

[233] Peter J P, Olson J C, Grunert K G. Consumer behavior and marketing strategy [M]. London: McGraw-Hill, 1999.

[234] Petrick J F. Development of a multi-dimensional scale for measuring the perceived value of a service [J]. Journal of Leisure Research, 2002, 34 (2): 119–134.

[235] Petrick J F. The roles of quality, value, and satisfaction in predicting cruise passengers' behavioral intentions [J]. Journal of Travel Research, 2004, 42 (4): 397–407.

[236] Pine B J, Gilmore J H. Welcome to the experience economy [J]. Harvard Business Review, 1998, 76: 97–105.

[237] Porter M E. Competitive advantage: Creating and sustaining superior performance [M]. New York: Free Pass, 1985.

[238] Porter M E. What is strategy? [J]. The Harvard Business Review, 1996, 62 (5): 59–79.

[239] Porter M E. Competitive strategy: Techniques for analyzing industries and competitors [M]. Simon and Schuster, 2008.

[240] Prahalad C K, Hamel G. The core competence of the corporation [J]. Boston (MA), 1990, 68 (3): 235–256.

[241] Palmatier R W. Interfirm relational drivers of customer value [J]. Journal of Marketing, 2008, 72 (4): 76–89.

[242] Prahalad C K, Ramaswamy V. Co-opting customer competence [J]. Harvard Business Review, 2000, 78 (1): 79–90.

[243] Preston S, Heuveline P, Guillot M. Demography: Measuring and modeling population processes [J]. Demography, 2000, 27 (2): 273–283.

[244] Rai S, Sinha A K. Job delight: Beyond job satisfaction [J]. Indian Journal of Industrial Relations, 2002, 37 (4): 554–571.

[245] Ravald A, Grönroos C. The value concept and relationship marketing [J]. European Journal of Marketing, 1996, 30 (2): 19–30.

[246] Reichheld F F, Sasser W E. Zero defeciions: Quoliiy comes to services [J]. Harvard Business Review, 1990, 68 (5): 105–111.

[247] Reichheld F F. Loyalty and the renaissance of marketing [J]. Marketing Management, 1994, 2 (4): 10.

[248] Reichheld F F, Teal T. The loyalty effect: The hidden force behind

growth, profits and lasting value [M] . Harvard Business School Press, Boston, 1996.

[249] Reichheld F F, Schefter P. E-loyalty [J]. Harvard Business Review, 2000, 78 (4): 105-113.

[250] Reichheld F F. Lead for loyalty. [J]. Harvard Business Review, 2001, 79 (7): 76-84, 144.

[251] Reichheld F, Detrick C. Loyalty: A prescription for cutting costs [J]. Marketing Management, 2003, 12 (5): 24-25.

[252] Reinartz W, Kumar V. The mismanagement of customer loyalty [J]. Harvard Business Review, 2002, 80 (7): 86-95.

[253] Reynolds T J, Gutman J. Laddering: Extending the repertory grid methodology to construct attribute-consequence-value hierarchies [J]. Personal Values and Consumer Psychology, 1984, 2: 155-167.

[254] Ribbink D, Van Riel A C R, Liljander V, et al. Comfort your online customer: Quality, trust and loyalty on the internet [J]. Managing Service Quality, 2004, 14 (6): 446-456.

[255] Richins M L. Valuing things: The public and private meanings of possessions [J]. Journal of Consumer Research, 1994, 21 (3): 504-521.

[256] Richins M L. Possessions, materialism, and other-directedness in the expression of self [J]. Consumer value: A Framework for Analysis and Research, 1999 (1999): 85-104.

[257] Richins M L, Dawson S. A consumer values orientation for materialism and its measurement: Scale development and validation[J]. Journal of Consumer Research, 1992, 19 (3): 303.

[258] Rintamäki T, Kanto A, Kuusela H, et al. Decomposing the value of department store shopping into utilitarian, hedonic and social dimensions: Evidence from Finland [J]. International Journal of Retail & Distribution Management, 2006, 34 (1): 6-24.

[259] Roger, JB . Market-based management: Strategies for growing customer value and profitability [J]. Prentice-Halll International, 1997, 34: 40-45.

[260] Rokeach M. The nature of human values [M]. New York: Free Press, 1973.

[261] Ruyter K D, Moorman L, Lemmink J. Antecedents of commitment and trust in customer-supplier relationships in High Technology Markets [J]. Industrial Marketing Management, 2001, 30 (3): 271-286.

[262] Sánchez-Fernández R, Iniesta-Bonillo Má. Consumer perception of value: Literature review and a new conceptual framework [J]. Journal of Consumer Satisfaction, Dissatisfaction and Complaining Behavior, 2006, 19 (1): 19.

[263] Sánchez-Fernández R, Iniesta-Bonillo M. Efficiency and quality as economic dimensions of perceived value: Conceptualization, measurement, and effect on satisfaction [J]. Journal of Retailing and Consumer Services, 2009, 16 (6): 425-433.

[264] Sasser W E, Schlesinger L A, Heskett J L. Service profit chain [M]. Simon and Schuster, 1997.

[265] Sawhney M, Prandelli E. Managing distributed innovation in turbulent markets [J]. California Management Review, 2000, 42 (4): 24-54.

[266] Sawmong S, Omar O. The store loyalty of the UK's retail consumers [J]. Journal of American Academy of Business, 2004, 5 (1/2): 503-509.

[267] Schechter L. A normative conception of value [J]. Progressive Grocer, Executive Report, 1984, 2: 12-14.

[268] Schmitt B H. Experiential marketing: How to get customers to sense, feel, think, act, relate [M]. Simon and Schuster, 2000.

[269] Schoell W F, Guiltinan J P, Pritchett B M L, et al. Marketing: Contemporary concepts and practices [M]. Allyn and Bacon, 1990.

[270] Grunert K G, Grunert S C. Measuring subjective meaning structures by the laddering method: Theoretical considerations and methodological problems [J]. International Journal of Research in Marketing, 1995, 12 (3): 209-225.

[271] Schurr P H, Ozanne J L. Influences on exchange processes: buyers' preconceptions of a seller's trustworthiness and bargaining toughness [J]. Journal of Consumer Research, 1985: 939-953.

[272] Shergill G S, Chen Z. Shopping on the Internet-online purchase behavior of New Zealand consumers [J]. Journal of Internet Commerce, 2004, 3 (4): 61-77.

[273] Sheth J N, Newman B I, Gross B L. Why we buy what we buy: A theory of consumption values [J]. Journal of Business Research, 1991, 22 (2): 159-170.

[274] Sinha I, DeSarbo W S. An integrated approach toward the spatial modeling of perceived customer value [J]. Journal of Marketing Research, 1998: 236-249.

[275] Sirdeshmukh D, Singh J, Sabol B. Consumer trust, value, and loyalty in relational exchanges [J]. Journal of Marketing, 2002, 66 (1): 15-37.

[276] Sirgy M J. Self-concept in consumer behavior: A critical review [J]. Journal of Consumer Research, 1982, 9 (3): 287-300.

[277] Sirgy M J, Morris M, Samli K C. The question of value in social marketing [J]. American Journal of Economics & Sociology, 1985, 44 (2): 215-228.

[278] Sirgy M J, Grewal D, Mangleburg T. Retail environment, self-congruity, and retail patronage: an integrative model and a research agenda [J]. Journal of Business Research, 2000, 49 (2): 127-138.

[279] Sirohi N, McLaughlin E W, Wittink D R. A model of consumer perceptions and store loyalty intentions for a supermarket retailer [J]. Journal of Retailing, 1998, 74 (2): 223-245.

[280] Slater S F, Narver J C. Intelligence generation and superior customer value [J]. Journal of the Academy of Marketing Science, 2000, 28 (1): 120-127.

[281] Smith J B, Colgate M. Customer value creation: A practical framework [J]. The Journal of Marketing Theory and Practice, 2007, 15 (1): 7-23.

[282] Spearman C. Correlation calculated from faulty data [J]. British Journal of Psychology, 1904-1920, 1910, 3 (3), 271-295.

[283] Spekman R E, Strauss D, Smith R B. Antecedents of collaborative relations between buyers and sellers: An exploratory investigation from the buyer's perspective [D]. University of Maryland, 1985.

[284] Spekman R E. Strategic supplier selection: Understanding long-Term buyer relationships [J]. Business Horizons, 1988, 31 (88): 75-81.

[285] Srinivasan S S, Anderson R, Ponnavolu K. Customer loyalty in e-com-

merce: An exploration of its antecedents and consequences [J]. Journal of Retailing, 2002, 78 (1): 41-50.

[286] Sultan F, Urban G L, Shankar V, et al. Determinants and role of trust in e-business: A large scale empirical study [J]. MIT Sloan School of Management, Working Paper, 2003 (4): 133-152.

[287] Sun P C, Lin C M. Building customer trust and loyalty: An empirical study in a retailing context [J]. The Service Industries Journal, 2010, 30 (9): 1439-1455.

[288] Surprenant C, Churchill G A. An investigation into the determinants of customer satisfaction [J]. Journal of Marketing Research, 1982, 19 (4): 491-504.

[289] Sweeney J C, Soutar G N, Johnson L W. The role of perceived risk in the quality-value relationship: A study in a retail environment [J]. Journal of Retailing, 1999, 75 (1): 77-105.

[290] Sweeney J C, Soutar G N. Consumer perceived value: The development of a multiple item scale [J]. Journal of Retailing, 2001, 77 (2): 203-220.

[291] Szymanski D M, Hise R T. e-Satisfaction: An initial examination [J]. Journal of Retailing, 2000, 76 (00): 309-322.

[292] Tan S J. Strategies for reducing consumers' risk aversion in Internet shopping [J]. Journal of Consumer Marketing, 1999, 16 (2): 163-180.

[293] Taylor M J. Progress and problems in moral education [M]. NFER Pub., 1975.

[294] Taylor S A, Baker T L. An assessment of the relationship between service quality and customer satisfaction in the formation of consumers' purchase intentions [J]. Journal of Retailing, 1994, 70 (2): 163-178.

[295] Teel J E, Bearden W O. Selected determinants of consumer satisfaction and complaint reports [J]. Journal of Marketing Research, 1983, 20 (20): 21-28.

[296] Thompson H. The Customer-centered enterprise: How IBM and other world-class organizations achieve extraordinary results by putting customers first [M]. McGraw Hill Professional, 2000.

[297] Thurau T, Langer M F, Hansen U. Modeling and managing student loy-

alty: An approach based on the concept of relationship quality [J]. Journal of Service Research, 2001, 3 (4): 331-344.

[298] Toffler B L. Occupational role development: The changing determinants of outcomes for the individual [J]. Administrative Science Quarterly, 1981, 26 (3): 396-418.

[299] Tolman E C, Hall C S, Bretnall E P. A disproof of the law of effect and a substitution of the laws of emphasis, motivation and disruption [J]. Journal of Experimental Psychology, 1932, 15 (6): 601.

[300] Tse D K, Wilton P C. Models of consumer satisfaction formation: An extension [J]. Journal of Marketing Research, 1988, 25 (2): 204-212.

[301] Ulaga W, Chacour S. Measuring customer-perceived value in business markets: A prerequisite for marketing strategy development and implementation [J]. Industrial Marketing Management, 2001, 30 (6): 525-540.

[302] Ulaga W, Eggert A. Relationship value in business markets: The construct and its dimensions [J]. Journal of Business-to-business Marketing, 2005, 12 (1): 73-99.

[303] Valette-Florence P, Rapacchi B. Improvements in means-end chain analysis: Using graph theory and correspondence analysis [J]. Journal of Advertising Research, 1991, 31 (1): 30-45.

[304] Verhoef P C. Understanding the effect of customer relationship management efforts on customer retention and customer share development [J]. Journal of Marketing, 2003, 67 (4): 30-45.

[305] Voss G B, Grewal D. The roles of price, performance, and expectations in determining satisfaction in service exchanges [J]. Journal of Marketing, 1998, 62 (4): 46-61.

[306] Wagner J. Aesthetic value: Beauty in art and fashion [J]. Consumer Value. A framework for Analysis and Research, 1999 (1999): 126-146.

[307] Wakefield K L, Blodgett J G. Customer response to intangible and tangible service factors [J]. Psychology & Marketing, 1999, 16 (1): 51-68.

[308] Walter A, Ritter T, Gemünden H G. Value creation in buyer-seller re-

lationships: Theoretical considerations and empirical results from a supplier's perspective [J]. Industrial Marketing Management, 2001, 30 (4): 365-377.

[309] Walter A, Mueller T A, Helfert G, et al. Delivering relationship value: Key determinant for customers' commitment [J]. Retrieved March, 2002, 4: 2004.

[310] Weigand H, Johannesson P, Andersson B, et al. Value object analysis and the transformation from value model to process model [J]. Enterprise Interoperability. Springer London, 2007 (5): 1-10.

[311] Westbrook R A, Reilly M D. Value-percept disparity: An alternative to the disconfirmation of expectations theory of consumer satisfaction [J]. Advances in Consumer Research, 1983, 10 (1): 256-261.

[312] Westbrook R A, Oliver R L. The dimensionality of consumption emotion patterns and consumer satisfaction [J]. Journal of Consumer Research, 1991: 84-91.

[313] Williamson O E. The economic intstitutions of capitalism [M]. Simon and Schuster, 1985.

[314] Wilton P C, Tse D K. Models of consumer satisfaction formation: An extension [J]. Journal of Marketing Research, 1988, 25 (2): 204-212.

[315] Wilson D T, Jantrania S. Understanding the value of a relationship [J]. Asia-Australia Marketing Journal, 1994, 2 (1): 55-66.

[316] Wolin L D, Korgaonkar P K. A multivariate analysis of web usage [J]. Journal of Advertising Research, 1999, 39: 53-68.

[317] Wong A, Sohal A. An examination of the relationship between trust, commitment and relationship quality [J]. International Journal of Retail & Distribution Management, 2002, 30 (1): 34-50.

[318] Woodruff R B, Gardial S. Know your customer: New approaches to customer value and satisfaction [M]. Cambridge, MA: Blackwell Business, 1996.

[319] Woodruff R B. Customer value: The next source for competitive advantage [J]. Journal of the Academy of Marketing Science, 1997, 25 (2): 139-153.

[320] Wright G H V. The varieties of goodness [J]. Routledge & K Paul, 1963.

[321] Wyner G A. Customer valuation: Linking behavior and economics [J]. Marketing Research, 1996, 8 (2): 36-38.

［322］ Xue M, Harker P T. Customer efficiency concept and its impact on e-Business management ［J］. Journal of Service Research, 2002, 4 (4): 253-267.

[323] Yen H J R, Gwinner K P. Internet retail customer loyalty: The mediating role of relational benefits ［J］. International Journal of Service Industry Management, 2003, 14 (5): 483-500.

[324] Yoo W S, Lee Y, Park J K. The role of interactivity in e-tailing: Creating value and increasing satisfaction ［J］. Journal of Retailing & Consumer Services, 2010, 17 (2): 89-96.

[325] Young S, Feigin B. Using the benefit chain for improved strategy formulation ［J］. Journal of Marketing, 1975, 39 (3): 72-74.

[326] Zeithaml V A. Consumer perceptions of price, quality, and value: A means -end model and synthesis of evidence ［J］. The Journal of Marketing, 1988, 52 (3): 2-22.

［327］ Zeithaml V A, Parasuraman A, Berry L L. Delivering quality service: Balancing customer perceptions and expectations ［M］. Simon and Schuster, 1990.

[328] Zeithaml V A, Berry L L, Parasuraman A. The behavioral consequences of service quality ［J］. the Journal of Marketing, 1996, 60 (2): 31-46.

[329] Zeithaml V A, Bitner M J. Customer expectations of services ［J］. Services Marketing, 1996 (4): 75-79.

[330] Zeithaml V A. Service excellence in electronic channels ［J］. Managing Service Quality, 2002, 12 (3): 135-139.

[331] Zhang M X, Jolibert A. Consumption behaviour induced by the traditional Chinese culture ［C］. Multicultural Marketing Conference. Proceedings of the Academy of Marketing Science. 2000.

[332] Zucker L G. Institutional theories of organization ［J］. Annual Review of Sociology, 1987, 115 (3): 443-464.

[333] 白琳. 顾客感知价值驱动因素识别与评价方法研究 ［D］. 南京: 南京航空航天大学, 2007.

[334] 白长虹. 西方的顾客价值研究及其实践启示 ［J］. 南开管理评论, 2001, 4 (2): 51-55.

[335] 薄湘平，尹红. 基于顾客价值的服务企业顾客忠诚管理探析 [J]. 财经理论与实践，2005，26（1）：99-102.

[336] 蔡继康，刘温. B2C 网络消费过程中的顾客感知价值实证研究 [J]. 经营管理，2011（14）：5-6.

[337] 查金祥. B2C 电子商务顾客价值与顾客忠诚度的关系研究 [D]. 杭州：浙江大学，2006.

[338] 常亚平，肖万福，阎俊，等. C2C 环境下服务质量对阶段信任的影响研究 [J]. 管理学报，2014（8）：1215-1223.

[339] 陈国荣. 顾客价值与品牌忠诚 [J]. 中共福建省委党校学报，2003（10）：42-44.

[340] 陈进成. 电子商务顾客价值，满意度与忠诚度之研究——以电子商店为例 [D]. 台湾中原大学资讯学研究所，2003.

[341] 陈明亮. 客户忠诚决定因素实证研究[J]. 管理科学学报，2003，6(5)：72-78.

[342] 陈思，熊志坚. 国内顾客价值研究评述 [J]. 市场营销导刊，2009（1）：35-40.

[343] 陈晓萍，徐淑英，樊景立. 组织与管理研究的实证方法 [M]. 北京：北京大学出版社，2012.

[344] 陈晔，白长虹. 高接触型服务的顾客价值驱动要素实证研究 [J]. 山西财经大学学报，2009（7）：51-59.

[345] 成海清. 一种新的顾客价值层次模型 [J]. 软科学，2007，21（4）：21-24.

[346] 成韵，刘勇. 顾客价值对购买决策影响的实证研究 [J]. 科技管理研究，2013（2）：203-207.

[347] 崔林，葛世伦. B2C 电子商务环境顾客感知价值研究 [J]. 价值工程，2011（23）：43-44.

[348] 大前研一：《企业家的战略头脑》[M]. 北京：三联书店，1986.

[349] 邓之宏，李金清，王香刚. 中国 C2C 交易市场电子服务质量、顾客满意和顾客忠诚实证研究 [J]. 科技管理研究，2013（6）：188-191.

[350] 董大海，权小妍，曲晓飞. 顾客价值及其构成 [J]. 大连理工大学学报

（社会科学版），1999（12）：18-20.

[351] 董大海. 基于顾客价值构建竞争优势的理论与方法研究 [D]. 大连：大连理工大学，2003.

[352] 董大海，杨毅. 网络环境下消费者感知价值的理论剖析 [J]. 管理学报，2008（6）：856-861.

[353] 董晓松，王成璋，赵星. 行为忠诚，态度忠诚与满意的不对称前因实证研究 [J]. 华东经济管理，2010（1）：154-156.

[354] 杜晓利. 富有生命力的文献研究法 [J]. 上海教育科研，2013（10）：1-1.

[355] 范绪泉，甘碧群. 顾客价值管理的整合性 [J]. 经济管理，2003（10）：63-68.

[356] 冯智杰. 中国 B2C 行业的主要经营模式及发展趋势分析 [J]. 经济管理，2005（10）：71-75.

[357] 付得玲. B2C 网站电子忠诚影响因素实证研究 [D]. 天津：天津商业大学，2008.

[358] 耿庆瑞，吴雅静，王婷仪. 社群的专家推荐与其他消费者推荐之虚拟经验比较分析 [J]. 台湾，资讯管理学术与实务研讨会论文文集，2007（2007）：107-118.

[359] 郭国庆，李光明. 购物网站交互性对消费者体验价值和满意度的影响 [J]. 中国流通经济，2012（2）：112-118.

[360] 郭立超. B2C 网络购物顾客价值构成要素及差异性研究 [D]. 沈阳：东北大学，2010.

[361] 何建民，潘永涛. 顾客感知价值、顾客满意与行为意向关系实证研究 [J]. 管理现代化，2015（1）：28-30.

[362] 胡洁，张进辅. 基于消费者价值观的手段目标链模型 [C]. 第九届全国生理心理学学术研讨会. 2008：504-512.

[363] 胡旭初，孟丽君. 顾客价值理论研究概述 [J]. 山西财经大学学报，2004，26（5）：109-113.

[364] 金玉芳，胡宁俊，张瑞雪. 网上商店绑定策略对顾客价值影响的实证研究 [J]. 管理工程学报，2011（1）：18-25.

[365] 来尧静. 基于巴纳德组织理论的顾客价值分析 [J]. 当代经济，2009

（5）：140-142.

[366] 李会. B2C 电子商务顾客忠诚评价研究 [D]. 北京：中央民族大学，2011.

[367] 李育辉，谭北平，王芸，等. 不同等级数利克特量表的比较研究——以满意度研究为例 [J]. Journal of Data Analysis，2006，1（2）：159-173.

[368] 刘建新. 顾客信任的形成机理及其营销管理研究 [J]. 经济问题探索，2006（2）：122-127.

[369] 刘梅. B2C 零售网站电子忠诚影响因素的实证研究 [D]. 杭州：浙江工商大学，2007.

[370] 卢光洋，李冠谨. 富基：网络零售 VS 实体零售——物流各不同[J]. 信息与电脑，2011（8）：25-28.

[371] 罗春香. 如何提高 B2C 电子商务的顾客价值 [J]. 企业经济，2005（4）：146-147.

[372] 罗海青. 顾客价值感知要素实证研究 [D]. 杭州：浙江大学，2003.

[373] 吕玉明，吕庆华. 中美网络零售业比较与我国网络零售业发展路径研究 [J]. 宏观经济研究，2013（4）：100-106.

[374] 马云峰，郭新有. 论顾客价值的推动要素 [J]. 武汉科技大学学报（社会科学版），2002，4（4）：24-27.

[375] 孟庆茂，侯杰泰. 协方差结构模型与多层线性模型原理及应用 [J]. 北京师范大学心理计量与统计分析，2001（5）：54-59.

[376] 潘寄真，张大亮. 专业市场内银行服务的顾客价值构成要素分析 [J]. 财经论丛，2010（1）：84-90.

[377] 乔坤，马晓蕾. 论案例研究法与实证研究法的结合 [J]. 管理案例研究与评论，2008（1）：62-67.

[378] 秦静. 基于顾客价值的顾客心理契约与顾客忠诚关系研究 [D]. 青岛：中国海洋大学，2013.

[379] 任剑涛. 试论政治学的规范研究与实证研究的关系 [J]. 政治学研究，2008（3）：76-81.

[380] 邵景波，陈珂珂，武爱敏. BC 环境下顾客网络特征对顾客关系价值的影响——基于服务业的实证研究 [J]. 预测，2014，33（1）：27-32.

[381] 孙闯飞. 基于顾客价值的产业链协作研究 [D]. 青岛：中国海洋大学，2012.

[382] 孙浩玮. 基于顾客价值的我国团购网站商业模式的创新研究 [D]. 青岛：中国海洋大学，2013.

[383] 孙强，司有和. 网上购物顾客感知价值构成研究 [J]. 科技管理研究，2007 (7)：185-187.

[384] 孙伟平. 价值定义略论 [J]. 湖南师范大学社会科学学报，1997 (4)：9-14.

[385] 陶蓓丽，程瑞南. 网路购物顾客价值对顾客关系质量的影响之实证研究 [J]. 中山管理评论，2006，14 (2)：517-549.

[386] 田雨. 旅行社服务质量与游客感知价值，满意度及行为意向的关系研究 [D]. 武汉：华中科技大学，2010.

[387] 王春霞，张明立. 顾客价值在战略利润链中驱动作用分析 [J]. 哈尔滨工业大学学报，2007，39 (2)：303-305.

[388] 王博. B2C 电子商务环境下的顾客忠诚研究 [J]. 企业研究，2008 (4)：14-15.

[389] 王成慧，叶生洪. 顾客价值理论的发展分析及对实践的启示 [J]. 价值工程，2002 (6)：24-28.

[390] 王高. 顾客价值与企业竞争优势——以手机行业为例 [J]. 管理世界，2004 (10)：97-106.

[391] 王海群. 大型超市商店形象对顾客满意与忠诚的影响研究 [D]. 杭州：浙江大学，2006.

[392] 王吉林，刘西林. 网络营销环境下的顾客认知价值模型 [J]. 哈尔滨商业大学学报（社会科学版），2011 (6)：13-18.

[393] 王生辉，施建军. 以核心能力打造零售企业的竞争优势 [J]. 经济管理，2002 (22)：30-33.

[394] 王永贵. 顾客价值与客户关系管理理论框架与实证分析 [C]. 管理科学与系统科学研究新进展——第 7 届全国青年管理科学与系统科学学术会议论文集. 2003.

[395] 王重鸣. 心理学研究方法 [M]. 北京：人民教育出版社，1989

[396] 汪涛，欧阳小珍，涂伟. 网络零售业中交易成本与顾客价值创造模式 [J]. 中南财经政法大学学报，2006（2）：98-102.

[397] 伍建华. 顾客价值评价实证研究 [D]. 西安：西北工业大学，2007.

[398] 武永红，范秀成. 基于顾客价值的企业竞争力理论的整合 [J]. 经济科学，2005（1）：100-108.

[399] 邢顺福，卢奋，常永胜. 顾客价值理论综述 [J]. 江苏商论，2007（6）：40-42.

[400] 燕纪胜. B2C 模式下的顾客价值构成维度研究 [D]. 济南：山东大学，2008.

[401] 杨晓燕，周懿瑾. 绿色价值：顾客感知价值的新维度 [J]. 中国工业经济，2006（7）：110-116.

[402] 杨亚明. 沈阳市药店顾客价值构成要素的实证研究 [D]. 沈阳：沈阳药科大学，2008.

[403] 杨永恒，王永贵. 客户关系管理的内涵，驱动因素及成长维度 [J]. 南开管理评论，2002，5（2）：48-52.

[404] 叶志桂. 西方顾客价值研究理论综述 [J]. 北京工商大学学报（社会科学版），2004，4（11）：15-87.

[405] 于洪彦，银成钺. 如何构建品牌核心价值 [J]. 市场研究，2006（9）：8-11.

[406] 童煜，甘碧群. 构建基于顾客价值的企业核心能力 [J]. 中南财经政法大学学报，2004（2）：109-112.

[407] 张广玲，邹捷. 自主品牌创新的若干思考 [J]. 中国工商管理研究，2006（10）：27-30.

[408] 张宏，于洪彦，李苿. 新社交媒介浪潮下：企业评估顾客价值的二阶因子模型建构 [J]. 学术论坛，2014（4）：60-64.

[409] 张明立，胡运权. 基于顾客价值供求模型的价值决策分析 [J]. 哈尔滨工业大学学报（社会科学版），2004，5（3）：45-49.

[410] 张明立，王宝，李国峰. 顾客价值测量体系研究 [J]. 中国软科学，2010（2）：142-152.

[411] 贾薇，张明立，王宝. 服务业中顾客参与对顾客价值创造影响的实证

研究 [J]. 管理评论，2011（5）：61-69.

[412] 贾薇，张明立，王宝. 基于顾客价值分类的顾客价值创造模式研究 [J]. 哈尔滨工业大学学报（社会科学版），2008，10（3）：104-112.

[413] 张宁俊，付晓蓉. 超组织视角下的员工价值与顾客价值 [J]. 财经科学，007（7）：88-95.

[414] 张骁，王永贵，杨忠. 公司创业精神，市场营销能力与市场绩效的关系研究 [J]. 管理学报，2009，6（4）：472-477.

[415] 章文瑶，陈琳. 大学生网络购物顾客感知价值维度研究 [J]. 市场论坛，2011（12）：68-70.

[416] 赵法敏. B2C 环境下顾客价值对顾客忠诚影响的实证研究 [D]. 青岛：青岛理工大学，2010.

[417] 赵卫宏. INTERNET 网上零售中顾客忠诚的构筑——关注价值感知、满意体验和信任的关系及相对影响力 [J]. 商业经济与管理，2007（5）：40-46.

[418] 赵卫宏. 网络零售中的顾客价值——构筑一个扩充的多维度位阶模型 [J]. 江西社会科学，2007（11）：133-138.

[419] 赵卫宏. 网络顾客关系价值及其对再购买和口传意图的影响 [J]. 商业经济与管理，2010（5）：79-86.

[420] 赵卫宏. 网络零售中的顾客价值及其对店铺忠诚的影响 [J]. 经济管理，2010（5）：74-87.

[421] 郑琦. 利益细分变量研究与消费者市场细分 [J]. 南开管理评论，2000（4）：60-63.

[422] 郑文清，李玮玮. 营销策略对顾客感知价值的驱动研究 [J]. 当代财经，2012（11）：80-89.

[423] 钟小娜. 网络购物模式下的顾客感知价值研究 [J]. 经济论坛，2005（15）：131-133.

后 记

任何一个行业的发展都经历了一个从开始的混乱无章到后期的井然有序，网络零售也不例外。伴随着网络零售在中国市场的兴起，无数的企业和创业者心怀梦想投身其中，从冲动走向成熟。权威机构最新预测，到 2025 年中国的互联网经济将在 GDP 总体增长中占据 22% 的份额。而中国能在多大程度上发挥网络零售的潜力，将取决于政府创造有利政策环境的能力、零售企业实现数字化的意愿，以及网络零售行业劳动者的适应能力。作为世界第二大经济体的中国，正在通过"互联网+"从根本上改变其商业模式，不断推进网络零售化的进程。

网络零售是大众创业、万众创新的新兴市场。它的出现既是零售业的革命，又是消费者价值观的变革，竞争的激烈程度也将超出参与者的想象。为了获取持续的生存和利润最大化，网络零售商们需要知道它的竞争力源泉究竟在哪里。笔者集十余年的关注与研究完成的这部著作试图拨开花样迭出的促销迷雾，回归以满足需求为目标的营销本源，通过科学研究的方法去探究和描述在线顾客价值的内涵属性及其驱动顾客忠诚的机理，以帮助网络零售商们在不断创出和满足顾客价值中取得持续的竞争优势。价值无限，创出比竞争者更卓越的顾客价值将是网络零售竞争力的不竭源泉。

营销是满足顾客价值的艺术，对价值的探寻永无止境。企业在这个过程中赢得市场利润；顾客在这个过程中收获期望的价值；而笔者在这个过程中感悟着营销的真谛与魅力。

本书完稿之际，我要感谢我的导师朴钟茂教授在我攻读硕士、博士学位期间所给予的悉心指导！他是一位富有团队领袖风范的学者。同门相聚，学长总是把我这个外国学生推到导师身边坐下，倒让我更多地感受到这位典型的韩国岭南人所特有的严谨与可爱。我还要感谢香港城市大学商学院周南教授和苏晨汀教授！他们的智慧与境界一直在指引和鼓励着我前行。我的研究生张宇东完成了五万多字的撰写，对本书的完稿付出了很多劳动，在此表示感谢！此外，本书参考和引用了不少先行研究者的成果，在此一并感谢！

最后，谨以此书献给我的亲人和我在韩国的八年学术生涯！感谢我的亲人对我的理解与支持，感谢我自己拥有这八年难忘的韩国生活！